書き込み式 漢字検定 準2級 問題集

もくじ

第1章 学習ドリル 配当漢字表&練習問題

出題範囲を集中学習！ まちがえたら冒頭の配当漢字表に戻って徹底的に覚えよう！

第2章 実力チェック!! 本試験型テスト

合格は140点以上。まちがえたところは別冊の解答・解説でしっかり復習しよう！

巻末資料 理解を深める資料集

別冊 解答・解説

学習ドリルの練習問題と本試験型テストの解答は別冊に詳細な解説入りでまとめて掲載！

準2級の出題範囲　徹底攻略

出題される漢字は1951字

漢字検定準2級では、常用漢字のなかの**1951字**が出題範囲となり、3級から**328字**増えました。

漢字を読ませる問題では**7～8割**、漢字を書かせる問題では**2～4割**で準2級の漢字が使われており、それ以外は下級の漢字です。

ただし、下級の漢字でも**高校で習う読みや熟字訓・当て字**、**特別な音訓**（⬇本冊P136）が出題されています。

✪ 準2級の問題番号と出題内容※1

問題番号	出題内容	
大問(一)	読み	
大問(二)	部首	← 部首の形を書くように変更
大問(三)	熟語の構成	
大問(四)	四字熟語	← 選択肢のひらがなを漢字一字に直す。四字熟語の意味も問われる
大問(五)	対義語・類義語	
大問(六)	同音・同訓異字	← 漢字を書くように変更
大問(七)	誤字訂正	
大問(八)	漢字と送りがな	
大問(九)	書き取り	← 問題数が25問へ増加

■部分は3級からの変更点

準2級の要注意問題の対策

「部首」の覚え方

準2級からは、選択肢の中から正しい部首を選ぶものから、**部首を書く**問題へと変わります。そのため、部首の**形**をしっかりと覚えていなくては解答できません。

部首の問題には大きくわけて次の4つのパターンがあります。

A 「へん」や「つくり」が部首のもの
（例）○賠―貝　○尉―寸

B 別の部首と間違えやすいもの
（例）騰―×月➡○馬

C 部首を覚えていないと答えられないもの
（例）○且―一　○升―十

D 漢字それ自体が部首のもの
（例）○缶―缶　○竜―竜

A は見分けやすいですが、**B**～**C** は漢字の部首を把握していなければ解答することは難しいでしょう。本冊P142「**覚えておきたい部首**」を参照してください。

「四字熟語」の意味の覚え方

準2級からは、**問題の意味にふさわしい四字熟語を選択肢から選ぶ**問題が追加されます。そのため、**四字熟語の意味も含めて覚える**必要があります。

四字熟語には大きく分けて次の2つのパターンがあります。

1 二字の熟語を組み合わせたもの
ここで分けると、上下がそれぞれ意味を持つ熟語になる
（例）異国｜情緒（いこくじょうちょ）
外国（の）　独特の雰囲気や味わい
意味　いかにも外国らしい風物がかもしだす雰囲気。

2 典拠のあるもの
（例）汗牛充棟（かんぎゅうじゅうとう）
分割してもそれぞれ意味を持つ熟語にならない
意味　蔵書が非常に多いことのたとえ。

1 の場合、意味は二字の熟語のそれぞれの意味を組み合わせたものになるので、**四字熟語**の意味を知らなくても解答することができます。

2 の場合、しっかりと**四字熟語**の意味を覚えておかなくてはならないため、本冊P143「**覚えておきたい四字熟語**」を参照してください。

※1 本書は出題が予想される形式で構成しています。実際の試験は、公益財団法人 日本漢字能力検定協会の審査基準の変更の有無にかかわらず、出題形式や問題数が変更されることもあります。

✪ 準２級の審査基準

程度	領域・内容		
常用漢字（※２）のうち１９５１字を理解し、文章の中で適切に使える。	読むことと書くこと	1951字の漢字の読み書きを習得し、文章の中で適切に使える。	●音読みと訓読みとを正しく理解していること。 ●送り仮名や仮名遣いに注意して正しく書けること。 ●熟語の構成を正しく理解していること。 ●熟字訓、当て字を理解していること。 （例）硫黄＝いおう　相撲＝すもう　など ●対義語・類義語、同音・同訓異字を正しく理解していること。
	四字熟語	典拠のある四字熟語を理解している。 （例）驚天動地　孤立無援　など	
	部首	部首を識別し、漢字の構成と意味を理解している。	

※２　常用漢字とは、平成22年11月30日内閣告示による「常用漢字表」に示された２１３６字をいう

「熟語の構成」の見分け方

熟語の構成の問題は、二字の熟語の上下の漢字がどのような関係にあるかを**5つの選択肢から答える**、普段あまり目にしないタイプの問題です。

熟語の構成には次のようなパターンがあり、それぞれ見分けられるようにしておけば得点しやすい問題です。

ア　同じような意味の漢字を重ねたもの

（例）枢要（すうよう）　枢＝物事のかなめ　＝　要＝物事のかなめ

上の字と下の字、それぞれの漢字の意味を考え、同じような意味であればこの構成。

イ　反対または対応の意味を表す漢字を重ねたもの

（例）禍福（かふく）　禍＝わざわい　⇔　福＝幸い。しあわせ

上の字と下の字、それぞれの漢字の意味を考え、反対または対応する意味であればこの構成。

ウ　上の字が下の字を修飾しているもの

（例）酪農（らくのう）　酪＝乳製品に関する　農＝農業

上の字から下の字に読むと意味がわかるものはこの構成。

エ　下の字が上の字の目的語・補語になっているもの

（例）検疫（けんえき）　病気（を）取り調べる

下の字に「て・に・を・は」をつけ、下の字から上の字に読むことができればこの構成。

オ　上の字が下の字の意味を打ち消しているもの

（例）不利（ふり）　利点・メリット（が）ない

上の字が打消しの意味を表す「不」「未」「無」「非」であればこの構成。

準2級の採点基準

2〜10級は常用漢字で答える

[書き]　2〜10級の解答については、**常用漢字表**(内閣告示)の漢字で答えなければなりません。その他の漢字や旧字体で解答すると、まちがいになります。たとえば、「真」を「眞」と書いたり、「門」「歴」を「门」「厂」と書くと誤りになります。

[読み]　音読みも訓読みも常用漢字表が採点の基準です。常用漢字表にない読みを書くと正答とはみなされません。

[部首]　漢字検定での部首の解答は、2級以下の漢字がすべて掲載されている**『漢検要覧2〜10級対応　改訂版』**(公益財団法人日本漢字能力検定協会発行)収録の**「部首一覧表と部首別の常用漢字」**によります。部首は辞書によって多少異なる場合もありますので、よく注意してください(第1章学習ドリルそれぞれの冒頭にある**「準2級配当漢字表」**を参照)。

[かなづかい]は、**現代仮名遣い**(内閣告示)によります。**[送りがな]**は、**送りがなの付け方**(内閣告示)によります。

[字体]　字体は、**教科書体**(小学校の教科書で使用されている字の形)が基本です。本書の問題・解答・資料も教科書体を使用しています。

正しい字の形に

×缶 — ○缶　突き出ている

×蛍 — ○蛍　立っている

文字は正しくていねいに

筆順(点や画)を正しく書くことが大切です。くずした字を書いたり乱雑な書き方をしたりすると、採点の対象外となります。楷書で、ていねいに書くようにしてください。「はねる」「とめる」「長・短」「続ける・はなす」など、一画一画、細かいところまで気を配りましょう。

記号で答える問題は、本書では記号を書き込みますが、本番の試験ではマークシートをぬりつぶして答えます。はみ出したり、あいまいなぬりかたをしたりすると採点の対象にならないことがあるので注意してください。

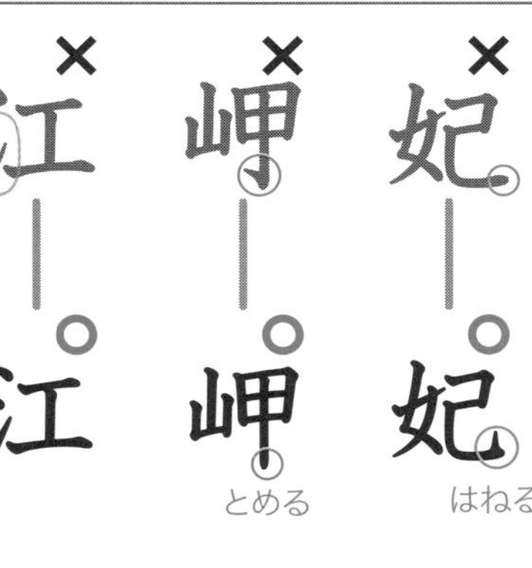

合格基準は正解率70%

合格基準は、1級〜2級は80%程度、準2級〜7級は70%程度、8〜10級は80%程度となっています。「準2級」合格を目指す人は、140点程度が合格の目安になります。

準2級の実施要項

受検資格

年齢や学歴、国籍にかかわらず、希望すれば、だれでも、どの級からでも受検することができます。

主な申し込み方法

受検のしかたには、「個人受検」と「団体受検」があります。また、通常の(紙の)検定のほかに、コンピュータを使って受検するシステム(漢検CBT)も実施されています。ここでは「個人受検」の申し込み方法について説明します。

【申し込み方法】 受検の申し込みは、インターネットで行います。

日本漢字能力検定協会のホームページから受検者専用サイトで申し込みを行い、クレジットカードやQRコード、コンビニ店頭で決済を行います。

問い合わせ先

公益財団法人 日本漢字能力検定協会
【本部】
〒605-0074
京都市東山区祇園町南側551番地
TEL 075-757-8600
FAX 075-532-1110

ホームページにある「よくある質問」を読んで該当する質問がみつからなければメールフォームでお問合せください。電話でのお問合せ窓口は**0120-509-315(無料)**です。

【申し込み期間】 検定日のおよそ2か月前から1か月前までとなっています。

検定日・合否の通知など

【検定実施日】 毎年、おおむね6月、10月、2月の年3回行われています(漢検CBTは、検定日にかぎらず実施されています)。スケジュールなどについては、協会に直接問い合わせるか、協会のホームページで確認してください。

【検定会場】 全国の主要都市で行われています。願書に記載されている検定会場から、自分の希望する会場を選びます。

【検定時間】 準2級は60分間。開始時間の異なる級を選べば、2つ以上の級を受検することができます。

【合否の通知】 検定実施後、約5日後に漢検ホームページで標準解答がWEB公開されます。約30日後に漢検ホームページでWEB合否結果が公開され、受検者自身で合否結果を確認できるようになります。約40日後には、検定結果資料と標準解答が郵送されます。

検定当日の注意点

【持ち物】	受検票、HB・B・2Bの鉛筆(シャープペンシルも可)、消しゴムを忘れずに持っていってください。ボールペンや万年筆、こすって消せるペンの使用は認められていません。ルーペ持ち込み可。
【交通】	自動車やバイクでの来場は、原則として認められていません。公共の交通機関を使用してください。
【時間】	事前に説明などがあるため、検定開始の15分前には検定会場に入ってください。

本書は、原則として2024年2月現在の情報に基づいています。試験制度は変更されることがありますので、必ずご自身で、試験実施団体が発表する最新の情報をご確認ください。

本書の見方と使い方

STEP 1　第1章　学習ドリルで配当漢字を覚える！

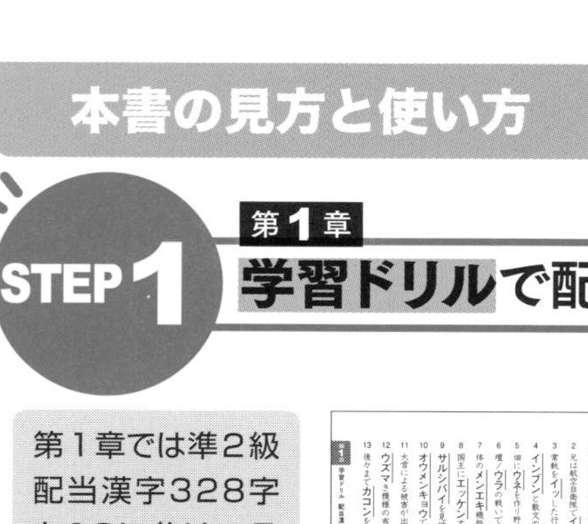

第１章では準２級配当漢字３２８字を12に分け、それぞれ練習問題を解いていくことで覚えられるように構成しています。

目標時間をめやすにドンドン書き込んで答えていこう！

準２級配当漢字の試験に出る要素を収録！

STEP 2　第2章　本試験型テストにチャレンジ！

本試験型テスト

第２章は本試験同様の出題形式のテストを12回分掲載。まずは、時間通りに解いて合格点をめざしましょう。まちがえたら別冊の解説で納得するまでしっかり復習しましょう。

実際の本試験の出題形式で出題！　解いていけば本番に強くなる！

別冊 解答・解説

学習ドリルの練習問題も本試験型テストも別冊の解答で答え合わせ。

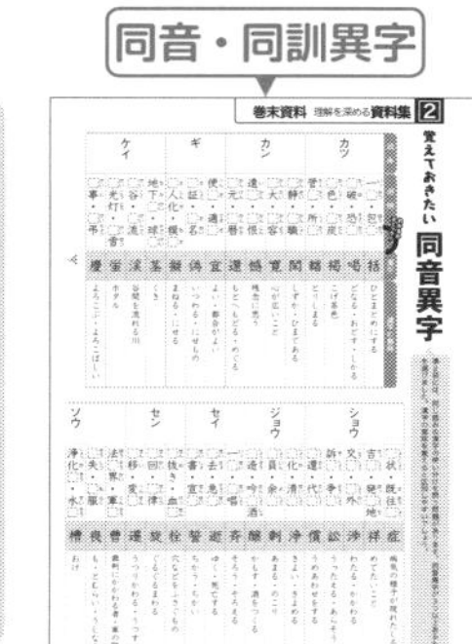

STEP 3　巻末資料　頻出語句満載！　理解を深める資料集でレベルアップ！

同音・同訓異字　部首　四字熟語

巻末には、過去に多く出題された漢字や熟語を分野別に解説。本書のテストの復習はもちろん、本番前の予習に活用してください。

過去の本試験の出題傾向を分析！　頻出度が高いものをまとめて掲載！

第1章

学習ドリル 配当漢字表 & 練習問題

出題範囲を集中学習!
まちがえたら
冒頭の配当漢字表に戻って
徹底的に覚えよう!

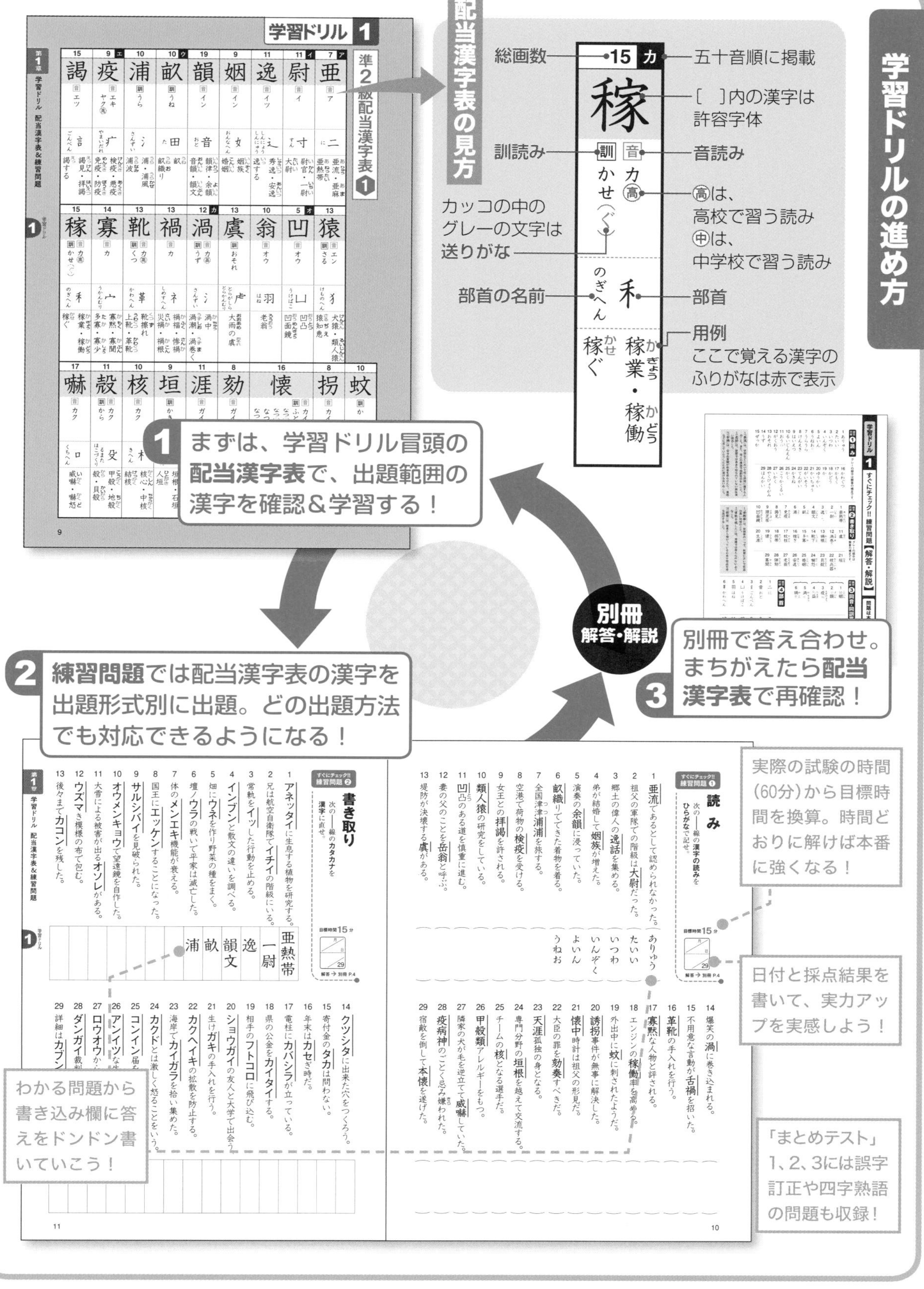
学習ドリルの進め方
配当漢字表の見方
総画数
五十音順に掲載
［　］内の漢字は
許容字体
訓読み
音読み
高は、
高校で習う読み
中は、
中学校で習う読み
カッコの中の
グレーの文字は
送りがな
部首の名前
部首
用例
ここで覚える漢字の
ふりがなは赤で表示
1 まずは、学習ドリル冒頭の配当漢字表で、出題範囲の漢字を確認＆学習する！
2 練習問題では配当漢字表の漢字を出題形式別に出題。どの出題方法でも対応できるようになる！
3 別冊で答え合わせ。まちがえたら配当漢字表で再確認！
別冊
解答・解説
実際の試験の時間(60分)から目標時間を換算。時間どおりに解けば本番に強くなる！
日付と採点結果を書いて、実力アップを実感しよう！
「まとめテスト」1、2、3には誤字訂正や四字熟語の問題も収録！
わかる問題から書き込み欄に答えをドンドン書いていこう！

学習ドリル 1

準2級配当漢字表 1

画数	漢字	読み	部首	用例
7 ア	亜	音 ア	二 に	亜流・亜麻 亜熱帯
11 イ	尉	音 イ	寸 すん	尉官・一尉 大尉
11	逸	音 イツ	辶 しんにょう しんにゅう	秀逸・安逸 逸する
9	姻	音 イン	女 おんなへん	姻族 婚姻
19	韻	音 イン	音 おと	韻律・余韻 音韻・韻文
10 ウ	畝	訓 うね	田 た	畝 畝織り
10	浦	訓 うら	氵 さんずい	浦・浦風 浦波
9 エ	疫	音 エキ ヤク(高)	疒 やまいだれ	検疫・悪疫 免疫・防疫
15	謁	音 エツ	言 ごんべん	謁見・拝謁 謁する
13	猿	音 エン 訓 さる	犭 けものへん	犬猿・類人猿 猿知恵
5 オ	凹	音 オウ	凵 うけばこ	凹凸 凹面鏡
10	翁	音 オウ	羽 はね	老翁
13	虞	訓 おそれ	虍 とらがしら とらかんむり	大雨の虞
12 カ	渦	音 カ(高) 訓 うず	氵 さんずい	渦中 渦潮・渦巻く
13	禍	音 カ	礻 しめすへん	禍福・惨禍 災禍・禍根
13	靴	音 カ(高) 訓 くつ	革 かわへん	靴擦れ 上靴・革靴
14	寡	音 カ	宀 うかんむり	寡黙・寡聞 多寡・寡少
15	稼	音 カ(高) 訓 かせ(ぐ)	禾 のぎへん	稼業・稼働 稼ぐ
10	蚊	訓 か	虫 むしへん	蚊柱・蚊 蚊取り線香
8	拐	音 カイ	扌 てへん	拐帯 誘拐
16	懐	音 カイ(高) 訓 ふところ(高) なつ(かしい)(高) なつ(かしむ)(高) なつ(く)(高) なつ(ける)(高)	忄 りっしんべん	懐中・述懐 懐古・懐石 本懐・懐手 懐かしい
8	劾	音 ガイ	力 ちから	弾劾
11	涯	音 ガイ	氵 さんずい	生涯・天涯 境涯
9	垣	訓 かき	土 つちへん	垣根・石垣 人垣
10	核	音 カク	木 きへん	核心・中核 結核
11	殻	音 カク 訓 から	殳 るまた ほこづくり	甲殻・地殻 殻・貝殻
17	嚇	音 カク	口 くちへん	威嚇・嚇怒

すぐにチェック!! 練習問題 ❶

読み

次の――線の**漢字の読み**を**ひらがな**で記せ。

目標時間 **15** 分

月　日　/29

解答 → 別冊 P.4

1 **亜流**であるとして認められなかった。

2 祖父の軍隊での階級は**大尉**だった。

3 郷土の偉人の**逸話**を集める。

4 弟が結婚して**姻族**が増えた。

5 演奏の**余韻**に浸っていた。

6 **畝織**りでできた着物を着る。

7 全国津津（つつ）**浦浦**を旅する。

8 空港で荷物の**検疫**を受ける。

9 女王との**拝謁**を許される。

10 **類人猿**の研究をしている。

11 **凹**凸（とつ）のある道を慎重に進む。

12 妻の父のことを**岳翁**と呼ぶ。

13 堤防が決壊する**虞**がある。

14 爆笑の**渦**に巻き込まれる。

15 不用意な言動が**舌禍**を招いた。

16 **革靴**の手入れを行う。

17 **寡黙**な人物と評される。

18 エンジンの**稼働**率を高める。

19 外出中に**蚊**に刺されたようだ。

20 **誘拐**事件が無事に解決した。

21 **懐中**時計は祖父の形見だ。

22 大臣の罪を**劾奏**すべきだ。

23 **天涯**孤独の身となる。

24 専門分野の**垣根**を越えて交流する。

25 チームの**核**となる選手だ。

26 **甲殻類**アレルギーをもつ。

27 隣家の犬が毛を逆立てて**威嚇**していた。

28 **疫病神**のごとく忌み嫌（きら）われた。

29 宿敵を倒して**本懐**を遂げた。

すぐにチェック!! 練習問題 ❷

書き取り

次の――線のカタカナを漢字に直せ。

目標時間 15 分

月 日 /29

解答 → 別冊 P.4

1 **アネッタイ**に生息する植物を研究する。
2 兄は航空自衛隊で**イチイ**の階級にいる。
3 常軌を**イッ**した行動を止める。
4 **インブン**と散文の違いを調べる。
5 畑に**ウネ**を作り野菜の種をまく。
6 壇ノ**ウラ**の戦いで平家は滅亡した。
7 体の**メンエキ**機能が衰える。
8 国王に**エッケン**することになった。
9 **サルシバイ**を見破られた。
10 **オウメンキョウ**で望遠鏡を自作した。
11 大雪による被害が出る**オソレ**がある。
12 **ウズマ**き模様の布で包む。
13 後々まで**カコン**を残した。
14 **クツシタ**に出来た穴をつくろう。
15 寄付金の**タカ**は問わない。
16 年末は**カセ**ぎ時だ。
17 電柱に**カバシラ**が立っている。
18 県の公金を**カイタイ**する。
19 相手の**フトコロ**に飛び込む。
20 **ショウガイ**の友人と大学で出会う。
21 生け**ガキ**の手入れを行う。
22 **カクヘイキ**の拡散を防止する。
23 海岸で**カイガラ**を拾い集めた。
24 **カクド**とは激しく怒ることをいう。
25 **コンイン**届を提出する。
26 **アンイツ**な生活を送る。
27 **ロウオウ**から昔話を聞く。
28 **ダンガイ**裁判が開かれた。
29 詳細は**カブン**にして知らない。

すぐにチェック!!
練習問題 ❸

同音・同訓異字

次の——線の**カタカナ**を**漢字**に直せ。

目標時間5分

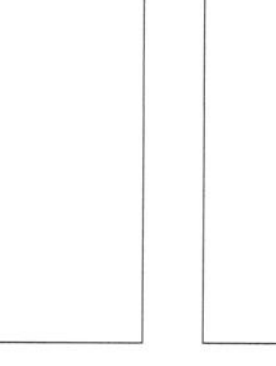
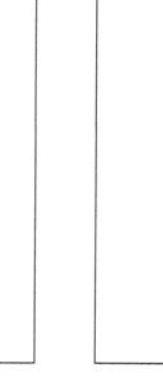

解答 → 別冊 P.4

1 隣国の貴族と婚**イン**関係にある。
2 演奏の余**イン**に浸っていた。
3 **エキ**病は一向に収まる気配を見せない。
4 今年の利**エキ**は昨年より倍増している。
5 疑獄の**カ**中にいる人物と面会した。
6 裁定の結果は両者に**カ**根を残した。
7 誘**カイ**事件の解決に向けて目撃者を募る。
8 父の敵を討ち本**カイ**を遂げた。
9 問題の**カク**心に迫る質問をする。
10 犬が不審者を威**カク**する。

すぐにチェック!!
練習問題 ❹

部首

次の漢字の**部首**と**部首名**を記せ。

目標時間6分

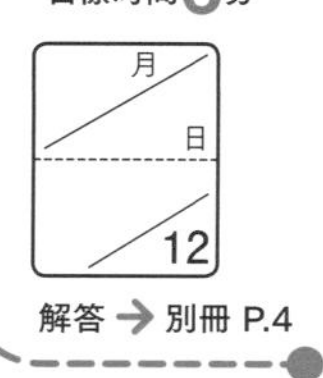

解答 → 別冊 P.4

	部首	部首名
1 亜		
2 韻		
3 謁		
4 凹		
5 翁		
6 靴		
7 寡		
8 懐		
9 劾		
10 殻		
11 嚇		
12 虞		

学習ドリル 2

準2級配当漢字表 2

画数	漢字	読み	部首	用例
9（カ）	括	音 カツ	扌（てへん）	括弧・一括・包括・統括
11	喝	音 カツ	口（くちへん）	喝破・一喝・恐喝
11	渇	音 カツ 訓 かわ（く）	氵（さんずい）	渇望・渇水・のどが渇く
13	褐	音 カツ	衤（ころもへん）	褐色・茶褐色・褐炭
17	轄	音 カツ	車（くるまへん）	管轄・所轄・直轄・総轄
5	且	訓 か（つ）	一（いち）	飲み且つ食う
6	缶	音 カン	缶（ほとぎ）	缶詰め・缶
10	陥	音 カン 訓 おちい（る）・おとしい（れる）高	阝（こざとへん）	陥没・欠陥・陥落・陥る
11	患	音 カン 訓 わずら（う）高	心（こころ）	患部・疾患・大患・長患い
12	堪	音 カン 高 訓 た（える）	土（つちへん）	堪忍・任に堪える
12	棺	音 カン	木（きへん）	棺おけ・石棺・出棺
12	款	音 カン	欠（あくび・かける）	定款・借款・落款・約款
12	閑	音 カン	門（もんがまえ）	閑静・森閑・安閑・閑散
13	寛	音 カン	宀（うかんむり）	寛大・寛容・寛厳
16	憾	音 カン	忄（りっしんべん）	遺憾
16	還	音 カン	辶（しんにょう・しんにゅう）	帰還・召還・還元・償還
21	艦	音 カン	舟（ふねへん）	艦船・艦隊・艦艇・艦長
13	頑	音 ガン	頁（おおがい）	頑強・頑是ない・頑固・頑迷
10（キ）	飢	音 キ 訓 う（える）	食（しょくへん）	飢餓・愛情に飢える
8	宜	音 ギ	宀（うかんむり）	適宜・便宜・時宜
11	偽	音 ギ 訓 いつわ（る）・にせ 高	亻（にんべん）	虚偽・真偽・偽造・偽る
17	擬	音 ギ	扌（てへん）	擬音・模擬・擬似・擬態
9	糾	音 キュウ	糸（いとへん）	糾弾・糾明・紛糾
15	窮	音 キュウ 訓 きわ（める）高・きわ（まる）高	穴（あなかんむり）	窮地・窮屈・窮迫・困窮
8	拒	音 キョ 訓 こば（む）	扌（てへん）	拒絶・拒否・申し出を拒む
8	享	音 キョウ	亠（なべぶた・けいさんかんむり）	享有・享受・享楽・享年
9	挟	音 キョウ 高 訓 はさ（む）・はさ（まる）	扌（てへん）	挟撃・挟殺・挟む・挟まる
10	恭	音 キョウ 訓 うやうや（しい）高	㣺（したごころ）	恭賀・恭順・恭しい
17	矯	音 キョウ 訓 た（める）高	矢（やへん）	矯正・奇矯・矯め直す

すぐにチェック!!
練習問題 1

読み

次の——線の**漢字の読み**を**ひらがな**で記せ。

目標時間 15分

月 日 / 29

解答 → 別冊 P.5

1 **一括**で代金を支払う。

2 慌てふためく部下達を**一喝**した。

3 降水量が少なく**渇水**のおそれがある。

4 遠くに**褐色**の山が連なっている。

5 この地域の業務は我々が**管轄**している。

6 優秀**且**つ真面目な生徒だ。

7 **缶切**りが見つからず困る。

8 道路が**陥没**して水が噴き出ていた。

9 **患者**の容態が急変した。

10 **堪忍**袋の緒(お)が切れた。

11 **石棺**の中の副葬品を調べた。

12 **借款**でインフラ設備を作った。

13 駅前は寂れて**閑散**としていた。

14 **寛大**な心で許す。

15 **遺憾**の意を表明する。

16 利益の一部を社員に**還元**する。

17 **艦隊**の司令官に任命された。

18 父は昔から**頑固**な性格だった。

19 **飢餓**状態に陥っていた。

20 支援者に対して**便宜**を図った。

21 犯人は**偽名**を使って宿泊していた。

22 **擬音**を使って水の流れを表現する。

23 結論を巡って会議は**紛糾**した。

24 **困窮**している人々を救済する。

25 不当な要求を**拒**んだ。

26 大国による平和を**享受**している。

27 敵軍による**挟撃**を受けた。

28 店の主人は終始**恭**しい態度だった。

29 歯列の**矯正**を行う。

すぐにチェック!! 練習問題 ❷

書き取り

次の——線の**カタカナ**を**漢字**に直せ。

目標時間 **15** 分

月 日 /29

解答 → 別冊 P.5

1 多国間で**ホウカツ**的な条約を結ぶ。
2 **キョウカツ**の罪に問われている。
3 生への**カツボウ**を描いた作品だ。
4 **アンカッショク**の羽をもつチョウを捕まえた。
5 **ショカツ**の警察署に応援を要請する。
6 よく飲み**カ**つよく食べる。
7 **カンヅ**めを使って料理の手間を省く。
8 **ケッカン**商品の回収を指示する。
9 祖母は長い間ガンを**ワズラ**っている。
10 友人の話は聞くに**タ**えない悪口だった。
11 **カン**おけを親族で担ぐ。
12 **ヤッカン**に目を通してから判を押す。
13 **カンセイ**な住宅街に住んでいる。
14 **カンヨウ**な精神で他者に接する。
15 決定は甚（はなは）だ**イカン**であると意見した。
16 戦争から**キカン**した兵士を出迎える。
17 **カンチョウ**の指示により操船する。
18 **ガンメイ**な老人の説得に苦労する。
19 他者からの愛情に**ウ**えている。
20 **テキギ**休憩をとるように指示する。
21 身分を**イツワ**って入国し逮捕される。
22 ナナフシは木の枝に**ギタイ**している。
23 国会議員の汚職を厳しく**キュウダン**する。
24 **キュウクツ**な姿勢を強いられる。
25 改善案は**キョゼツ**された。
26 祖母は**キョウネン**八十歳だった。
27 読みかけの本にしおりを**ハサ**む。
28 **キョウジュン**の姿勢を示す。
29 盆栽（さい）の松の枝を**タ**めて形を造る。

すぐにチェック!!
練習問題 ③

同音・同訓異字

次の――線のカタカナを**漢字**に直せ。

目標時間5分

解答→別冊 P.5

1 父の一**カツ**により目が覚めた。
2 平和な世界を**カツ**望している。
3 古い**カン**詰めが膨張している。
4 多数の城を**カン**落させた。
5 どうか**カン**忍して下さい。
6 掛け軸は落**カン**から偽物と判断された。
7 適**ギ**休憩を取るように指示する。
8 幼虫は木の葉に**ギ**態していた。
9 平和な生活を**キョウ**受している。
10 歯の**キョウ**正のため歯科に通う。

すぐにチェック!!
練習問題 ④

部首

次の漢字の**部首**と**部首名**を記せ。

目標時間6分

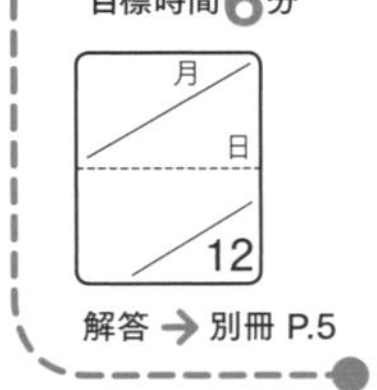

解答→別冊 P.5

	漢字	部首	部首名
1	喝		
2	轄		
3	陥		
4	堪		
5	款		
6	宜		
7	偽		
8	擬		
9	享		
10	窮		
11	恭		
12	矯		

学習ドリル 3

準2級配当漢字表 3

画数	漢字	音	訓	部首	用例
12 キ	暁	ギョウ(高)	あかつき	日(ひへん)	暁天(ぎょうてん)・今暁(こんぎょう)・成功(せいこう)の暁(あかつき)には
11	菌	キン		艹(くさかんむり)	滅菌(めっきん)・殺菌(さっきん)・抗菌(こうきん)・無菌(むきん)
12	琴	キン	こと	王(おう)	木琴(もっきん)・琴線(きんせん)・大正琴(たいしょうごと)
17	謹	キン	つつし(む)	言(ごんべん)	謹慎(きんしん)・謹呈(きんてい)・謹厳(きんげん)・謹(つつし)む
18	襟	キン(高)	えり	衤(ころもへん)	襟(えり)・襟足(えりあし)・襟元(えりもと)・襟章(えりしょう)
7	吟	ギン		口(くちへん)	吟味(ぎんみ)・吟詠(ぎんえい)・吟醸(ぎんじょう)・独吟(どくぎん)
12 ク	隅	グウ	すみ	阝(こざとへん)	一隅(いちぐう)・隅隅(すみずみ)・隅(すみ)・片隅(かたすみ)
15	勲	クン		力(ちから)	勲功(くんこう)・勲章(くんしょう)・叙勲(じょくん)・殊勲(しゅくん)
16	薫	クン(高)	かお(る)	艹(くさかんむり)	薫風(くんぷう)・薫陶(くんとう)・風薫(かぜかお)る五月(ごがつ)
8 ケ	茎	ケイ	くき	艹(くさかんむり)	球茎(きゅうけい)・地下茎(ちかけい)・茎(くき)・歯茎(はぐき)
11	渓	ケイ		氵(さんずい)	渓谷(けいこく)・渓流(けいりゅう)・雪渓(せっけい)
11	蛍	ケイ	ほたる	虫(むし)	蛍光灯(けいこうとう)・蛍光(けいこう)・蛍雪(けいせつ)・蛍(ほたる)
15	慶	ケイ		心(こころ)	慶弔(けいちょう)・慶事(けいじ)・同慶(どうけい)・内弁慶(うちべんけい)
13	傑	ケツ		亻(にんべん)	傑物(けつぶつ)・傑作(けっさく)・傑出(けっしゅつ)・豪傑(ごうけつ)
13	嫌	ケン・ゲン	きら(う)・いや	女(おんなへん)	嫌疑(けんぎ)・機嫌(きげん)・嫌(きら)う
13	献	ケン・コン		犬(いぬ)	献呈(けんてい)・献身(けんしん)・文献(ぶんけん)・献立(こんだて)
17	謙	ケン		言(ごんべん)	謙虚(けんきょ)・謙譲(けんじょう)
18	繭	ケン(高)	まゆ	糸(いと)	繭糸(けんし)・繭玉(まゆだま)
18	顕	ケン		頁(おおがい)	顕著(けんちょ)・顕彰(けんしょう)・露顕(ろけん)・顕在(けんざい)
20	懸	ケン・ケ(高)	か(ける)・か(かる)	心(こころ)	懸命(けんめい)・懸賞(けんしょう)・命懸(いのちが)け
8	弦	ゲン	つる(高)	弓(ゆみへん)	上弦(じょうげん)・管弦(かんげん)・下弦(かげん)・弦(つる)
7 コ	呉	ゴ		口(くち)	呉服(ごふく)・呉音(ごおん)・呉越同舟(ごえつどうしゅう)
13	碁	ゴ		石(いし)	碁石(ごいし)・碁盤(ごばん)・囲碁(いご)
6	江	コウ	え	氵(さんずい)	江湖(こうこ)・江戸(えど)・入(い)り江(え)
8	肯	コウ		肉(にく)	肯定(こうてい)・首肯(しゅこう)
9	侯	コウ		亻(にんべん)	諸侯(しょこう)・侯爵(こうしゃく)・王侯(おうこう)
9	洪	コウ		氵(さんずい)	洪水(こうずい)・洪積層(こうせきそう)
10	貢	コウ・ク(高)	みつ(ぐ)(高)	貝(かいこがい)	貢献(こうけん)・年貢(ねんぐ)・貢(みつ)ぎ物(もの)
13	溝	コウ	みぞ	氵(さんずい)	下水溝(げすいこう)・海溝(かいこう)・敷居(しきい)の溝(みぞ)

すぐにチェック!!
練習問題 ❶

読み

次の——線の**漢字の読み**を**ひらがな**で記せ。

目標時間 15分

月　日　／29

解答 → 別冊 P.6

1 山小屋を出て**暁光**を拝む。

2 **細菌**による院内感染を防ぐ。

3 **琴線**に触れる素晴らしい演奏だった。

4 **謹賀**新年の挨拶（あいさつ）を行う。

5 **襟**についた染みを抜く。

6 料理に使う魚を**吟味**する。

7 千載**一遇**のチャンスを生かす。

8 功績に対し**勲章**が授与される。

9 校長先生の**薫陶**を受ける。

10 **歯茎**が炎症（しょう）を起こして腫（は）れてしまう。

11 **渓谷**の中腹に小さな集落があった。

12 **蛍雪**の功なって試験に合格した。

13 **慶**弔（ちょう）休暇をとる。

14 著名な作家の**傑作**集を読む。

15 弟が学校から**機嫌**よく帰ってくる。

16 夕飯の**献立**に悩む。

17 **謙虚**な態度で話を聞く。

18 **繭糸**から絹糸を紡（つむ）ぐ。

19 地域差が**顕著**であった。

20 **懸命**な努力が実った。

21 **弦楽**四重奏の演奏を聴く。

22 両者はさながら**呉越**同舟のようだ。

23 祖父と**碁石**で五目並べをする。

24 **江戸**の街並みを再現する。

25 **肯定**的な意見が大半だった。

26 **侯**爵（しゃく）の位を賜（たまわ）る。

27 **洪水**により畑が水浸しになった。

28 勝利への**貢献**が認められた。

29 **排水溝**の掃除を行う。

すぐにチェック!! 練習問題 ❷

書き取り

次の――線のカタカナを漢字に直せ。

目標時間 15分

月 日 /29

解答 → 別冊 P.6

1 優勝のアカツキには皆で祝賀会をする。
2 兄の治療はムキン室で行われた。
3 母はコトの師範をしている。
4 ツツシんでご挨拶(あいさつ)申し上げます。
5 カイキンシャツで登校する。
6 祖父はシギンを趣味としている。
7 猫が部屋のカタスミで居眠りをする。
8 功績を認められ叙(じょ)クンされた。
9 風カオる五月と時候の挨拶(あいさつ)をつづる。
10 ジャガイモはチカケイをもつ。
11 山にある巨大なセッケイを横断する。
12 故郷の川にホタルが戻ってくる。
13 弟はウチベンケイな性格だ。
14 先祖は天下に名高いゴウケツだった。
15 キラいな食べ物を残してしまう。
16 ケンシン的な介護を行った。
17 ケンジョウ語は敬語の一種だ。
18 マユの中にはサナギが入っている。
19 悪事がロケンし世間の批判を浴びる。
20 イノチガけで遭難者を救助する。
21 弓にツルを張る。
22 ゴフク屋で着物を仕立ててもらう。
23 イゴでアマチュア五段の腕を持つ。
24 中国の上海(シャンハイ)はチョウコウの河口にある。
25 委員長の提案にシュコウする。
26 和平の締結はショコウから反発を受けた。
27 コウズイにより家が流されてしまう。
28 周辺国からミツぎ物が届く。
29 親友との間にミゾが出来てしまう。

すぐにチェック!!
練習問題 ❸

同音・同訓異字

次の――線の**カタカナ**を**漢字**に直せ。

目標時間5分　月　日　/10

解答 → 別冊 P.6

1 一年間のキン慎を命じられる。
2 開キンシャツを着て出かける。

3 大臣よりクン章を授かる。
4 恩師の良きクン陶を受ける。

5 ケイ光灯が切れたので取り替える。
6 身内のケイ事を吉日に行う。

7 若いながらケツ物と評判だ。
8 清ケツな包帯を手首に巻いた。

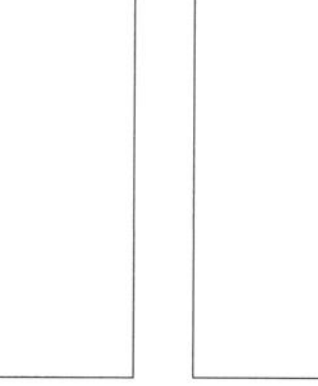

9 肺炎の徴候がケン著に現れている。
10 ケン命な治療により患者の命は救われた。

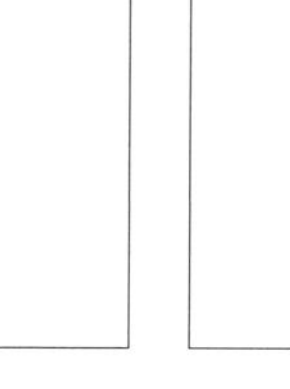

すぐにチェック!!
練習問題 ❹

部　首

次の漢字の**部首**と**部首名**を記せ。

目標時間6分　月　日　/12

解答 → 別冊 P.6

	漢字	部首	部首名
1	琴		
2	謹		
3	隅		
4	勲		
5	薫		
6	蛍		
7	藺		
8	頭		
9	懸		
10	呉		
11	肯		
12	貢		

学習ドリル 4

準2級配当漢字表 4

画数	漢字	読み	部首	用例
16 （コ）	衡	音 コウ	行 ぎょうがまえ／ゆきがまえ	均衡（きんこう）・平衡（へいこう） 度量衡（どりょうこう）
17	購	音 コウ	貝 かいへん	購入（こうにゅう）・購買（こうばい） 購読（こうどく）
9	拷	音 ゴウ	扌 てへん	拷問（ごうもん）
10	剛	音 ゴウ	刂 りっとう	剛直（ごうちょく）・剛健（ごうけん） 剛胆（ごうたん）・剛腕（ごうわん）
14	酷	音 コク	酉 とりへん	酷似（こくじ）・酷（こく） 酷評（こくひょう）・過酷（かこく）
8	昆	音 コン	日 ひ	昆虫（こんちゅう） 昆布（こん（こ）ぶ）
17	懇	音 コン 訓 ねんご（ろ）高	心 こころ	懇情（こんじょう）・懇親（こんしん） 懇意（こんい）・懇願（こんがん）
10 （サ）	唆	音 サ 訓 そそのか（す）高	口 くちへん	教唆（きょうさ）・示唆（し（じ）さ） 悪事を唆す（あくじをそそのかす）

画数	漢字	読み	部首	用例
12	詐	音 サ	言 ごんべん	詐欺（さぎ）・詐取（さしゅ） 詐称（さしょう）
9	砕	音 サイ 訓 くだ（く）／くだ（ける）	石 いしへん	砕石（さいせき）・粉砕（ふんさい） 心を砕く（こころをくだく）
10	宰	音 サイ	宀 うかんむり	宰領（さいりょう）・宰相（さいしょう） 主宰（しゅさい）
10	栽	音 サイ	木 き	栽培（さいばい）・盆栽（ぼんさい） 植栽（しょくさい）
11	斎	音 サイ	斉 せい	斎場（さいじょう）・潔斎（けっさい） 書斎（しょさい）
10	索	音 サク	糸 いと	索引（さくいん）・思索（しさく） 捜索（そうさく）・検索（けんさく）
12	酢	音 サク 訓 す	酉 とりへん	酢酸（さくさん） 甘酢（あまず）・酢豚（すぶた）
10	桟	音 サン	木 きへん	桟道（さんどう） 桟橋（さんばし）
12	傘	音 サン高 訓 かさ	人 ひとやね	傘下（さんか）・落下傘（らっかさん） 傘（かさ）・日傘（ひがさ）

画数	漢字	読み	部首	用例
8 （シ）	肢	音 シ	月 にくづき	肢体（したい）・下肢（かし） 四肢（しし）・選択肢（せんたくし）
13	嗣	音 シ	口 くち	嗣子（しし） 嫡嗣（ちゃくし）
15	賜	音 シ高 訓 たまわ（る）	貝 かいへん	賜暇（しか）・恩賜（おんし） お言葉を賜る（おことばをたまわる）
19	璽	音 ジ	玉 たま	御璽（ぎょじ） 国璽（こくじ）
14	漆	音 シツ 訓 うるし	氵 さんずい	漆器（しっき）・漆黒（しっこく） 漆塗り（うるしぬり）
14	遮	音 シャ 訓 さえぎ（る）	辶 しんにょう／しんにゅう	遮断（しゃだん）・遮光（しゃこう） 話を遮る（はなしをさえぎる）
11	蛇	音 ジャ・ダ 訓 へび	虫 むしへん	蛇腹（じゃばら）・長蛇（ちょうだ） 蛇行（だこう）・蛇（へび）
10	酌	音 シャク 訓 く（む）高	酉 とりへん	晩酌（ばんしゃく）・酌量（しゃくりょう） 媒酌（ばいしゃく）・酌む（くむ）
17	爵	音 シャク	爫 つめかんむり／つめがしら	爵位（しゃくい）・伯爵（はくしゃく） 侯爵（こうしゃく）

すぐにチェック!!
練習問題 1

読み

次の――線の**漢字の読み**を**ひらがな**で記せ。

目標時間 15 分

月 日 / 29

解答 → 別冊 P.7

1 軍事力は**均衡**状態を維持した。

2 **購買**でパンと飲み物を買う。

3 **拷問**は禁止されている。

4 姉は**剛胆**な性格をしている。

5 両者のデザインは**酷似**していた。

6 **昆虫**採集に出かけた。

7 **懇切**丁寧(ねい)な説明を心掛ける。

8 政治家の関与が**示唆**されている。

9 **詐欺**容疑で逮捕された。

10 家の基礎に**砕石**を敷いた。

11 **宰相**の命令に背く。

12 庭でスイカを**栽**培(ばい)する。

13 **書斎**には作り付けの本棚(だな)がある。

14 **索引**を使って調べものをする。

15 母に好物の**酢豚**を作ってもらう。

16 **桟橋**から船に乗り込む。

17 **傘下**の企業を統合する。

18 **下肢**にある血管の手術をする。

19 **嗣子**とは跡取りの子供のことをいう。

20 陛下から官位を**賜**る。

21 国書に**国璽**を押す。

22 **漆器**のおわんを使う。

23 霧が前方の視界を**遮**っていた。

24 **蛇腹**構造の部品を修理する。

25 亡き母の意思を**酌**んで遺産を寄付する。

26 **爵位**の返上を申し出る。

27 犯罪を**唆**してはいけない。

28 精進**潔斎**して祭事に臨んだ。

29 この刀は殿様から**下賜**された。

すぐにチェック!! 練習問題②

書き取り

次の——線のカタカナを漢字に直せ。

目標時間 15分

月 日 /29

解答→別冊 P.7

1 **ヘイコウ**感覚を養う。
2 ゴルフ雑誌を定期**コウドク**している。
3 **ゴウモン**による自白は無効だ。
4 質実**ゴウケン**な気風の学校だ。
5 **カコク**な運命に立ち向かう。
6 **コンブ**を乾燥させて出荷する。
7 **ネンゴ**ろな看護を受け快復する。
8 犯罪を**キョウサ**し逮捕される。
9 犯人は学歴を**サショウ**していた。
10 **クダ**けた態度で人に接する。
11 兄は劇団を**シュサイ**している。
12 親子で**ボンサイ**を楽しむ。
13 地元の**サイジョウ**で祖父の葬式を行う。
14 図書館の蔵書を**ケンサク**する。
15 **サクサン**を使った実験を行う。
16 崖(がけ)に沿って**サンドウ**が作られている。
17 突然の雨に**カサ**がなく難儀する。
18 問題の**センタクシ**は二つある。
19 貴族の**ケイシ**として生を受ける。
20 優勝チームに**シハイ**を授ける。
21 公布文には**ギョジ**が押印される。
22 **ウルシヌ**りの器のセットを買う。
23 **シャダン**機が下りてきたので車を停止する。
24 川が**ダコウ**している。
25 父の**バンシャク**に付きあう。
26 **シャクイ**を授けられる。
27 **コンシン**会を計画した。
28 粉骨**サイシン**の努力を誓う。
29 一国の**サイショウ**の器量を備える。

すぐにチェック!!
練習問題 ❸

同音・同訓異字

次の——線のカタカナを**漢字**に直せ。

目標時間5分　月　日　/10

解答 → 別冊 P.7

1 両国の軍事力は均**コウ**状態を保っている。
2 **コウ**買欲をそそる宣伝を行う。

3 お気に入りの映画は友人に**コク**評された。
4 雑**コク**米を好んで食べる。

5 検査の結果はガンの可能性を示**サ**している。
6 年齢を**サ**称して軍に入隊した。

7 国家の**サイ**相として条約に調印する。
8 祖父の盆**サイ**を形見として譲り受ける。

9 犬が四**シ**を踏ん張ってほえる。
10 将軍の**シ**子として大切に育てられる。

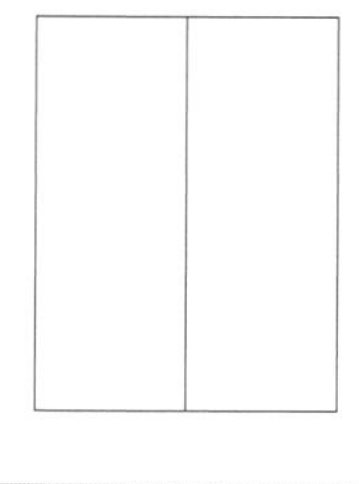

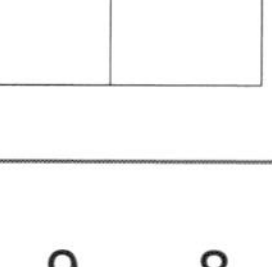

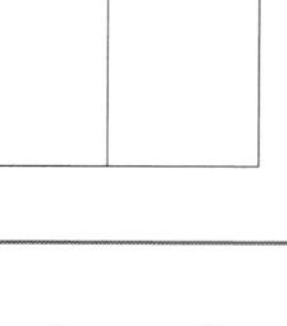

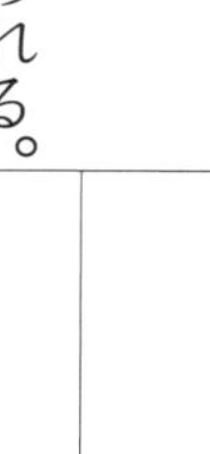

すぐにチェック!!
練習問題 ❹

部　首

次の漢字の**部首**と**部首名**を記せ。

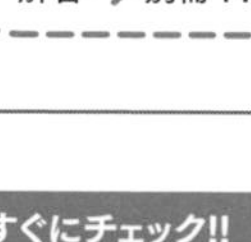

目標時間6分　月　日　/12

解答 → 別冊 P.7

	漢字	部首	部首名
1	拷		
2	酷		
3	懇		
4	詐		
5	宰		
6	栽		
7	傘		
8	嗣		
9	璽		
10	蛇		
11	酌		
12	爵		

準2級配当漢字表❶～❹の漢字を使った問題に挑戦しましょう。

まとめテスト 1

すぐにチェック!! 練習問題❶

送りがな

次の――線のカタカナを漢字一字と送りがな（ひらがな）に直せ。

目標時間5分 月 日 /10

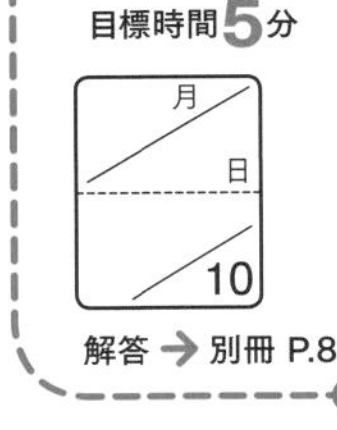

1 一家のカセギ頭として頼りにされる。
2 祖母が生まれ故郷をナツカシンデいる。
3 敵軍をわなにオトシイレル。
4 兄は長いこと心臓病をワズラッテいる。
5 名前をイツワリ潜入捜査（そう）を行う。
6 進退キワマリどうにもならない。
7 ウヤウヤシク褒美（ほう）を受け取る。
8 友人とネンゴロな間柄となる。
9 教師になる夢はクダケタ。
10 木が道に倒れ車の通行をサエギッテいる。

1	2	3	4	5	6	7	8	9	10

解答 → 別冊 P.8

すぐにチェック!! 練習問題❷

対義語・類義語

次の□のひらがなに従って、対義語（↕）、類義語（＝）になるよう漢字一字を記せ。

目標時間7分 月 日 /14

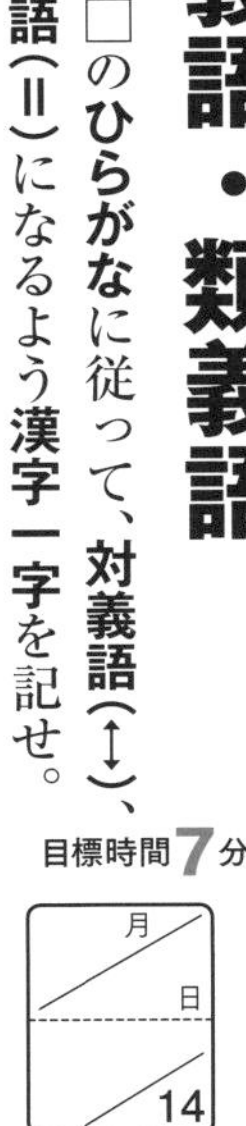

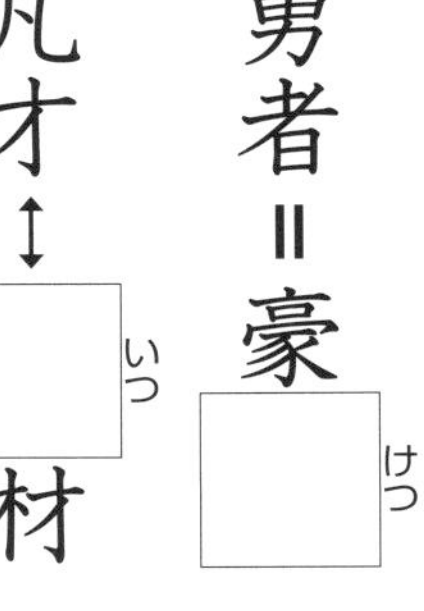
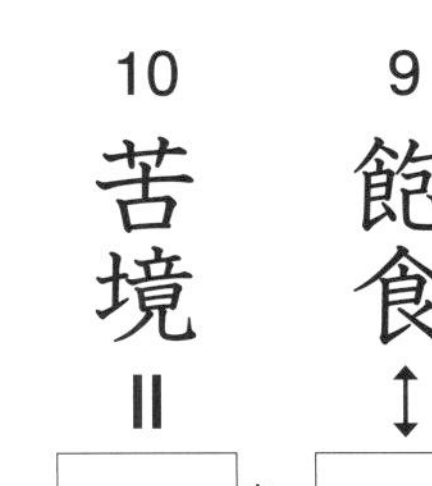
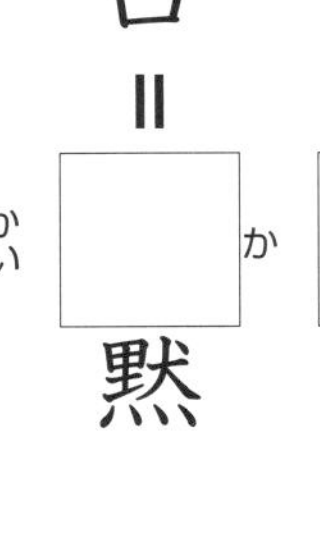

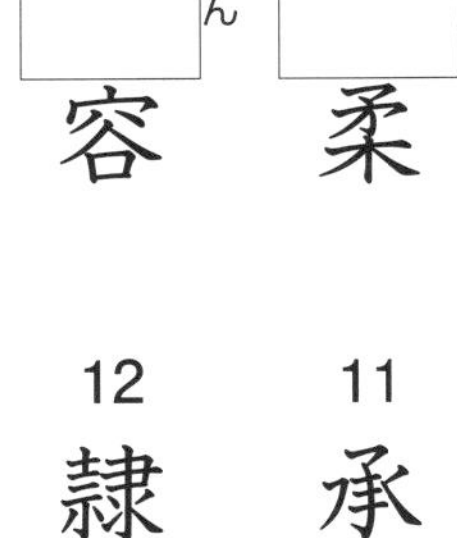
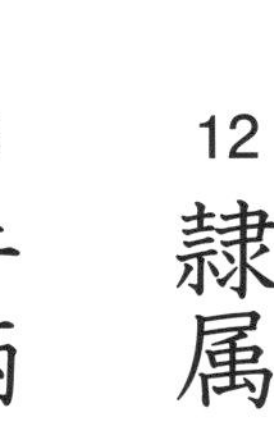
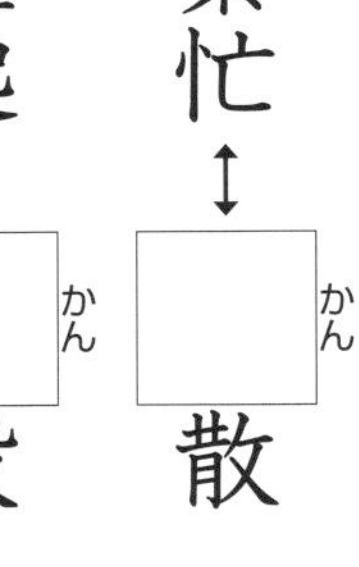
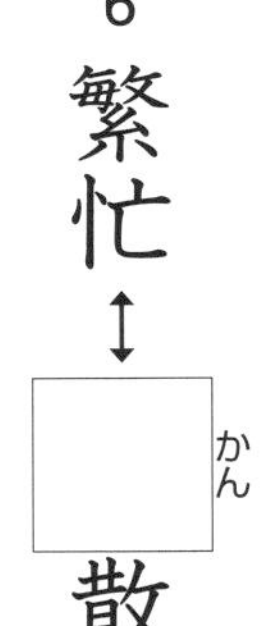
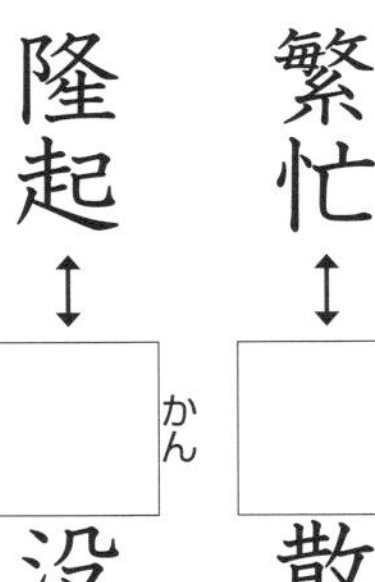

1 勇者＝□豪（けつ）
2 凡才↕□材（いつ）
3 無口＝□黙（か）
4 威圧↕□柔（かい）
5 狭量↕□容（かん）
6 繁忙↕□散（かん）
7 隆起↕□没（かん）
8 強情＝□固（がん）
9 飽食↕□餓（き）
10 苦境＝□地（きゅう）
11 承諾↕□絶（きょ）
12 隷属＝□順（きょう）
13 手柄＝□功（くん）
14 祝福＝□賀（けい）

解答 → 別冊 P.8

すぐにチェック!! 練習問題❸

誤字訂正

次の各文に間違って使われている**同じ読みの漢字が一字**ある。**上に誤字を、下に正しい漢字**を記せ。

目標時間3分

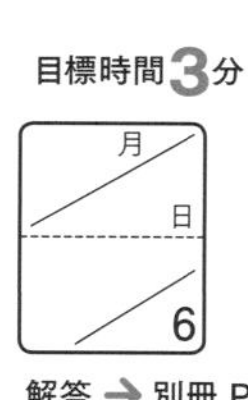

解答→別冊 P.8

1 事件の禍中にいる人物に取材を申し込むも、すげなく断られてしまう。 □ □

2 二十歳のお祝いとして祖父が収集している拐中時計の中から一つをプレゼントされた。 □ □

3 世界の平和を喝望し交戦状態にある当事者間で停戦合意を結ぶよう努力を続ける。 □ □

4 閑静な住宅街の中に突如として西洋の古城を模した建物が現れた。 □ □

5 初めての登山のため経験者である先輩の助言に嫌虚に耳を貸した。 □ □

6 海講の調査のために深海まで潜れる無人探査船を開発した。 □ □

すぐにチェック!! 練習問題❹

四字熟語

次の□の**ひらがな**に従って**漢字一字**を記せ。11～13の**意味**にあてはまる四字熟語を1～10から選び、算用数字で記せ。

目標時間7分

解答→別冊 P.8

1 吉凶□(か)福

2 沈黙□(か)言

3 天□(がい)孤独

4 大□(かつ)一声

5 内憂外□(かん)

6 □(かん)話休題

7 □(きん)厳実直

8 □(ご)越同舟

9 □(こく)寒猛暑

10 暗中模□(さく)

11 きわめて慎み深く、まじめで正直なさま。（　　）

12 仲の悪い者同士や敵味方が、同じ場所や境遇にいること。（　　）

13 手がかりのないまま、あれこれとやってみること。（　　）

学習ドリル 5

準2級配当漢字表 5

画数	漢字	読み	部首	用例
10	珠	音 シュ	王 おうへん・たまへん	珠玉(しゅぎょく)・珠算(しゅざん)・真珠(しんじゅ)
16	儒	音 ジュ	亻 にんべん	儒学(じゅがく)・儒教(じゅきょう)・儒者(じゅしゃ)
5	囚	音 シュウ	口 くにがまえ	囚人(しゅうじん)・幽囚(ゆうしゅう)・死刑囚(しけいしゅう)
9	臭	音 シュウ 訓 くさ(い)・にお(う)	自 みずから	異臭(いしゅう)・体臭(たいしゅう)・泥臭い(どろくさい)
13	愁	音 シュウ 訓 うれ(える)高・うれ(い)高	心 こころ	愁傷(しゅうしょう)・哀愁(あいしゅう)・旅愁(りょしゅう)・憂愁(ゆうしゅう)
13	酬	音 シュウ	酉 とりへん	報酬(ほうしゅう)・応酬(おうしゅう)
17	醜	音 シュウ 訓 みにく(い)	酉 とりへん	美醜(びしゅう)・醜態(しゅうたい)・醜聞(しゅうぶん)・醜い(みにくい)
5	汁	音 ジュウ 訓 しる	氵 さんずい	果汁(かじゅう)・苦汁(くじゅう)・胆汁(たんじゅう)・汁粉(しるこ)
6	充	音 ジュウ 訓 あ(てる)高	儿 ひとあし・にんにょう	充実(じゅうじつ)・充電(じゅうでん)・補充(ほじゅう)・充満(じゅうまん)

画数	漢字	読み	部首	用例
11	渋	音 ジュウ 訓 しぶ・しぶ(い)・しぶ(る)	氵 さんずい	渋滞(じゅうたい)・苦渋(くじゅう)・渋皮(しぶかわ)・茶渋(ちゃしぶ)
14	銃	音 ジュウ	金 かねへん	銃口(じゅうこう)・銃創(じゅうそう)・銃声(じゅうせい)・小銃(しょうじゅう)
8	叔	音 シュク	又 また	叔父(おじ)・叔母(おば)・伯叔(はくしゅく)
11	淑	音 シュク	氵 さんずい	淑女(しゅくじょ)・貞淑(ていしゅく)・私淑(ししゅく)
11	粛	音 シュク	聿 ふでづくり	粛清(しゅくせい)・粛正(しゅくせい)・厳粛(げんしゅく)・自粛(じしゅく)
14	塾	音 ジュク	土 つち	私塾(しじゅく)・学習塾(がくしゅうじゅく)・塾生(じゅくせい)
9	俊	音 シュン	亻 にんべん	俊敏(しゅんびん)・俊足(しゅんそく)・俊傑(しゅんけつ)・俊才(しゅんさい)
10	准	音 ジュン	冫 にすい	准教授(じゅんきょうじゅ)・批准(ひじゅん)
10	殉	音 ジュン	歹 かばねへん・いちたへん・がつへん	殉死(じゅんし)・殉職(じゅんしょく)・殉教(じゅんきょう)
12	循	音 ジュン	彳 ぎょうにんべん	循環(じゅんかん)・因循(いんじゅん)・循環器(じゅんかんき)

画数	漢字	読み	部首	用例
11	庶	音 ショ	广 まだれ	庶民(しょみん)・庶務(しょむ)
14	緒	音 ショ・チョ 訓 お	糸 いとへん	内緒(ないしょ)・一緒(いっしょ)・情緒(じょうちょ(じょうしょ))・鼻緒(はなお)
9	叙	音 ジョ	又 また	叙景(じょけい)・叙勲(じょくん)・叙情(じょじょう)・自叙伝(じじょでん)
4	升	音 ショウ 訓 ます	十 じゅう	一升(いっしょう)・升席(ますせき)・升目(ますめ)
7	抄	音 ショウ	扌 てへん	抄録(しょうろく)・抄本(しょうほん)・抄訳(しょうやく)
7	肖	音 ショウ	肉 にく	肖像(しょうぞう)・不肖(ふしょう)
8	尚	音 ショウ	⺌ しょう	尚早(しょうそう)・高尚(こうしょう)
10	宵	音 ショウ高 訓 よい	宀 うかんむり	徹宵(てっしょう)・宵宮(よいみや)・宵の口(よいのくち)
10	症	音 ショウ	疒 やまいだれ	症状(しょうじょう)・感染症(かんせんしょう)・炎症(えんしょう)・症候群(しょうこうぐん)
10	祥	音 ショウ	ネ しめすへん	発祥(はっしょう)・吉祥(きっしょう)・不祥事(ふしょうじ)

すぐにチェック!!
練習問題 1

読み

次の——線の**漢字の読み**を**ひらがな**で記せ。

目標時間 15分

月　日　/29

解答 → 別冊 P.9

1 **珠玉**の名作を紹介する。
2 **儒学**に基づいて政治を行う。
3 **囚人**達の健康を気遣う。
4 火山性ガスの**臭気**が漂う。
5 もの悲しい鐘の音に**哀愁**を覚えた。
6 業者に**報酬**を支払う。
7 **醜**い争いにうんざりした。
8 皆でおやつに**汁粉**を食べた。
9 **充実**した日々を過ごす。
10 帰省する際、**渋滞**に巻き込まれる。
11 戦場に**銃砲**の音が鳴り響く。
12 **叔父**と趣味の話で盛り上がる。
13 **淑女**として恥ずかしくない行動をとる。
14 独裁者による**粛清**が行われた。
15 父は**学習塾**を経営している。
16 兄は校内一の**俊足**と言われる。
17 大学の**准教授**となった。
18 **殉教**者として後世たたえられる。
19 **循環**バスに乗って駅へ向かう。
20 **庶民**の暮らしが豊かになる。
21 **由緒**のある神社へ参拝にいく。
22 過去の出来事をゆっくりと**叙述**する。
23 日本酒を**一升**買い求める。
24 論文の**抄録**を読んで内容を把握(は)する。
25 **肖像画**を描いてもらう。
26 **高尚**な趣味だと自認している。
27 徹(てっ)**宵**して警備にあたった。
28 **症状**は改善へと向かっていった。
29 **不祥事**により営業は中止された。

すぐにチェック!!
練習問題 ❷

書き取り

次の――線のカタカナを漢字に直せ。

目標時間 15分

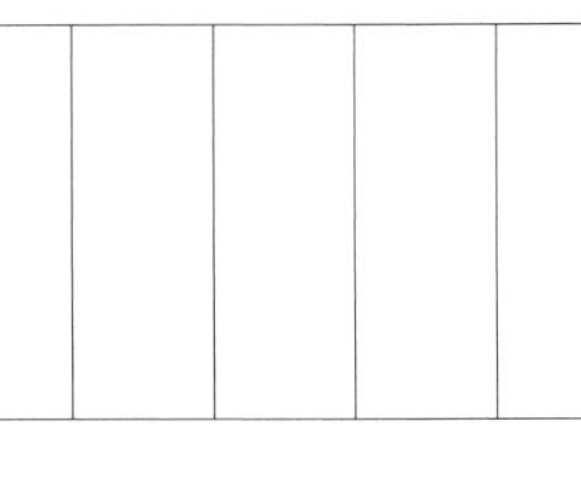
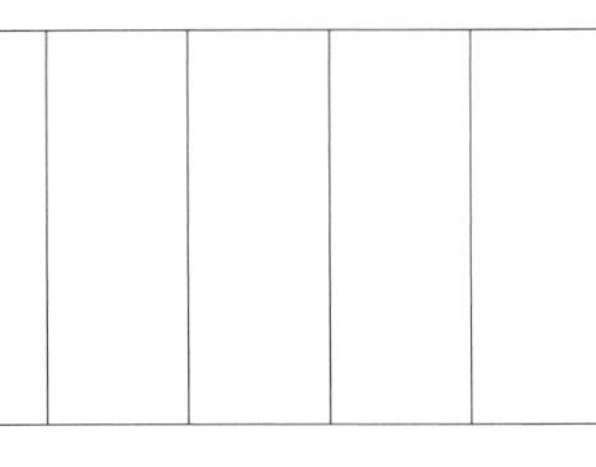
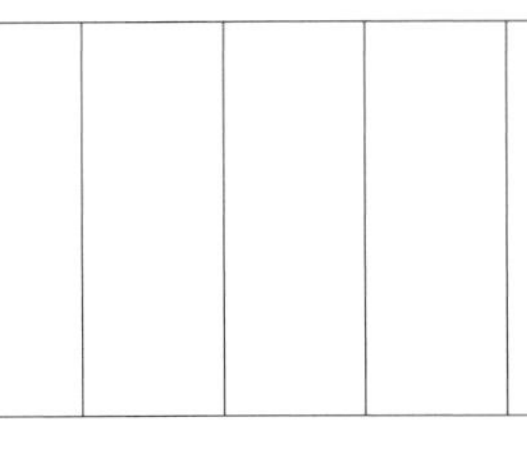

月 日 /29

解答→別冊 P.9

1 **シンジュ**のネックレスをつける。
2 **ジュキョウ**を基本として国を治める。
3 **シケイシュウ**として収容される。
4 周囲に硫黄(いおう)の**ニオ**いが立ち込めた。
5 祖母の死を**ウレ**える。
6 会議は暴言の**オウシュウ**となった。
7 皆の前で**シュウタイ**をさらす。
8 **カジュウ**たっぷりのみかんを食べる。
9 携帯電話を**ジュウデン**する。
10 **クジュウ**に満ちた表情をしている。
11 獲物に向かって**ジュウコウ**を向ける。
12 伯(はく)**シュク**は父母の兄弟を指す。
13 古代の哲人に**シシュク**する。
14 宴会は**ジシュク**するよう通達された。
15 子供が**ジュク**に行く際の送り迎えをする。
16 **シュンビン**な動きで相手をかく乱した。
17 国際条約を**ヒジュン**する。
18 **ジュンショク**した警察官の葬儀が行われる。
19 兄は**ジュンカンキ**の専門医だ。
20 入社後**ショム**課に配属された。
21 親には**ナイショ**で海に出かける。
22 **ジョケイ**に優れた作品として評価される。
23 **マスセキ**に座って相撲(すもう)を観戦する。
24 海外の論文を**ショウヤク**する。
25 **フショウ**の息子と自己紹介する。
26 行動に移すのは時期**ショウソウ**だ。
27 **ヨイ**の明星を望遠鏡で観察する。
28 関節が**エンショウ**を起こし痛みがある。
29 人類**ハッショウ**の地はアフリカである。

すぐにチェック!! 練習問題 ③

同音・同訓異字

次の――線のカタカナを漢字に直せ。

目標時間5分

月　日　／10

解答 → 別冊 P.9

1 哀シュウ漂う名曲を好んで聴く。
2 特シュウ記事を書く。

3 会議は非難の応シュウに終始した。
4 親族の前でシュウ態をさらす。

5 墨ジュウが白いシャツに跳ねた。
6 将軍は苦ジュウの決断を下した。

7 多国間の条約を批ジュンした。
8 市内をジュン環するバスに乗る。

9 海外のニュースをショウ訳して配信する。
10 家族のショウ像画を描くよう依頼される。

すぐにチェック!! 練習問題 ④

部首

次の漢字の部首と部首名を記せ。

目標時間6分

月　日　／12

解答 → 別冊 P.9

	1	2	3	4	5	6	7	8	9	10	11	12
漢字	臭	酬	醜	叔	淑	殉	庶	叙	肖	尚	宵	祥
部首												
部首名												

準2級配当漢字表 6

漢字	画数	読み	部首	用例
渉 (シ)	11	音 ショウ	氵 さんずい	渉外（しょうがい）・干渉（かんしょう）・交渉（こうしょう）
訟	11	音 ショウ	言 ごんべん	訴訟（そしょう）
硝	12	音 ショウ	石 いしへん	硝煙（しょうえん）・硝石（しょうせき）・硝酸（しょうさん）
粧	12	音 ショウ	米 こめへん	化粧（けしょう）
詔	12	音 ショウ 訓 みことのり(高)	言 ごんべん	詔勅（しょうちょく）・詔書（しょうしょ）
奨	13	音 ショウ	大 だい	奨励（しょうれい）・推奨（すいしょう）・勧奨（かんしょう）
彰	14	音 ショウ	彡 さんづくり	表彰（ひょうしょう）・顕彰（けんしょう）
償	17	音 ショウ 訓 つぐな（う）	亻 にんべん	有償（ゆうしょう）・代償（だいしょう）・償還（しょうかん）・償う（つぐなう）
礁	17	音 ショウ	石 いしへん	岩礁（がんしょう）・暗礁（あんしょう）・座礁（ざしょう）

漢字	画数	読み	部首	用例
浄	9	音 ジョウ	氵 さんずい	浄化（じょうか）・洗浄（せんじょう）・自浄（じじょう）・浄財（じょうざい）
剰	11	音 ジョウ	刂 りっとう	剰余（じょうよ）・過剰（かじょう）・余剰（よじょう）・剰員（じょういん）
壌	16	音 ジョウ	土 つちへん	土壌（どじょう）
醸	20	音 ジョウ 訓 かも（す）(高)	酉 とりへん	醸造（じょうぞう）・醸成（じょうせい）・吟醸（ぎんじょう）・醸す（かもす）
津	9	音 シン(高) 訓 つ	氵 さんずい	興味津津（きょうみしんしん）・津波（つなみ）
唇	10	音 シン(高) 訓 くちびる	口 くち	口唇（こうしん）・唇（くちびる）をかむ
娠	10	音 シン	女 おんなへん	妊娠（にんしん）
紳	11	音 シン	糸 いとへん	紳士（しんし）
診	12	音 シン 訓 み（る）	言 ごんべん	診察（しんさつ）・診断（しんだん）・打診（だしん）・診る（みる）
刃	3	音 ジン(高) 訓 は	刀 かたな	自刃（じじん）・刃物（はもの）・刃先（はさき）・刃渡り（はわたり）

漢字	画数	読み	部首	用例
迅	6	音 ジン	辶 しんにょう しんにゅう	迅速（じんそく）・疾風迅雷（しっぷうじんらい）
甚	9	音 ジン(高) 訓 はなは（だ） はなは（だしい）	甘 かん あまい	甚大（じんだい）・甚だ（はなはだ）・甚だしい（はなはだしい）
帥 (ス)	9	音 スイ	巾 はば	総帥（そうすい）・統帥（とうすい）・元帥（げんすい）
睡	13	音 スイ	目 めへん	睡眠（すいみん）・熟睡（じゅくすい）・睡魔（すいま）・一睡（いっすい）
枢	8	音 スウ	木 きへん	枢軸（すうじく）・枢要（すうよう）・中枢（ちゅうすう）
崇	11	音 スウ	山 やま	崇高（すうこう）・崇敬（すうけい）・崇拝（すうはい）
据	11	訓 す（える） す（わる）	扌 てへん	見据える（みすえる）・据える（すえる）・据わる（すわる）
杉	7	訓 すぎ	木 きへん	杉（すぎ）・杉並木（すぎなみき）
斉 (セ)	8	音 セイ	斉 せい	斉唱（せいしょう）・一斉（いっせい）
逝	10	音 セイ 訓 ゆ（く）(高) い（く）(高)	辶 しんにょう しんにゅう	逝去（せいきょ）・急逝（きゅうせい）・恩人（おんじん）が逝く（ゆ（い）く）

すぐにチェック!!
練習問題 ❶

読み

次の——線の**漢字の読み**を**ひらがな**で記せ。

目標時間 **15** 分

月 日 ／29

解答 → 別冊 P.10

1 **交渉**をもって戦争を回避する。
2 集団**訴訟**の弁護を受け持つ。
3 **硝石**を集めて火薬を作る。
4 舞台で演じるために**化粧**をした。
5 国会召集の**詔書**が公布された。
6 新たな田畑の開墾を**奨励**する。
7 全国大会で優勝し**表彰**された。
8 備品を壊してしまったので**弁償**した。
9 岸に近づき過ぎた船が**座礁**した。
10 自動で**洗浄**するトイレが開発された。
11 **過剰**な薬物の投与を禁ずる。
12 **土壌**改良のために肥料をまく。
13 **醸造**所でビールが作られている。
14 **津波**による被害を調べる実験を行う。
15 **口唇**に水膨れが出来た。
16 妊(にん)**娠**した従業員が産休を申請した。
17 **紳士**的に振る舞う。
18 **診察**の順番を待合室で待つ。
19 包丁の**刃先**が欠けてしまう。
20 顧客の要求に**迅速**に対応した。
21 台風の被害は**甚大**だ。
22 **元帥**に任命された。
23 緊張の余り**一睡**もせず夜が明けた。
24 **枢軸**国に対し宣戦布告する。
25 民族の英雄を**崇拝**している。
26 腰を**据**えて問題解決に取り組む。
27 **杉並木**に沿って進むと鳥居があった。
28 校歌を**斉唱**するため起立した。
29 恩師が**逝去**したとの報を受けた。

すぐにチェック!! 練習問題 ❷

書き取り

次の――線のカタカナを漢字に直せ。

目標時間 15分

月 日 / 29

解答 → 別冊 P.10

1 **ショウガイ**係として外部と折衝する。
2 刑事**ソショウ**法を授業で学ぶ。
3 **ショウエン**により視界が遮られた。
4 **ケショウ**品の販売会社に就職する。
5 国会開設の**ミコトノリ**を発した。
6 帰宅時の手洗いが**スイショウ**されている。
7 父は長年の功労を顕**ショウ**された。
8 刑務所で犯した罪を**ツグナ**う。
9 計画は**アンショウ**に乗り上げた。
10 組織の**ジジョウ**作用は期待できない。
11 **ヨジョウ**となった食糧を放出する。
12 **ドジョウ**を改良して作物を植える。
13 時間がたつほどに怒りが**ジョウセイ**された。
14 興味**シンシン**といった様子だ。
15 兄は悔しそうに**クチビル**をかんでいた。
16 妊(にん)**シン**を家族に伝える。
17 **シンシ**的な振る舞いを求められる。
18 診療所で先生に**ミ**てもらう。
19 志半ばで**キョウジン**に倒れた。
20 疾風**ジンライ**の勢いで進む。
21 勘違いも**ハナハ**だしいと非難される。
22 財閥(ばつ)の**ソウスイ**の跡取りとして生まれる。
23 運転中に**スイマ**に襲われる。
24 国家の**チュウスウ**を攻撃される。
25 開祖に対し**スウケイ**の念を抱く。
26 覚悟を決めたら腹が**ス**わった。
27 **スギ**の花粉によりくしゃみが出る。
28 皆で**イッセイ**にストライキを行う。
29 仲の良かった友人が若くして**イ**った。

すぐにチェック!! 練習問題 ❸

同音・同訓異字

次の――線のカタカナを**漢字**に直せ。

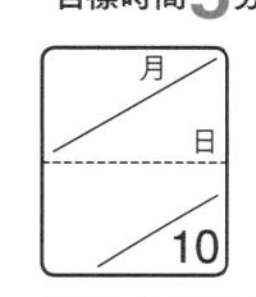

解答 → 別冊 P.10

1 他国のショウをはねのける。
2 解雇に不満を持ち訴ショウを起こす。
3 ショウ石に木炭や硫黄（いおう）を混ぜ火薬を作る。
4 部活動への参加を推ショウしている。
5 お寺の本堂を改築するためジョウ財を募る。
6 薬剤が過ジョウな反応を引き起こした。
7 畑の土ジョウを入れ替える。
8 講和を望む空気がジョウ成される。
9 ジン速な配送を売りにしている。
10 台風によりジン大な被害を受けた。

すぐにチェック!! 練習問題 ❹

部首

次の漢字の**部首**と**部首名**を記せ。

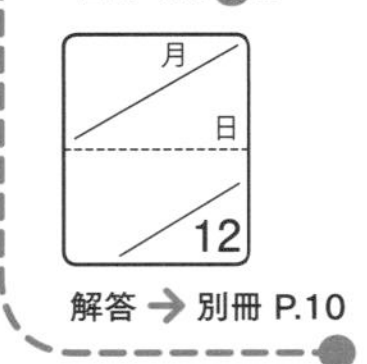

解答 → 別冊 P.10

	漢字	部首	部首名
1	硝		
2	奨		
3	礁		
4	剰		
5	醸		
6	娠		
7	迅		
8	甚		
9	睡		
10	崇		
11	杉		
12	斉		

学習ドリル 7

準2級配当漢字表 7

画数	漢字	読み	部首	用例
14 セ	誓	音 セイ　訓 ちか(う)	言 げん	誓約・宣誓・心に誓う
8	析	音 セキ	木 きへん	解析・透析・分析
8	拙	音 セツ　訓 つたな(い)	扌 てへん	巧拙・稚拙・拙速・拙劣
9	窃	音 セツ	穴 あなかんむり	窃盗・窃取
5	仙	音 セン	亻 にんべん	仙境・仙薬・仙人・仙骨
10	栓	音 セン	木 きへん	栓・消火栓・耳栓
11	旋	音 セン	方 ほうへん かたへん	旋回・旋律・周旋・旋風
13	践	音 セン	足 あしへん	実践
15	遷	音 セン	辶 しんにょう しんにゅう	変遷・左遷・遷都
16	薦	音 セン　訓 すす(める)	艹 くさかんむり	自薦・推薦・他薦・薦める
17	繊	音 セン	糸 いとへん	繊細・繊維・化繊
13	禅	音 ゼン	礻 しめすへん	座禅・禅問答・禅宗・禅譲
14	漸	音 ゼン	氵 さんずい	漸進・漸次・漸増
10 ソ	租	音 ソ	禾 のぎへん	租借・租税・公租公課
12	疎	音 ソ　訓 うと(い)高 うと(む)高	𤴔 ひきへん	疎外・過疎・空疎・疎む
13	塑	音 ソ	土 つち	塑像・彫塑・可塑性
6	壮	音 ソウ	士 さむらい	壮絶・壮観・豪壮・壮麗
9	荘	音 ソウ	艹 くさかんむり	山荘・別荘・荘重・荘厳
10	捜	音 ソウ　訓 さが(す)	扌 てへん	捜索・捜査・人を捜す
10	挿	音 ソウ　訓 さ(す)	扌 てへん	挿入・挿話・挿す・挿絵
11	曹	音 ソウ	曰 ひらび いわく	重曹・法曹界
12	喪	音 ソウ　訓 も	口 くち	喪失・阻喪・喪・喪中
15	槽	音 ソウ	木 きへん	水槽・浴槽
17	霜	音 ソウ高　訓 しも	雨 あめかんむり	霜・霜焼け・霜柱・初霜
19	藻	音 ソウ　訓 も	艹 くさかんむり	藻類・海藻・藻くず
7 タ	妥	音 ダ	女 おんな	妥当・妥結・妥協
12	堕	音 ダ	土 つち	堕落・堕する
12	惰	音 ダ	忄 りっしんべん	遊惰・惰性・惰眠・惰弱
14	駄	音 ダ	馬 うまへん	駄弁・駄作・駄菓子

すぐにチェック!!
練習問題 ❶

読み

次の――線の**漢字の読み**を**ひらがな**で記せ。

目標時間 **15** 分

月　日　/29

解答 → 別冊 P.11

1 真実を述べることを**宣誓**する。

2 試料を**分析**して成分を調べる。

3 技術の**巧拙**を競う大会だ。

4 **窃盗**の容疑で取り調べを受けた。

5 **仙境**のような景色が広がっていた。

6 **栓抜**きを使って瓶(びん)の蓋(ふた)を開ける。

7 飛行機が海岸線に沿って**旋回**している。

8 本番で練習の成果を**実践**する。

9 出世街道から突如**左遷**される。

10 学級委員に**推薦**される。

11 **繊細**な筆致で描かれた絵画を見る。

12 **座禅**を組んで自分を見つめ直す。

13 計画は**漸進**している。

14 重い**租税**に民はあえいでいた。

15 空襲を避け田舎に**疎開**する。

16 **塑像**をモデルにスケッチする。

17 **壮大**な景色が広がっていた。

18 夏は避暑地にある**別荘**で過ごす。

19 忘れ物を**捜**しに教室まで戻(もど)る。

20 本文中に解説を**挿入**する。

21 **重曹**を使ってシンクを掃除する。

22 飼い犬が死んで**喪失**感でいっぱいだ。

23 **水槽**で金魚を育てている。

24 朝起きると一面に**霜**が張っていた。

25 池の水面がすべて**藻**で覆われてしまっている。

26 兄の決断は**妥当**なものだったと思う。

27 **堕落**した生活態度を改める。

28 昼間から**惰眠**をむさぼる。

29 **無駄**な時間を費やした。

すぐにチェック!! 練習問題 ②

書き取り

次の――線のカタカナを漢字に直せ。

目標時間 15 分

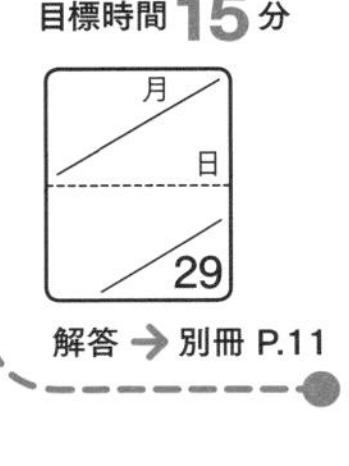

解答 → 別冊 P.11

1 裁判で虚偽の証言をしないと**チカ**った。
2 病院で毎週**トウセキ**を受けている。
3 **ツタナ**い英語で道案内をする。
4 店の売り上げ金を**セッシュ**し捕まる。
5 近所の山に**センニン**がいたという伝説がある。
6 **ミミセン**をして集中力を高める。
7 ピアノが美しい**センリツ**を奏でる。
8 試験に向けて**ジッセン**的な問題を解く。
9 奈良から京都へ**セント**した。
10 友人に**スス**められた本を購入する。
11 衣料品にはさまざまな**センイ**が使われる。
12 皇帝位を**ゼンジョウ**される。
13 小麦の生産量が年々**ゼンゾウ**している。
14 外国から**ソシャクチ**を返還される。
15 兄は流行には**ウト**いが博識だ。
16 将来は美術の大学で**チョウソ**を学びたい。
17 友人は今までの**ソウゼツ**な人生を語った。
18 **サンソウ**で一泊して山を縦走する。
19 **ソウサ**は行き詰まりを見せている。
20 一輪**ザ**しの花瓶(びん)にヒマワリを生ける。
21 兄は**ホウソウ**界で活躍している。
22 父親が亡くなり一年間**モ**に服す。
23 **ヨクソウ**につかって疲れを癒(いや)す。
24 **シモバシラ**を踏みしめて学校へ行く。
25 **カイソウ**を積極的に食べる。
26 **ダキョウ**を許さず商品の質を高める。
27 衆愚政治に**ダ**する。
28 **タイダ**な生活を親にとがめられる。
29 祖父に**ダガシ**を買ってもらった。

すぐにチェック!! 練習問題 ❸

同音・同訓異字

次の——線の**カタカナ**を**漢字**に直せ。

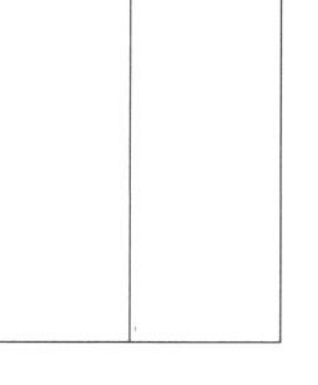

解答 → 別冊 P.11

1 巧遅よりも**セッ**速を好む。
2 **セッ**盗犯を追跡する。

3 日本人の意識の変**セン**をたどる。
4 お気に入りの漫画を推**セン**する。

5 **ゼン**宗の寺院で庭を見学する。
6 技術は**ゼン**次進歩している。

7 別**ソウ**には大きな暖炉が据えてあった。
8 犬が行方不明になり近所を**ソウ**索する。

9 隣国との交渉が**ダ**結した。
10 自**ダ**落な生活を親に注意された。

すぐにチェック!! 練習問題 ❹

部首

次の漢字の**部首**と**部首名**を記せ。

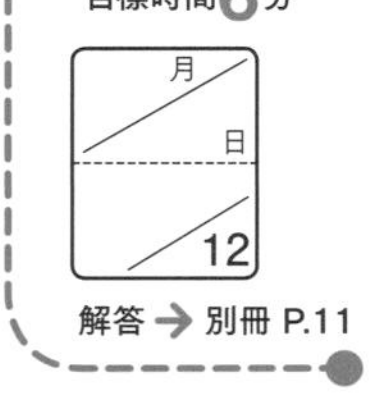

解答 → 別冊 P.11

	漢字	部首	部首名
1	誓		
2	窃		
3	旋		
4	践		
5	薦		
6	疎		
7	塑		
8	挿		
9	曹		
10	喪		
11	藻		
12	妥		

学習ドリル 8

準2級配当漢字表 8

画数	漢字	読み	部首	用例
10 タ	泰	音 タイ	氺 したみず	泰然(たいぜん)・泰斗(たいと) 安泰(あんたい)
17	濯	音 タク	氵 さんずい	洗濯(せんたく)
7	但	訓 ただ(し)	亻 にんべん	但(ただ)し書(が)き
12	棚	訓 たな	木 きへん	棚(たな)・棚上(たなあ)げ 棚田(たなだ)・網棚(あみだな)
13 チ	痴	音 チ	疒 やまいだれ	音痴(おんち)・痴態(ちたい) 愚痴(ぐち)・痴情(ちじょう)
10	逐	音 チク	辶 しんにょう しんにゅう	駆逐(くちく)・逐次(ちくじ) 逐語訳(ちくごやく)・放逐(ほうちく)
10	秩	音 チツ	禾 のぎへん	秩序(ちつじょ)
14	嫡	音 チャク	女 おんなへん	嫡子(ちゃくし)・嫡嗣(ちゃくし) 嫡流(ちゃくりゅう)
9	衷	音 チュウ	衣 ころも	衷心(ちゅうしん)・折衷(せっちゅう) 苦衷(くちゅう)
4	弔	音 チョウ 訓 とむら(う)	弓 ゆみ	慶弔(けいちょう)・弔慰金(ちょういきん) 弔電(ちょうでん)・弔(とむら)う
9	挑	音 チョウ 訓 いど(む)	扌 てへん	挑戦(ちょうせん)・挑発(ちょうはつ) 決戦(けっせん)を挑(いど)む
11	眺	音 チョウ 訓 なが(める)	目 めへん	眺望(ちょうぼう) 空(そら)を眺(なが)める
11	釣	音 チョウ(高) 訓 つ(る)	金 かねへん	釣果(ちょうか)・釣魚(ちょうぎょ) 釣(つ)る
18	懲	音 チョウ 訓 こ(りる) こ(らす) こ(らしめる)	心 こころ	懲役(ちょうえき)・懲戒(ちょうかい) 懲罰(ちょうばつ)・懲(こ)らす
9	勅	音 チョク	力 ちから	勅願(ちょくがん)・勅使(ちょくし) 詔勅(しょうちょく)・勅旨(ちょくし)
10	朕	音 チン	月 つきへん	朕(ちん)は国家(こっか)なり
12 ツ	塚	訓 つか	土 つちへん	塚(つか)・一里塚(いちりづか) 貝塚(かいづか)
14	漬	訓 つ(ける) つ(かる)	氵 さんずい	塩漬(しおづ)け・茶漬(ちゃづ)け 漬(つ)ける
8	坪	訓 つぼ	土 つちへん	建坪(たてつぼ)・坪(つぼ) 坪庭(つぼにわ)
7 テ	呈	音 テイ	口 くち	進呈(しんてい)・贈呈(ぞうてい) 献呈(けんてい)・露呈(ろてい)
7	廷	音 テイ	廴 えんにょう	宮廷(きゅうてい)・法廷(ほうてい) 出廷(しゅってい)
8	邸	音 テイ	阝 おおざと	邸内(ていない)・邸宅(ていたく) 豪邸(ごうてい)・官邸(かんてい)
9	亭	音 テイ	亠 なべぶた けいさんかんむり	亭主(ていしゅ) 料亭(りょうてい)
9	貞	音 テイ	貝 かい こがい	貞淑(ていしゅく)・貞操(ていそう) 貞節(ていせつ)
10	逓	音 テイ	辶 しんにょう しんにゅう	逓減(ていげん)・逓増(ていぞう) 逓信(ていしん)・逓送(ていそう)
11	偵	音 テイ	亻 にんべん	偵察(ていさつ)・密偵(みってい) 内偵(ないてい)

すぐにチェック!!
練習問題 1

読み

次の――線の**漢字の読み**を**ひらがな**で記せ。

目標時間 15 分

月 日 /29

解答 → 別冊 P.12

1 **泰然**自若とした振る舞い。
2 **洗濯**物を屋上に干しに行く。
3 **但**し例外は存在する。
4 問題は**棚上**げされ先送りとなった。
5 衆人環視の中で**痴態**をさらしてしまう。
6 **逐一**上司に報告を行う。
7 大学の**秩序**を守る。
8 貴族の**嫡子**として生を受ける。
9 両者に対し**折衷**案を出す。
10 **弔問**に訪れた。
11 新たな目標に**挑戦**する。
12 **眺望**のよい部屋に泊まる。
13 **釣果**はほとんどないに等しかった。
14 **懲罰**のための労働を命じる。
15 **勅旨**を受け朝敵の討伐に向かう。
16 **朕**は皇帝の一人称だ。
17 家の近くに**一里塚**の跡が残っている。
18 毎朝お**漬**け物がおかずに出てくる。
19 ここは**一坪**の値段が最も高い土地だ。
20 恩師に花束を**贈呈**する。
21 **法廷**への出頭を命じられる。
22 旧華族の**邸宅**を一般に公開する。
23 **亭主**とは夫のことだ。
24 兄は**貞淑**な女性と結婚した。
25 売り上げは毎年**逓増**している。
26 前線の戦況を**偵察**する。
27 山頂からの**眺**めは素晴らしかった。
28 岸壁から**釣**り針を垂らす。
29 何度失敗しても**懲**りない。

すぐにチェック!! 練習問題❷

書き取り

次の――線の**カタカナ**を**漢字**に直せ。

目標時間 **15** 分

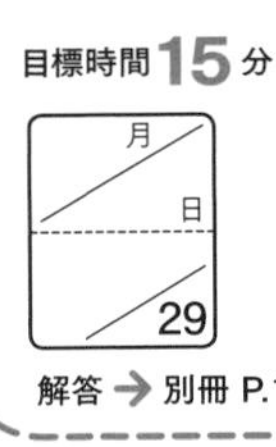

解答 → 別冊 P.12

1 国家の**アンタイ**を祈願する。
2 姉に**センタク**物を取り込むよう頼まれる。
3 **タダ**し書きまで漏れがないよう確認する。
4 日曜大工で**ホンダナ**を作った。
5 友人の**グチ**を聞く。
6 悪貨は良貨を**クチク**する。
7 **チツジョ**だった行動をとる。
8 武家の**チャクナン**として育てられた。
9 **チュウシン**より哀悼の意を表します。
10 父祖の霊を**トムラ**う。
11 試合中の**チョウハツ**行為は厳禁だ。
12 山の頂上から街の方を**ナガ**める。
13 友人と川へ魚**ツ**りに出かけた。
14 **チョウエキ**三年と告げられる。
15 大陸に**チョクシ**を送る。
16 **チン**は国家なり。
17 **カイヅカ**から丸木舟が出土した。
18 野菜をぬかに**ツ**ける。
19 **ツボニワ**の手入れをお願いする。
20 器の小ささを**ロテイ**してしまう。
21 **チョウテイ**から新たな冠位を授かった。
22 友人の実家は**ゴウテイ**だ。
23 **リョウテイ**で接待を行う。
24 祖母は**テイセツ**な夫人と評判だった。
25 **テイシン**省は郵便や通信を管轄していた。
26 敵国の**ミッテイ**を捕まえる。
27 恩師は物理学の**タイト**として有名だ。
28 世界記録の更新に**イド**む。
29 近所の悪童を**コ**らしめる。

すぐにチェック!!
練習問題 ❸

同音・同訓異字

次の――線の**カタカナ**を**漢字**に直せ。

1 **チョウ**問客がひっきりなしに現れた。
2 **チョウ**戦的な作品の評価は割れた。
3 一日の**チョウ**果は小魚一匹だった。
4 **チョウ**戒免職処分を下した。
5 卒業する先輩に花束を贈**テイ**する。
6 参考人として出**テイ**を命じられる。
7 首相官**テイ**で記者会見が行われる。
8 料**テイ**で秘密の会合を行う。
9 世界の人口は**テイ**増している。
10 **テイ**防の工事の入札を行う。

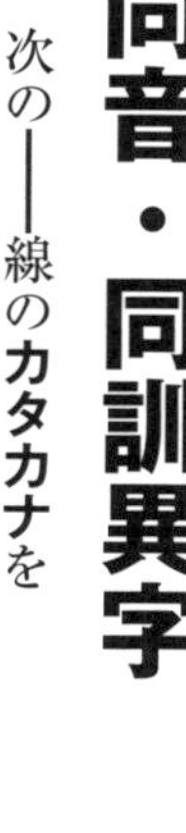

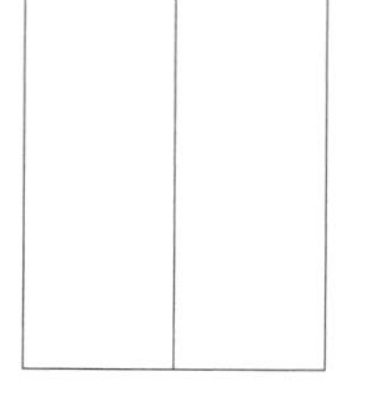

目標時間5分

月 日 /10

解答 → 別冊 P.12

すぐにチェック!!
練習問題 ❹

部首

次の漢字の**部首**と**部首名**を記せ。

1 泰
2 痴
3 秩
4 嫡
5 弔
6 眺
7 懲
8 勅
9 呈
10 邸
11 貞
12 逓

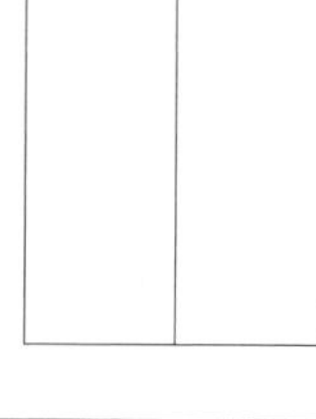
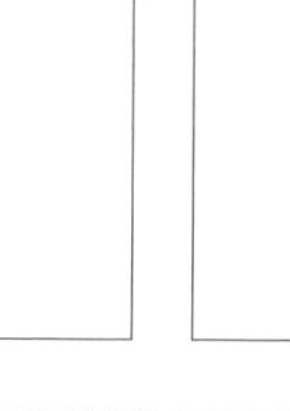
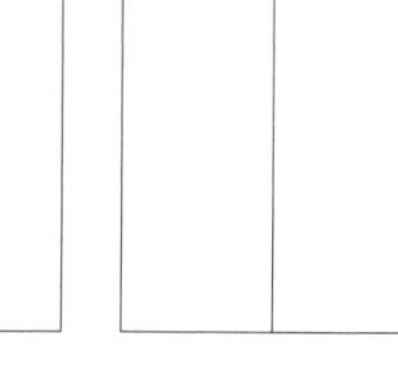

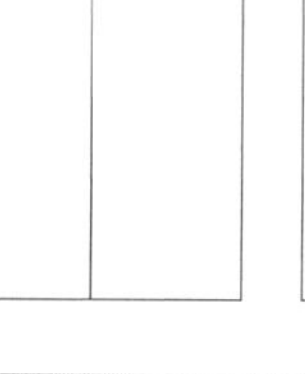
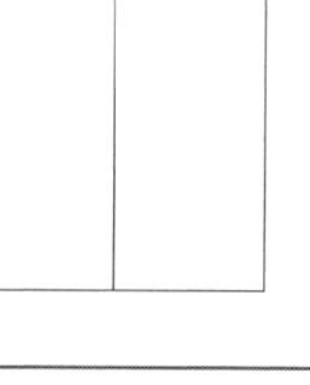

部首

部首名

目標時間6分

月 日 /12

解答 → 別冊 P.12

まとめテスト 2

準2級配当漢字表⑤～⑧の漢字を使った問題に挑戦しましょう。

すぐにチェック!! 練習問題 ①

送りがな

次の――線のカタカナを漢字一字と送りがな(ひらがな)に直せ。

目標時間5分　月　日　/10

解答→別冊 P.13

1 ミニクイ争いに嫌気がさした。
2 死をもって罪をツグナウ。
3 新たな技術の導入は物議をカモシタ。
4 ハナハダ迷惑な話だ。
5 妹はツタナイながらも懸命に字を書く。
6 一人暮らしに役立つ道具をススメル。
7 最近の流行にウトイ。
8 先祖の霊をトムラウ。
9 丘の上から街の様子をナガメル。
10 悪行をコラシメル。

1	2	3	4	5	6	7	8	9	10

すぐにチェック!! 練習問題 ②

対義語・類義語

次の□のひらがなに従って、対義語(↔)、類義語(=)になるよう漢字一字を記せ。

目標時間7分　月　日　/14

解答→別冊 P.13

1 大衆 = (しょ)民
2 描写 = (じょ)述
3 低俗 ↔ 高(しょう)
4 談判 = 交(しょう)
5 汚染 ↔ (じょう)化
6 緩慢 ↔ (じん)速
7 軽微 ↔ (じん)大
8 昼寝 = 午(すい)
9 永眠 = (せい)去
10 豪放 ↔ (せん)細
11 病弱 ↔ (そう)健
12 譲歩 = (だ)協
13 混乱 ↔ (ちつ)序
14 祝辞 ↔ (ちょう)辞

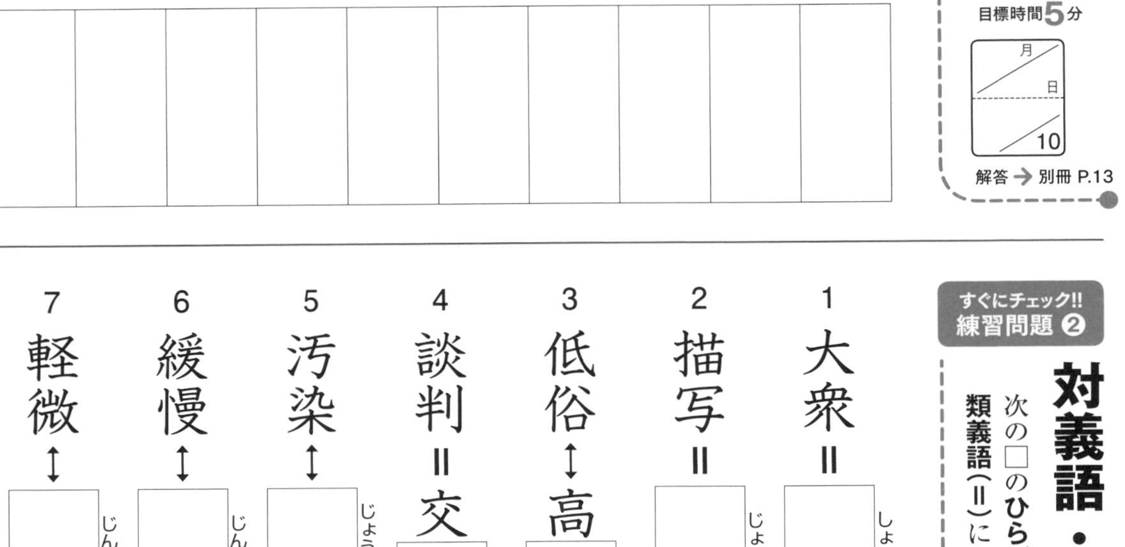

すぐにチェック!!
練習問題 ❸

誤字訂正

次の各文に間違って使われている**同じ読みの漢字**が**一字**ある。**上に誤字**を、**下に正しい漢字**を記せ。

目標時間 3分　月　日　6

解答 → 別冊 P.13

1 成功報州として契約金のおよそ一割を支払うよう依頼者に伝える。 □ □

2 地域の住民の高齢化が進んだため新たな順環バスの設置を議会に訴える。 □ □

3 祖母の趣味は家族皆の消像画を描いて寝室に飾ることだ。 □ □

4 作戦は成功したがその代賞に何人もの有能な部下が戦死した。 □ □

5 皇帝は国内の混乱を鎮めるために天啓に従って何度も選都を繰り返した。 □ □

6 試合中の兆発を審判に厳しく注意されたが反省の態度を示さなかったために退場処分となった。 □ □

すぐにチェック!!
練習問題 ❹

四字熟語

次の□の**ひらがな**に従って**漢字一字**を記せ。11～13の**意味**にあてはまる四字熟語を1～10から選び、算用数字で記せ。

目標時間 7分　月　日　13

解答 → 別冊 P.13

1 一□(じゅう)一菜

2 春□(しょう)一刻

3 情状□(しゃく)量

4 紳士□(しゅく)女

5 減価□(しょう)却

6 疾風□(じん)雷

7 □(しゃ)二無二

8 大言□(そう)語

9 □(たい)山北斗

10 □(ちょう)望絶佳

11 素早く激しいさま。（　　）

12 その道で大家として仰ぎ尊ばれる人。（　　）

13 一つのことをがむしゃらにすること。（　　）

準2級配当漢字表 9

画数	漢字	読み	部首	用例
13 テ	艇	音 テイ	舟 ふねへん	艦艇(かんてい)・舟艇(しゅうてい) 競艇(きょうてい)
8	泥	音 デイ(高) 訓 どろ	氵 さんずい	泥沼(どろぬま)・泥水(どろみず) 泥(どろ)・泥臭い(どろくさい)
8	迭	音 テツ	辶 しんにょう しんにゅう	更迭(こうてつ)
15	徹	音 テツ	彳 ぎょうにんべん	徹夜(てつや)・貫徹(かんてつ) 徹する(てっする)・冷徹(れいてつ)
15	撤	音 テツ	扌 てへん	撤廃(てっぱい)・撤収(てっしゅう) 撤去(てっきょ)・撤回(てっかい)
11 ト	悼	音 トウ 訓 いた(む)(高)	忄 りっしんべん	哀悼(あいとう)・追悼(ついとう) 悼辞(とうじ)・悼む(いたむ)
12	搭	音 トウ	扌 てへん	搭載(とうさい) 搭乗(とうじょう)
12	棟	音 トウ 訓 むね むな(高)	木 きへん	病棟(びょうとう)・別棟(べつむね) 棟(むね)・棟上げ(むねあげ)
12	筒	音 トウ 訓 つつ	⺮ たけかんむり	水筒(すいとう)・封筒(ふうとう) 筒先(つつさき)・筒抜け(つつぬけ)
17	謄	音 トウ	言 げん	謄写(とうしゃ) 謄本(とうほん)
20	騰	音 トウ	馬 うま	騰貴(とうき)・急騰(きゅうとう) 高騰(こうとう)・暴騰(ぼうとう)
9	洞	音 ドウ 訓 ほら	氵 さんずい	洞察(どうさつ)・空洞(くうどう) 洞穴(どうけつ・ほらあな)
13	督	音 トク	目 め	督促(とくそく)・督励(とくれい) 監督(かんとく)
5	凸	音 トツ	凵 うけばこ	凸版(とっぱん)・凹凸(おうとつ) 凸レンズ(とつ)
4	屯	音 トン	屮 てつ	駐屯(ちゅうとん)
11 ナ	軟	音 ナン 訓 やわ(らか) やわ(らかい)	車 くるまへん	軟禁(なんきん)・柔軟(じゅうなん) 軟らかい(やわらかい)
5 ニ	尼	音 ニ(高) 訓 あま	尸 かばね しかばね	尼僧(にそう) 尼寺(あまでら)
7	妊	音 ニン	女 おんなへん	妊婦(にんぷ)・妊娠(にんしん) 懐妊(かいにん)・不妊(ふにん)
7	忍	音 ニン 訓 しの(ぶ) しの(ばせる)	心 こころ	残忍(ざんにん)・忍苦(にんく) 忍者(にんじゃ)・忍ぶ(しのぶ)
14 ネ	寧	音 ネイ	宀 うかんむり	安寧(あんねい) 丁寧(ていねい)
7 ハ	把	音 ハ	扌 てへん	把握(はあく)・把持(はじ) 大雑把(おおざっぱ)
19	覇	音 ハ	襾 おおいかんむり	争覇(そうは)・覇業(はぎょう) 覇権(はけん)
12	廃	音 ハイ 訓 すた(れる) すた(る)	广 まだれ	撤廃(てっぱい)・廃棄(はいき) 廃坑(はいこう)・廃絶(はいぜつ)
11	培	音 バイ 訓 つちか(う)(高)	土 つちへん	培養(ばいよう)・栽培(さいばい) 愛国心(あいこくしん)を培う(つちかう)
12	媒	音 バイ	女 おんなへん	触媒(しょくばい)・媒介(ばいかい) 媒体(ばいたい)・媒酌(ばいしゃく)
15	賠	音 バイ	貝 かいへん	賠償(ばいしょう)

すぐにチェック!! 練習問題 ❶

読み

次の――線の**漢字の読み**を**ひらがな**で記せ。

目標時間 **15** 分

月 日 / 29

解答 → 別冊 P.14

1 海軍の**船艇**が港に停泊している。

2 **泥**臭い戦いで試合に勝つ。

3 成果が上がらないため**更送**された。

4 自分の初志を**貫徹**する。

5 不法投棄された粗大ゴミを**撤去**する。

6 作家の**追悼**番組が放送された。

7 飛行機の**搭乗**口を探す。

8 手術後一週間で一般**病棟**に移った。

9 学校の成績は母に全て**筒抜**けだった。

10 戸籍**謄本**を取り寄せてもらう。

11 株価が**急騰**する。

12 **洞穴**の中にはたくさんのコウモリがいた。

13 **監督**の意見に賛成することはできない。

14 **凹凸**のある表面を滑らかにする。

15 **駐屯**地で行われるお祭りに行く。

16 **柔軟**な対応を行う。

17 品のある**尼僧**に会った。

18 姉の**妊娠**を家族で祝う。

19 **忍者**に憧(あこが)れて日本を訪れる。

20 **丁寧**な対応に感謝の意を示す。

21 状況を**把握**し適切な指示を出す。

22 大陸に**覇**を唱えた。

23 事故により**廃車**となってしまった。

24 愛校精神を**培**う。

25 **触媒**として金属を使用する。

26 **賠償**金の支払いを命じられる。

27 **汚泥**を処理するための施設が出来た。

28 我が家の**棟上**げ式が行われた。

29 **軟**らかい布で表面を拭(ふ)く。

すぐにチェック!! 練習問題 ❷

書き取り

次の――線のカタカナを漢字に直せ。

目標時間 15分

月　日　/29

解答 → 別冊 P.14

1 友人と**キョウテイ**場の前で待ち合わせた。
2 裁判は**ドロヌマ**の様相を呈している。
3 国務大臣を**コウテツ**する。
4 **テッテイ**して合理的な思考を養う。
5 軍は慌てて**テッタイ**していった。
6 友人の葬式で**トウジ**を読む。
7 車に人感センサーを**トウサイ**する。
8 **ムナギ**を上げる作業に入った。
9 **スイトウ**を教室に忘れてきてしまう。
10 **トウシャ**版を使って印刷していた。
11 沸（ふっ）**トウ**したお湯でうどんをゆでる。
12 妹は**ドウサツ**力に優れている。
13 **トクソク**状が送られてきた。
14 **トツ**レンズを使った実験を行う。
15 故郷には軍の**チュウトン**地がある。
16 探査船が月面に**ナンチャクリク**した。
17 男子禁制の**アマデラ**として建立された。
18 **ニンプ**に電車の席を譲った。
19 **ニンタイ**強く間違いを指摘する。
20 国家の**アンネイ**を祈願する。
21 姉は**オオザッパ**な性格をしている。
22 大陸の**ハケン**を争う群雄割拠の時代だ。
23 父の代で農家は**ハイギョウ**する。
24 実験のため細菌を**バイヨウ**する。
25 昆虫を**バイカイ**とした伝染病が広がる。
26 損害に対する**バイ**償を請求する。
27 俳優の早すぎる死を**イタ**む。
28 今は悲しみを耐え**シノ**ぶしかない。
29 いつの間にか多数の風習が**スタ**れた。

すぐにチェック!! 練習問題 ❸

同音・同訓異字

次の――線の**カタカナ**を**漢字**に直せ。

目標時間 5分

月 日 /10

解答 → 別冊 P.14

1 **テイ**察兵から報告を受ける。
2 海軍の船**テイ**が多数停泊している。

3 冷**テツ**な判断を下す。
4 大学で**テツ**学を学ぶ。

5 追**トウ**式には多数のファンが集まった。
6 戸籍**トウ**本を取り寄せてもらう。

7 失敗した原因は既に**ハ**握している。
8 大陸を統一するという**ハ**業を成し遂げた。

9 細胞の**バイ**養を行う。
10 空気を**バイ**介して病気が広がる。

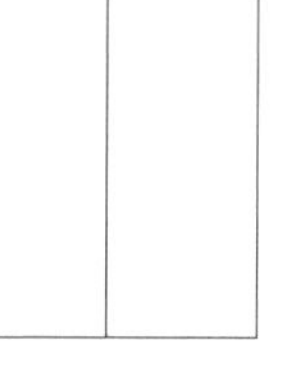

すぐにチェック!! 練習問題 ❹

部首

次の漢字の**部首**と**部首名**を記せ。

目標時間 6分

月 日 /12

解答 → 別冊 P.14

	1	2	3	4	5	6	7	8	9	10	11	12
漢字	徹	撤	悼	筒	謄	凸	屯	軟	尼	寧	覇	媒
部首												
部首名												

学習ドリル 10

準2級配当漢字表 10

漢字	画数	読み	部首	用例
伯	7 (ハ)	音 ハク	亻 にんべん	伯仲(はくちゅう)・伯爵(はくしゃく)・画伯(がはく)・伯父(おじ)
舶	11	音 ハク	舟 ふねへん	舶来(はくらい)・船舶(せんぱく)
漠	13	音 バク	氵 さんずい	広漠(こうばく)・空漠(くうばく)・漠然(ばくぜん)・砂漠(さばく)
肌	6	訓 はだ	月 にくづき	鳥肌(とりはだ)・柔肌(やわはだ)・山肌(やまはだ)・肌合い(はだあい)
鉢	13	音 ハチ、ハツ(高)	金 かねへん	鉢(はち)・鉢巻き(はちまき)・火鉢(ひばち)
閥	14	音 バツ	門 もんがまえ	派閥(はばつ)・財閥(ざいばつ)・学閥(がくばつ)
煩	13	音 ハン、ボン(高) 訓 わずら(う)、わずら(わす)	火 ひへん	煩雑(はんざつ)・煩忙(はんぼう)・煩わす(わずら)
頒	13	音 ハン	頁 おおがい	頒布(はんぷ)・頒価(はんか)
妃	6 (ヒ)	音 ヒ	女 おんなへん	妃殿下(ひでんか)・王妃(おうひ)
披	8	音 ヒ	扌 てへん	披見(ひけん)・披露(ひろう)・直披(じきひ)
扉	12	音 ヒ(高) 訓 とびら	戸 とだれ とかんむり	開扉(かいひ)・門扉(もんぴ)・校門の扉(こうもん)(とびら)
罷	15	音 ヒ	罒 あみがしら あみめ よこめ	罷業(ひぎょう)・罷免(ひめん)
猫	11	音 ビョウ(高) 訓 ねこ	犭 けものへん	愛猫(あいびょう)・猫舌(ねこじた)・猫背(ねこぜ)
賓	15	音 ヒン	貝 かい こがい	国賓(こくひん)・主賓(しゅひん)・来賓(らいひん)・貴賓(きひん)
頻	17	音 ヒン	頁 おおがい	頻出(ひんしゅつ)・頻度(ひんど)・頻発(ひんぱつ)・頻繁(ひんぱん)
瓶	11	音 ビン	瓦 かわら	花瓶(かびん)・鉄瓶(てつびん)・瓶詰め(びんづ)
扶	7 (フ)	音 フ	扌 てへん	扶助(ふじょ)・扶養(ふよう)・扶育(ふいく)
附	8	音 フ	阝 こざとへん	附属(ふぞく)・寄附(きふ)
譜	19	音 フ	言 ごんべん	譜面(ふめん)・年譜(ねんぷ)・棋譜(きふ)・系譜(けいふ)
侮	8	音 ブ 訓 あなど(る)(高)	亻 にんべん	侮辱(ぶじょく)・軽侮(けいぶ)・実力を侮る(じつりょく)(あなど)
沸	8	音 フツ 訓 わ(く)、わ(かす)	氵 さんずい	沸沸(ふつふつ)・沸点(ふってん)・沸く(わ)・沸かす(わ)
雰	12	音 フン	雨 あめかんむり	雰囲気(ふんいき)
憤	15	音 フン 訓 いきどお(る)(高)	忄 りっしんべん	憤激(ふんげき)・発憤(はっぷん)・義憤(ぎふん)・憤慨(ふんがい)
丙	5 (ヘ)	音 ヘイ	一 いち	丙種(へいしゅ)・甲乙丙丁(こうおつへいてい)
併	8	音 ヘイ 訓 あわ(せる)	亻 にんべん	併用(へいよう)・併発(へいはつ)・合併(がっぺい)・併せる(あわ)
塀	12	音 ヘイ	土 つちへん	塀(へい)・板塀(いたべい)・土塀(どべい)

すぐにチェック!!
練習問題 1

読み

次の――線の**漢字の読み**を**ひらがな**で記せ。

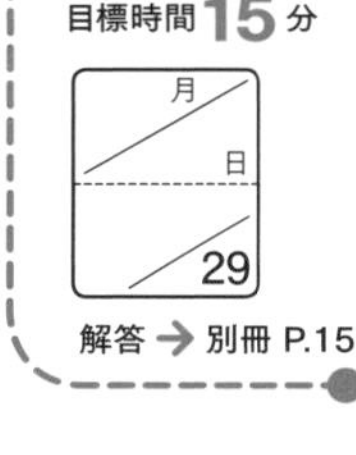

解答 → 別冊 P.15

1 祖父は**画伯**と呼ばれている。
2 洋酒は**舶来**品として珍重された。
3 **砂漠**の中のオアシスで休憩を取る。
4 **肌**が弱いので日焼けに気を付ける。
5 **植木鉢**でシクラメンを育てる。
6 巨大な**財閥**が解体された。
7 役所の**煩雑**な手続きを終えた。
8 地域の情報誌を無料で**頒布**する。
9 **王妃**の主催する茶会に参加する。
10 レストランの開店を**披露**する。
11 **門扉**にはレリーフが彫られていた。
12 金銭問題により**罷免**される。
13 姉は近所でも**愛猫家**と評判だ。
14 **国賓**を空港で出迎える。
15 雪が原因の交通事故が**頻発**している。
16 **瓶**が割れないようにケースに戻す。
17 就職したため**扶養**家族から外れた。
18 大学の**附属**中学校に通っている。
19 **譜代**の家臣を大切に扱う。
20 **侮辱**に対する謝罪を求める。
21 お湯を**沸**かしてうどんをゆでる。
22 大学の**雰囲気**になかなかなじめない。
23 理不尽な要求に**憤**る。
24 **甲乙丙**の三段階で評価する。
25 いくつかの大学を**併願**する。
26 **塀**に沿って進むと大手門に出る。
27 **扉**を開くといい匂(にお)いが漂ってきた。
28 迷い**猫**を保護する。
29 手続きと**併**せて確認をお願いする。

すぐにチェック!! 練習問題 ❷

書き取り

次の――線のカタカナを漢字に直せ。

目標時間 15分

月 日 /29

解答 → 別冊 P.15

1 **オジ**は父母の兄のことだ。
2 大型**センパク**を建造できる工場は限られている。
3 **バクゼン**とした不安にさいなまれる。
4 あまりの寒さに**トリハダ**が立った。
5 **ヒバチ**を使って暖を取る。
6 社内は二つの**ガクバツ**に分かれている。
7 **ワズラ**わしい手続きが無くなった。
8 **ハンカ**は五百円と決める。
9 皇太子**ヒデンカ**に拝謁する。
10 質問状を**ヒケン**する。
11 衛兵に門の**カイヒ**を指示する。
12 同盟**ヒギョウ**とはストライキのことだ。
13 父に**ネコゼ**を注意された。
14 式典では**ライヒン**席に案内された。
15 **ヒンパン**に両親と連絡を取っている。
16 お土産に**ビンヅ**めのウニを買った。
17 困窮者を**フジョ**する制度がある。
18 入学時に**キフ**金を求められた。
19 **フメン**を見ながらピアノを弾く。
20 敵を**アナド**ると痛い目を見る。
21 素晴らしい演奏に場内が**ワ**いた。
22 **フンイキ**のよいレストランで食事をする。
23 顔を真っ赤にしながら**フンガイ**する。
24 危険物取扱者試験の**ヘイシュ**に合格した。
25 会社の**ガッペイ**を検討する。
26 家の周囲は**イタベイ**で囲われていた。
27 運動会では赤と白の**ハチマ**きを締める。
28 水は百度で**フットウ**する。
29 兄は**ギフン**に駆られて行動を起こした。

すぐにチェック!! 練習問題❸

同音・同訓異字

次の――線のカタカナを**漢字**に直せ。

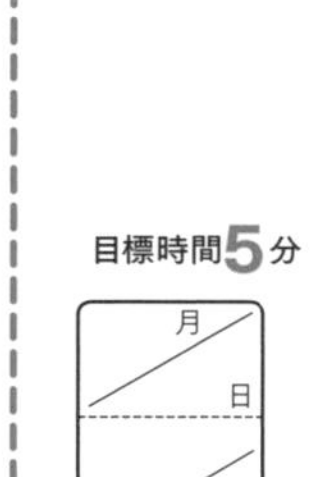

目標時間5分

解答→別冊 P.15

1 兄と弟は実力ハク仲だ。
2 ハク来品のお酒を好む。
3 財バツの跡取りとしての教育を受ける。
4 違反者は等しく厳バツに処す。
5 皆の前でピアノの腕前をヒ露する。
6 収賄(わい)の罪でヒ免される。
7 愛ビョウに予防接種を受けさせる。
8 波が崩れる様子をビョウ写する。
9 最近交通事故がヒン発している。
10 極ヒン生活から抜け出そうとあがく。

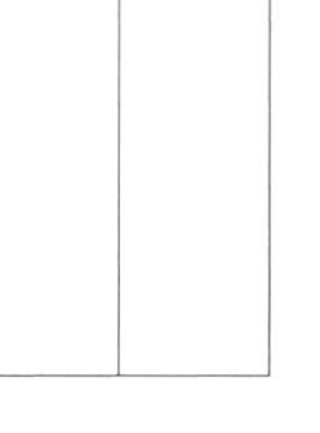
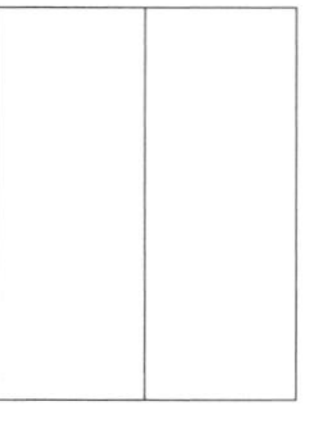

すぐにチェック!! 練習問題❹

部　首

次の漢字の**部首**と**部首名**を記せ。

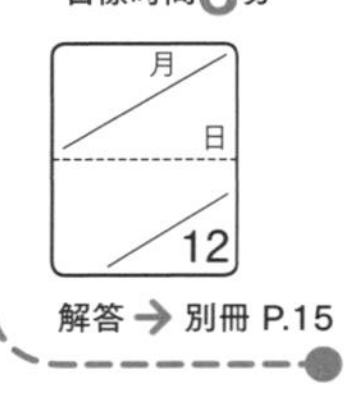

目標時間6分

解答→別冊 P.15

1 漠
2 肌
3 閥
4 頒
5 扉
6 賓
7 頻
8 瓶
9 譜
10 沸
11 憤
12 丙

部首

部首名

学習ドリル 11

準2級配当漢字表 11

見出し	画数	漢字	読み	部首	用例
ヘ	15	幣	音 ヘイ	巾 はば	紙幣・造幣 貨幣
	15	弊	音 ヘイ	廾 こまぬき にじゅうあし	旧弊・悪弊 宿弊・弊社
	11	偏	音 ヘン 訓 かたよ(る)	亻 にんべん	偏向・偏在 偏見・偏る
	12	遍	音 ヘン	辶 しんにょう しんにゅう	遍歴・遍路 満遍ない
ホ	8	泡	音 ホウ 訓 あわ	氵 さんずい	発泡・気泡 一泡・泡
	10	俸	音 ホウ	亻 にんべん	俸給・年俸 本俸
	15	褒	音 ホウ(高) 訓 ほ(める)	衣 ころも	褒賞・褒美 善行を褒める
	10	剖	音 ボウ	刂 りっとう	解剖 剖検
	10	紡	音 ボウ 訓 つむ(ぐ)(高)	糸 いとへん	混紡・紡績 紡錘・紡ぐ
	6	朴	音 ボク	木 きへん	純朴 素朴
	14	僕	音 ボク	亻 にんべん	公僕 下僕
	15	撲	音 ボク	扌 てへん	打撲・撲滅 撲殺・相撲
	11	堀	訓 ほり	土 つちへん	堀・堀端 外堀・釣り堀
	8	奔	音 ホン	大 だい	奔放・奔走 狂奔・出奔
マ	11	麻	音 マ 訓 あさ	麻 あさ	麻・麻酔 麻薬
	15	摩	音 マ	手 て	摩滅・摩擦 摩天楼・摩耗
	16	磨	音 マ 訓 みが(く)	石 いし	錬磨・磨耗 研磨・磨く
	8	抹	音 マツ	扌 てへん	抹殺・抹消 抹茶・一抹
ミ	8	岬	訓 みさき	山 やまへん	宗谷岬
メ	14	銘	音 メイ	金 かねへん	銘菓・感銘 銘柄・銘打つ
モ	6	妄	音 モウ ボウ(高)	女 おんな	迷妄・妄想 妄言
	8	盲	音 モウ	目 め	盲点・盲従 盲導犬
	10	耗	音 モウ コウ(高)	耒 すきへん らいすき	磨耗・消耗 心神耗弱
ヤ	4	厄	音 ヤク	厂 がんだれ	厄介・厄年 厄日
ユ	12	愉	音 ユ	忄 りっしんべん	愉快 愉悦
	16	諭	音 ユ 訓 さと(す)	言 ごんべん	教諭・説諭 諭旨・諭す

すぐにチェック!! 練習問題 1

読み

次の――線の**漢字の読み**を**ひらがな**で記せ。

目標時間 15 分

月　日　／29

解答 → 別冊 P.16

1 **造幣**局は硬貨を製造している。
2 無理な拡張の**弊害**が現れ始めた。
3 **偏見**を持つのはよくない。
4 各国を**遍歴**しながら神の教えを説く。
5 実験で**気泡**の発生を確認する。
6 **年俸**は昨年に比べ倍増した。
7 **褒美**として土地を与えられる。
8 **解剖**の授業を真剣に聞く。
9 我が社は**紡績**業から発展した。
10 **素朴**な味のするお菓子を食べる。
11 国民の**公僕**として働く。
12 祖父母と**相撲**観戦に出かけた。
13 家族で釣り**堀**に行った。
14 弟は自由**奔放**な性格をしている。
15 **麻**で出来た帽子を被る。
16 **摩天楼**を写真に収める。
17 よく**研磨**されたナイフで魚をさばく。
18 **抹茶**味のアイスクリームを販売する。
19 **岬**には大きな灯台が立っている。
20 有名な刀匠の**銘**の入った刀を求める。
21 隣人の**妄想**に苦しめられる。
22 友人に計画の**盲点**を指摘される。
23 段々と体力を**消耗**していった。
24 **厄介**な問題を片づける。
25 **愉快**な仲間と旅に出る。
26 小学校の**教諭**として採用される。
27 結果は随分と**偏**ったものになった。
28 動物を**麻酔**薬で眠らせる。
29 石を**磨**いて宝玉とする。

すぐにチェック!! 練習問題 ❷

書き取り

次の――線の**カタカナ**を**漢字**に直せ。

目標時間 **15** 分

解答 → 別冊 P.16

1 **カヘイ**の改鋳を行う。

2 地域の**アクヘイ**の解消に力を注ぐ。

3 学歴**ヘンチョウ**主義を非難する。

4 お**ヘンロ**で四国を一周する。

5 敵に**ヒトアワ**吹かせたい。

6 公務員には**ホウキュウ**が支払われる。

7 兄にお手伝いを**ホ**められた。

8 **カイボウ**の授業に出席する。

9 蚕の繭から絹糸を**ツム**ぐ。

10 兄は**ジュンボク**な青年に見える。

11 **ボク**の友人を紹介します。

12 外来生物の**ボクメツ**に力を注ぐ。

13 **ソトボリ**に沿って桜が植えられている。

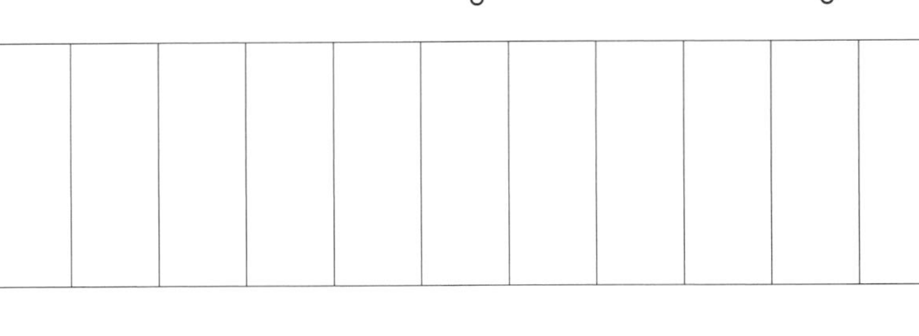

14 事件解決のために**ホンソウ**する。

15 **マヤク**の取り締まりに協力する。

16 自動車のタイヤが**マモウ**すると危険だ。

17 敗者の功績は歴史から**マッサツ**された。

18 宗谷**ミサキ**にオートバイで行く。

19 出張先の**メイカ**をお土産に買う。

20 **モウゲン**を吐いたことを反省する。

21 姉は**モウガッコウ**に通っている。

22 **ショウモウ**品を買いそろえる。

23 今日は**ヤクビ**だと弱音を吐く。

24 父は**ユエツ**に浸っているようだった。

25 **ユシ**解雇を告げられる。

26 利用者の**カタヨ**りを解消する提案を行う。

27 仕事帰りに**ハッポウシュ**を飲む。

28 百戦**レンマ**の強豪校と対戦する。

29 心神**コウジャク**と診断された。

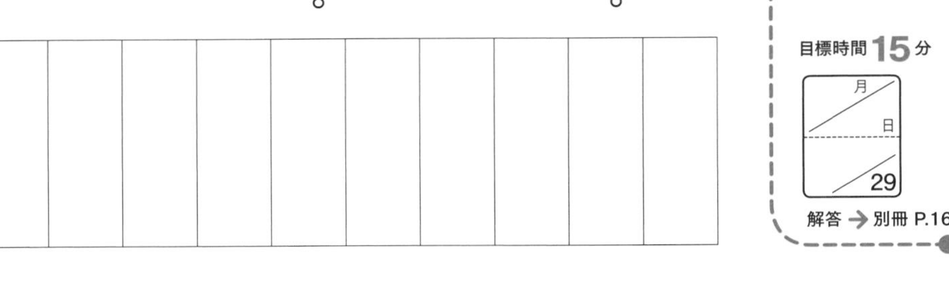

すぐにチェック!!
練習問題 ❸

同音・同訓異字

次の——線の**カタカナ**を**漢字**に直せ。

目標時間5分

解答 → 別冊 P.16

1 諸国を**ヘン**歴する騎士の物語を読む。
2 富の**ヘン**在の解消を目指す。
3 長年の努力は水**ホウ**に帰した。
4 皇帝陛下から**ホウ**美を賜る。
5 借金の返済に**ホン**走する。
6 引退する選手に**ホン**意を促す。
7 立ち向かう姿に感**メイ**を受ける。
8 同**メイ**国と演習を行う。
9 **モウ**点を突かれた。
10 徹夜続きで体力を消**モウ**していた。

すぐにチェック!!
練習問題 ❹

部首

次の漢字の**部首**と**部首名**を記せ。

目標時間6分

解答 → 別冊 P.16

	漢字	部首	部首名
1	幣		
2	弊		
3	褒		
4	剖		
5	朴		
6	奔		
7	摩		
8	磨		
9	岬		
10	妄		
11	耗		
12	厄		

学習ドリル 12

準2級配当漢字表 12

画数	漢字	読み	部首	用例
18 ユ	癒	音 ユ／訓 い(える)・い(やす)	疒 やまいだれ	治癒(ちゆ)・癒着(ゆちゃく)・平癒(へいゆ)・快癒(かいゆ)
11	唯	音 ユイ・イ(高)	口 くちへん	唯美(ゆいび)・唯一(ゆいいつ)・唯唯諾諾(いいだくだく)
11	悠	音 ユウ	心 こころ	悠悠(ゆうゆう)・悠然(ゆうぜん)・悠久(ゆうきゅう)・悠長(ゆうちょう)
12	猶	音 ユウ	犭 けものへん	猶予(ゆうよ)
12	裕	音 ユウ	衤 ころもへん	裕福(ゆうふく)・富裕(ふゆう)・余裕(よゆう)
16	融	音 ユウ	虫 むし	融合(ゆうごう)・金融(きんゆう)・融解(ゆうかい)・融資(ゆうし)
11 ヨ	庸	音 ヨウ	广 まだれ	凡庸(ぼんよう)・中庸(ちゅうよう)
15	窯	音 ヨウ(高)／訓 かま	穴 あなかんむり	窯業(ようぎょう)・窯元(かまもと)・窯出し(かまだし)・石窯(いしがま)
19 ラ	羅	音 ラ	罒 あみがしら・あみめ・よこめ	羅列(られつ)・網羅(もうら)・羅針盤(らしんばん)
13	酪	音 ラク	酉 とりへん	酪農(らくのう)
12 リ	痢	音 リ	疒 やまいだれ	疫痢(えきり)・下痢(げり)・赤痢(せきり)
15	履	音 リ／訓 は(く)	尸 かばね・しかばね	草履(ぞうり)・履歴(りれき)・履く(はく)・履物(はきもの)
9	柳	音 リュウ／訓 やなぎ	木 きへん	川柳(せんりゅう)・柳腰(やなぎごし)
10	竜	音 リュウ／訓 たつ	竜 りゅう	竜宮(りゅうぐう)・竜神(りゅうじん)・竜巻(たつまき)
12	硫	音 リュウ	石 いしへん	硫酸(りゅうさん)・硫黄(いおう)
13	虜	音 リョ	虍 とらがしら・とらかんむり	虜囚(りょしゅう)・捕虜(ほりょ)
11	涼	音 リョウ／訓 すず(しい)・すず(む)	氵 さんずい	秋涼(しゅうりょう)・涼感(りょうかん)・涼しい(すずしい)・涼む(すずむ)
14	僚	音 リョウ	亻 にんべん	同僚(どうりょう)・官僚(かんりょう)・閣僚(かくりょう)
15	寮	音 リョウ	宀 うかんむり	入寮(にゅうりょう)・寮母(りょうぼ)・寮生(りょうせい)
10	倫	音 リン	亻 にんべん	倫理(りんり)・人倫(じんりん)・絶倫(ぜつりん)
11 ル	累	音 ルイ	糸 いと	係累(けいるい)・累積(るいせき)・累計(るいけい)・累進(るいしん)
12	塁	音 ルイ	土 つち	孤塁(こるい)・土塁(どるい)・塁審(るいしん)・盗塁(とうるい)
7 レ	戻	音 レイ(高)／訓 もど(す)・もど(る)	戸 とだれ・とかんむり	返戻(へんれい)・戻す(もどす)・後戻り(あともどり)
13	鈴	音 レイ・リン／訓 すず	金 かねへん	予鈴(よれい)・電鈴(でんれい)・風鈴(ふうりん)・鈴虫(すずむし)
13 ワ	賄	音 ワイ／訓 まかな(う)	貝 かいへん	収賄(しゅうわい)・贈賄(ぞうわい)・一万円で賄う(いちまんえんでまかなう)
8	枠	訓 わく	木 きへん	木枠(きわく)・大枠(おおわく)・枠組み(わくぐみ)

すぐにチェック!!
練習問題 1

読み

次の——線の**漢字の読み**を**ひらがな**で記せ。

目標時間 15 分

月　日　/29

解答 → 別冊 P.17

1 友人の傷ついた心を**癒**す努力をする。

2 村で**唯一**の病院が閉鎖された。

3 **悠久**の大自然に触れ感動する。

4 時間的**猶予**はもう残っていない。

5 時間的な**余裕**をもって行動する。

6 詳細な説明を受け疑念は**融解**した。

7 **租庸調**は律令制度の税だ。

8 実家では**窯業**を営んでいる。

9 全ての路線を**網羅**した地図。

10 北海道で**酪農**を営む親戚(せき)の手伝いをする。

11 昨日の夜から**下痢**に悩まされている。

12 着信**履歴**から折り返し電話をする。

13 大通りには**柳**が街路樹として植わっている。

14 **竜宮**は想像上の宮殿だ。

15 **硫酸**の取り扱いには注意を要する。

16 戦争で**虜囚**となった話を聞く。

17 **清涼**な風が川の方から吹いている。

18 遠隔地へ転勤する**同僚**の送別会を開く。

19 **寮母**さんが夕食の準備をしてくれた。

20 **倫理**にもとる行動をとがめる。

21 **累積**赤字が一億円を超えた。

22 **一塁**に向かって全力疾走する。

23 生命保険の**返戻**金を受け取る。

24 遠くに**風鈴**の音が聞こえる。

25 **収賄**の罪で起訴される。

26 決められた**枠組**みの中で工夫を凝らす。

27 **悠長**に構えている暇はない。

28 温泉からは**硫黄**特有の臭いがした。

29 夕方になってやっと**涼**しくなってきた。

すぐにチェック!! 練習問題 ❷

書き取り

次の――線のカタカナを漢字に直せ。

目標時間 15 分

月 日 /29

解答 → 別冊 P.17

1 一年の闘病生活の後**ヘイユ**した。
2 **イイ**諾諾として命令に従った。
3 大きなコイが池で**ユウユウ**と泳いでいた。
4 返却を二日**ユウヨ**してもらう。
5 **ユウフク**な家庭で生まれ育った。
6 **キンユウ**機関でローンを組んだ。
7 **ボンヨウ**な人物と評される。
8 焼き物を**カマモト**まで買い付けに行く。
9 昔は**ラシンバン**に頼って航海していた。
10 大規模な**ラクノウ**牧場を新設する。
11 **セキリ**にかかった患者の治療を行う。
12 雨の日は長靴を**ハ**いて出かける。
13 雑誌に**センリュウ**を投稿する。
14 **リュウジン**伝説の残る池を観光する。
15 **イオウ**の成分を含む温泉に入る。
16 両国の間で**ホリョ**の交換が行われた。
17 縁側で**スズ**みながらスイカを食べる。
18 **カンリョウ**の手助けを得て法案を作る。
19 姉は学生**リョウ**で自炊しながら暮らしている。
20 **ジンリン**にもとる行いと非難する。
21 **ケイルイ**は全て死に絶えて天涯孤独の身だ。
22 集落の周りに**ドルイ**を張り巡らせる。
23 棚から取り出した本を元の位置に**モド**す。
24 **ヨレイ**が鳴ったので教室に入った。
25 弟と**スズムシ**を捕まえに行く。
26 親からの仕送りで生活費を**マカナ**う。
27 計画の**オオワク**を決める。
28 時が経ち悲しみは**イ**えた。
29 突如として校庭に**タツマキ**が発生した。

すぐにチェック!!
練習問題❸

同音・同訓異字

次の――線のカタカナを**漢字**に直せ。

目標時間5分

月/日 /10

解答→別冊 P.17

1 幼稚園の教ユとして採用される。
2 政治家と企業のユ着が暴露される。
3 時間的ユウ予はもうあまりない。
4 富ユウ層に対しての増税が検討される。
5 凡ヨウな性格と評される。
6 政治家の発言をヨウ護する。
7 過去にないリュウ盛を極めていた。
8 リュウ神を祭った神社に参拝した。
9 ビルの間をリョウ風が吹き抜けた。
10 閣リョウの人事が難航している。

すぐにチェック!!
練習問題❹

部首

次の漢字の**部首**と**部首名**を記せ。

目標時間6分

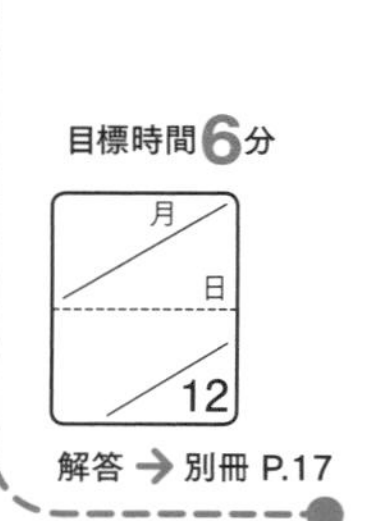

解答→別冊 P.17

	漢字	部首	部首名
1	癒		
2	悠		
3	猶		
4	窯		
5	酪		
6	竜		
7	虜		
8	僚		
9	累		
10	塁		
11	鈴		
12	賄		

まとめテスト 3

準2級配当漢字表⑨〜⑫の漢字を使った問題に挑戦しましょう。

すぐにチェック!! 練習問題 ①

送りがな

次の——線のカタカナを漢字一字と送りがな(ひらがな)に直せ。

目標時間5分

解答 → 別冊 P.18

1 知人の死をイタム。
2 肉をヤワラカクなるまで煮込む。
3 懐(ふところ)に祖母にもらったお守りをシノバセル。
4 地域特有の風習もスタレテしまった。
5 克己心をツチカウ。
6 ワズラワシイ手続きにうんざりする。
7 弱い相手とアナドッテ大敗する。
8 二つの組をアワセテ一つにする。
9 部活の希望者数にカタヨリが出た。
10 秋口に入りやっとスズシクなってきた。

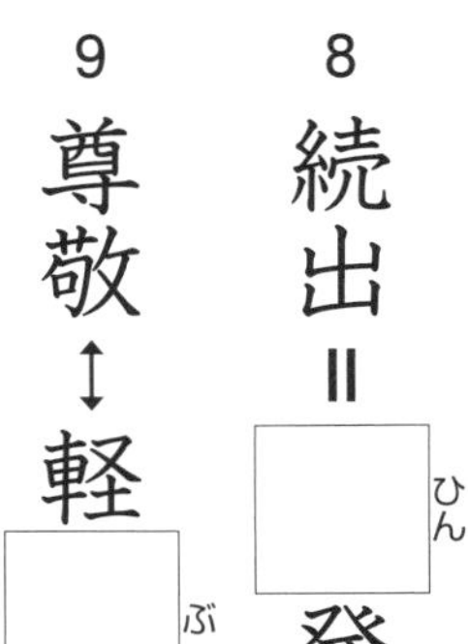
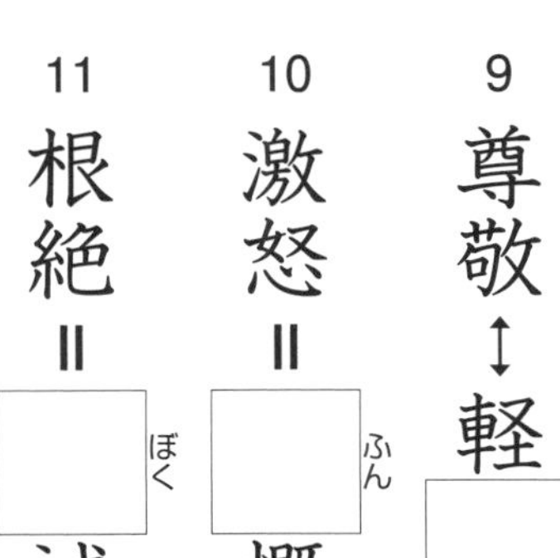
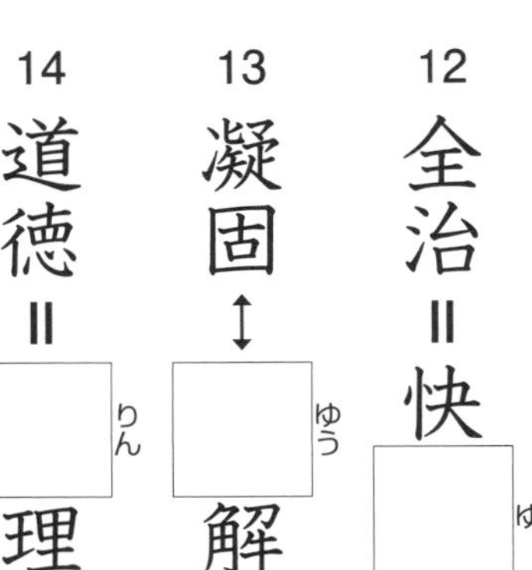

すぐにチェック!! 練習問題 ②

対義語・類義語

次の□のひらがなに従って、対義語(↕)、類義語(=)になるよう漢字一字を記せ。

目標時間7分

解答 → 別冊 P.18

1 提出 ↕ □(てっ)回
2 下落 ↕ 高□(とう)
3 強硬 ↕ □(なん)弱
4 我慢 = □(にん)耐
5 気概 = □(は)気
6 保存 ↕ □(はい)棄
7 解雇 = □(ひ)免
8 続出 = □(ひん)発
9 尊敬 ↕ 軽□(ぶ)
10 激怒 = □(ふん)慨
11 根絶 = □(ぼく)滅
12 全治 = 快□(ゆ)
13 凝固 ↕ □(ゆう)解
14 道徳 = □(りん)理

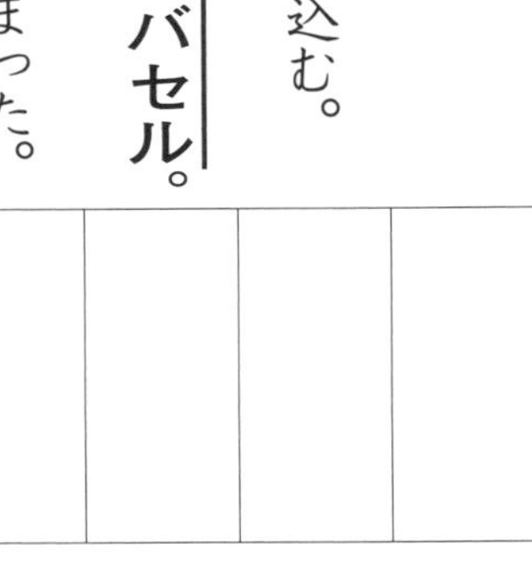
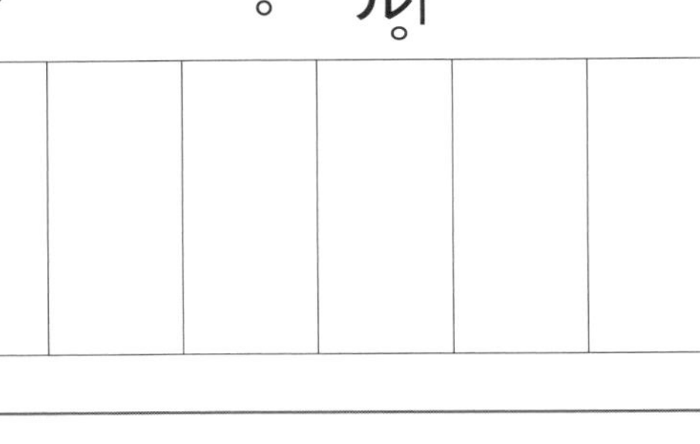
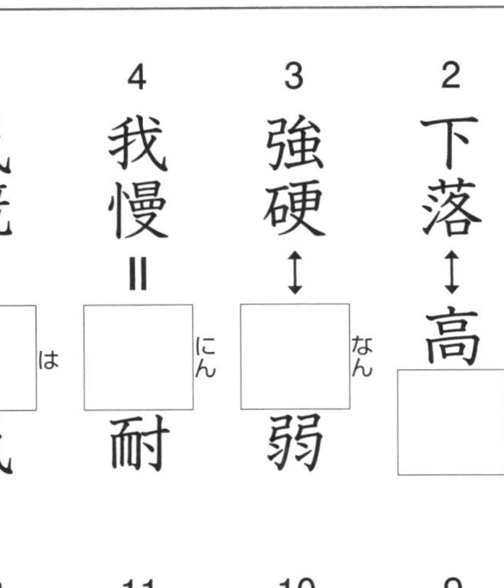
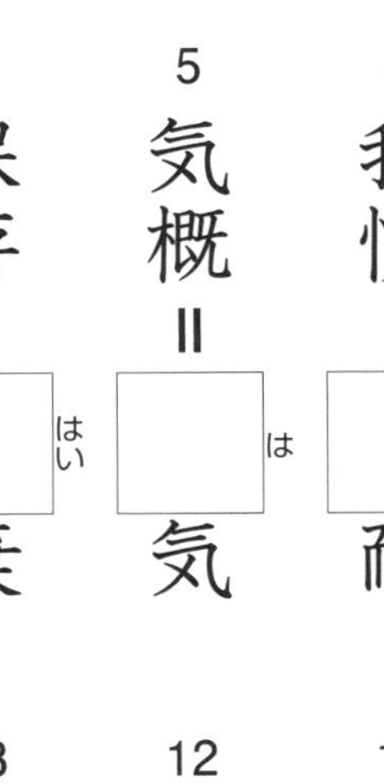
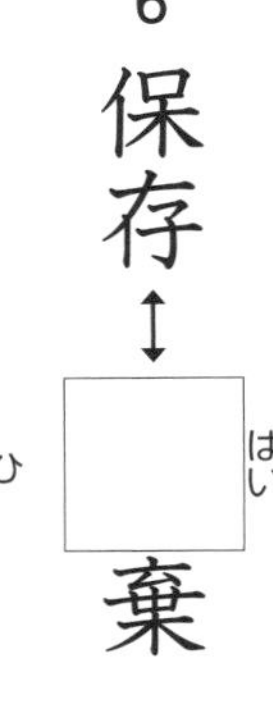
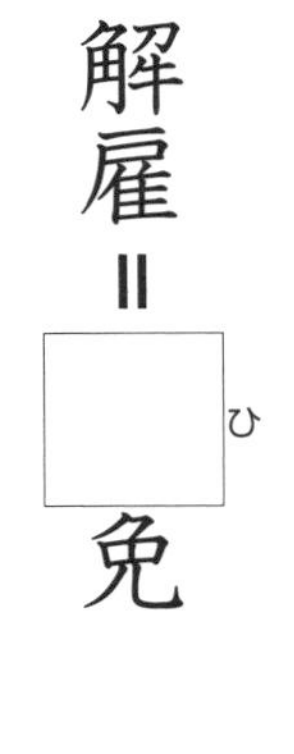

すぐにチェック!!
練習問題 ❸

誤字訂正

次の各文に間違って使われている**同じ読みの漢字**が**一字**ある。**上に誤字**を、**下に正しい漢字**を記せ。

目標時間3分

解答 → 別冊 P.18

1 大臣は識者の指摘により発言内容の一部に誤りがあると判明したとして、発言を徹回した。

2 大勢の人達がこぞって投資に走ったため株価が急謄した。

3 新たな情報培体としてのインターネットの発展は目覚ましい。

4 まずは普面の通りに演奏しその後自分の感情を込めたアレンジを行う。

5 お偏路は心願成就のために四国全土にある八十八箇所のお寺を巡礼することをいう。

6 薬物による社会の汚染を僕滅するために厳しく目を光らせる。

すぐにチェック!!
練習問題 ❹

四字熟語

次の□の**ひらがな**に従って**漢字一字**を記せ。11〜13の**意味**にあてはまる四字熟語を1〜10から選び、算用数字で記せ。

目標時間7分

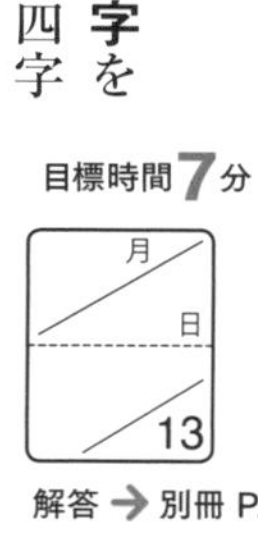

解答 → 別冊 P.18

1 堅□（にん）不抜

2 勢力□（はく）仲

3 相互□（ふ）助

4 不□（へん）不党

5 読書百□（ぺん）

6 自由□（ほん）放

7 正真正□（めい）

8 □（ゆい）一無二

9 □（ゆう）□（ゆう）自適

10 森□（ら）万象

11 互いの力が釣り合っていて、優劣がつけにくいこと。（　　）

12 難解な文章でも繰り返し読めば、意味が自然と分かってくるということ。（　　）

13 どんなことがあっても心を動かさず、じっと我慢して堪え忍ぶこと。（　　）

第2章

実力チェック!! 本試験型テスト

合格は140点以上。
まちがえたところは
別冊の解答・解説で
しっかり復習しよう!

実力チェック!!

本試験型テスト 第1回

140点以上で合格!

制限時間 60分

解答 → 別冊 P.20

一

次の——線の**漢字の読み**を**ひらがな**で記せ。

1点×30問　/30

1 日本の**酪農**事情を調べる。
2 出かける前に**化粧**をする。
3 **二塁打**を打って追加点をあげた。
4 政治家の**収賄**事件の記事を読む。
5 将来は**金融**機関に勤めたい。
6 水の**沸点**は百度である。
7 うっかり**花瓶**を割ってしまった。
8 カエルの**解剖**をする。
9 各国間の経済**摩擦**が再燃した。
10 慣れない仕事で神経を**消耗**する。
11 約束の時間にはまだ**余裕**がある。
12 このあたりの高原は**別荘**が多い。
13 **窃盗**犯が捕まった。

二

次の漢字の**部首**を記せ。

1点×10問　/10

〔例〕菜 → 艹　間 → 門

1 累
2 誓
3 懐
4 娯
5 汁
6 傾
7 駄
8 裂
9 昆
10 韻

14 失敗を肝に**銘**ずる。（　　）
15 社会の**秩序**は乱れつつある。（　　）
16 一週間の**献立**を考える。（　　）
17 本文にイラストを**挿入**する。（　　）
18 北海道は**亜寒帯**に属している。（　　）
19 **謙譲**語の使い方は難しい。（　　）
20 **海藻**はミネラルを多く含んでいる。（　　）
21 航空券の払い**戻**しを求める。（　　）
22 川の両岸に**柳**並木がある。（　　）
23 木の**枠**で型をとる。（　　）
24 毎日欠かさずに**暦**をめくる。（　　）
25 近所のビルに**雷**が落ちた。（　　）
26 一アールは約三十**坪**である。（　　）
27 両手を**添**えて品物を差し出す。（　　）
28 **拙**いが、思いが伝わる文章だ。（　　）
29 ほおにあたる風が**涼**しい。（　　）
30 水深十メートルは**潜**れない。（　　）

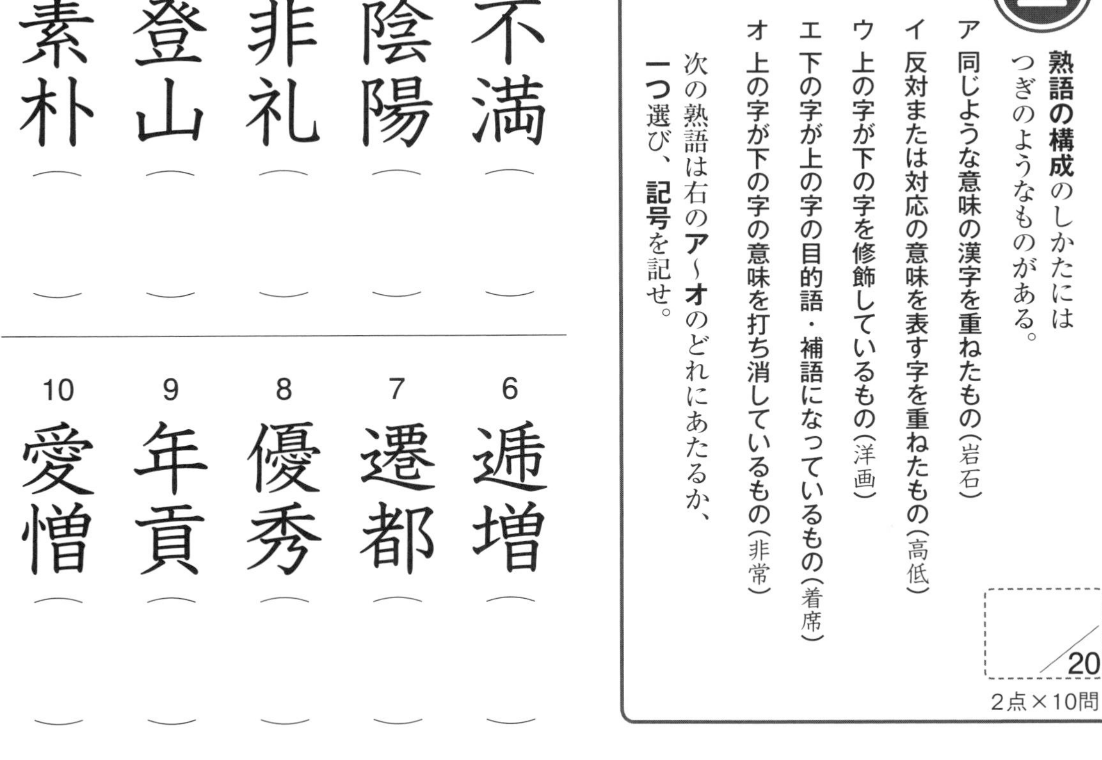

三

熟語の構成のしかたにはつぎのようなものがある。

ア 同じような意味の漢字を重ねたもの（岩石）
イ 反対または対応の意味を表す字を重ねたもの（高低）
ウ 上の字が下の字を修飾しているもの（洋画）
エ 下の字が上の字の目的語・補語になっているもの（着席）
オ 上の字が下の字の意味を打ち消しているもの（非常）

次の熟語は右の**ア**～**オ**のどれにあたるか、**一つ**選び、**記号**を記せ。

/20
2点×10問

1 不満（　　）
2 陰陽（　　）
3 非礼（　　）
4 登山（　　）
5 素朴（　　）
6 逓増（　　）
7 遷都（　　）
8 優秀（　　）
9 年貢（　　）
10 愛憎（　　）

四

次の**四字熟語**について、問1と問2に答えよ。

30

問1 下の[ ]内のひらがなを**漢字**にして1～10に入れ、**四字熟語**にせよ。[ ]内のひらがなは一度だけ使い、□内に**一字記入**せよ。

2点×10問

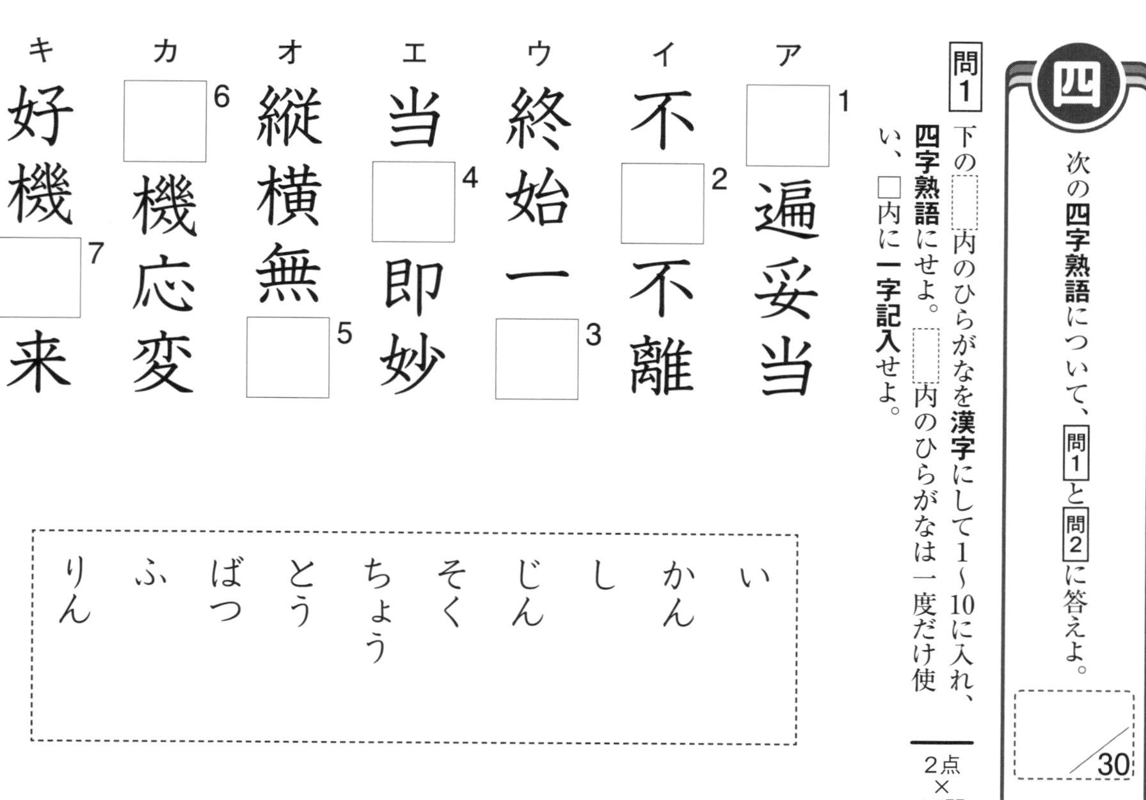

ア　（1）遍妥当
イ　不（2）不離
ウ　終始一（3）
エ　当（4）即妙
オ　縦横無（5）
カ　（6）機応変
キ　好機（7）来

い　かん　し　じん　そく　ちょう　とう　ばつ　ふ　りん

五

次の1～5の**対義語**、6～10の**類義語**を後の[ ]の中から選び、**漢字**で記せ。[ ]の中の語は一度だけ使うこと。

20

2点×10問

対義語

1　購入－
2　恒例－
3　削除－
4　直面－
5　受理－

類義語

6　調停－
7　猶予－
8　奇抜－
9　一生－
10　輸送－

うんぱん・えんき・かいひ・きゃっか
しょうがい・ちゅうさい・てんか
とっぴ・ばいきゃく・りんじ

ク 笑[8]千万

ケ 一[9]百戒

コ 不老[10]寿

問2 次の11～15の**意味**にあてはまるものを**問1**の**ア～コ**の**四字熟語**から**1つ**選び、**記号**で答えよ。

2点×5問

11 いつまでも若いままで長生きすること。（　　）

12 非常におかしいこと。（　　）

13 ちょうどよい機会がくること。（　　）

14 二つのものの関係がつかず離れずちょうどよい関係にあること。（　　）

15 どのような場合でも常にあてはまる様子のこと。（　　）

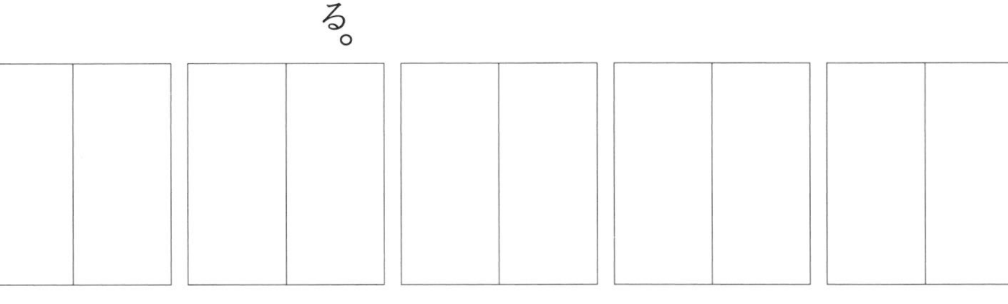

六

次の――線の**カタカナ**を**漢字**に直せ。

2点×10問　／20

1 空気が**カン**燥してきた。
2 **カン**暦のお祝いをする。

3 布を**サイ**断する。
4 祖父の趣味は盆**サイ**だ。

5 このキノコには**モウ**毒がある。
6 **モウ**導犬の育成に取り組む。

7 商店**ガイ**はアーケードになっている。
8 お城の**ガイ**観をきれいに保つ。

9 長年の友人の死を**イタ**む。
10 雨の日は古傷が**イタ**む。

七

次の各文にまちがって使われている**同じ読みの漢字**が**一字**ある。**右に誤字**を、**左に正しい漢字**を記せ。

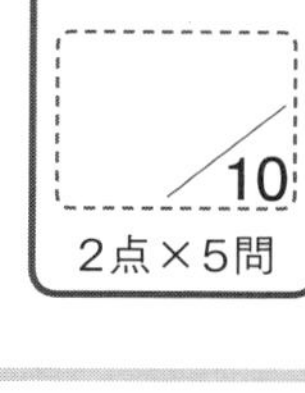

2点×5問

1 最近はアレルギー体質の人が多くほこりやダニの除去に紳経を使うようになった。

2 自然の力によって長い年月をかけてできたリアス海岸は美しい恵観を誇っていた。

3 ハトは平和の象眺とされるが繁殖しすぎて都会ではフン公害に悩まされている。

4 トランポリンの上でうまくバランスをとりながら兆躍するのはたいへん難しい。

5 キャンバスに多際な絵の具を使って春の花々を描いていく。

九

次の——線の**カタカナ**を**漢字**に直せ。

50

2点×25問

1 要人の自殺で政界に**ゲキシン**が走った。

2 突然の出来事にみな**チンモク**した。

3 夜行の**シンダイ**列車で旅をする。

4 姉は**シリョ**深い人である。

5 好きな**マンガ**家の単行本が出た。

6 夏の外出には**ボウシ**をかぶる。

7 戦時中の**ホウダイ**が保存されている。

8 できるだけ**タクサン**の本を読みたい。

9 冬は**レイカ**二十度まで気温が下がる。

10 **リョウジュウ**を使って狩りをする。

11 父は**ボウセキ**工場を経営している。

12 私は**テンガイ**孤独の身だ。

八

次の——線の**カタカナ**を**漢字一字**と**送りがな(ひらがな)**に直せ。

2点×5問　/10

［例］問題にコタエル → 答える

1 リーダーとしてタノモシイ存在だ。

2 カーテンで光をサエギル。

3 大木は根元からクサッていた。

4 コイシイ人から便りをもらう。

5 人心をマドワス事件に人々は混乱した。

13 事件の解決に向けてホンソウした。

14 資源のリサイクルをソクシンする。

15 感キワまって泣き出してしまう。

16 駅の雑踏で転んでハずかしかった。

17 壁に大きな油絵がカザってある。

18 この道をナナめに入ると自宅がある。

19 新聞の投書欄に記事がノった。

20 トナリの家は改築するらしい。

21 森にはケモノ道ができていた。

22 ホガらかな笑い声が聞こえる。

23 結婚式のために髪をユってもらう。

24 口はワザワいのもといわれる。

25 飼っているネコを動物病院に連れて行く。

実力チェック!!

本試験型テスト 第2回

140点以上で合格！

制限時間 60分

月 日 ／200

解答→別冊 P.22

一

次の――線の**漢字の読み**を**ひらがな**で記せ。

／30　1点×30問

1 役所に**婚姻**届けを出す。（　）
2 **凹凸**の激しい山道をひた走った。（　）
3 祖父の趣味は**囲碁**である。（　）
4 社会的な**貢献**ができる職に就く。（　）
5 **過酷**な労働条件を是正する。（　）
6 この意見は**示唆**に富んでいる。（　）
7 与えられた**選択肢**は三つである。（　）
8 品位のある女性を**淑女**という。（　）
9 河川や湖沼の**浄化**問題に取り組む。（　）
10 姉は**妊娠**八か月で産休間近だ。（　）
11 大手企業グループの**総帥**に会う。（　）
12 事件が**繊細**な心を傷つける。（　）
13 日本の生産労働人口は**漸減**している。（　）

二

次の漢字の**部首**を記せ。

／10　1点×10問

〔例〕菜→艹　間→門

1 尉（　）
2 翁（　）
3 缶（　）
4 琴（　）
5 腐（　）
6 款（　）
7 勲（　）
8 薫（　）
9 璽（　）
10 粛（　）

14 熱帯魚の**水槽**をきれいにする。（　）（　）

15 労使はある点で**妥協**するしかない。（　）（　）

16 最新のドラム式**洗濯機**を買った。（　）（　）

17 先方から**丁寧**なお礼状をいただいた。（　）（　）

18 壇上に**来賓**がずらりと並んでいる。（　）（　）

19 **愉快**な出来事にお腹を抱えて笑った。（　）（　）

20 新しい会社には**独身寮**がある。（　）（　）

21 心の傷が**癒**えるまで時間がかかった。（　）（　）

22 岩をも**砕**く大きな波が打ち寄せる。（　）（　）

23 **飢**えたオオカミは牙（きば）をむいた。（　）（　）

24 この試合には賞金が**懸**かっている。（　）（　）

25 まんまと敵の術中に**陥**る。（　）（　）

26 **謹**んで新年のお喜びを申し上げます。（　）（　）

27 **蛍**の生息が確認された。（　）（　）

28 短期間で大金を**稼**ぐ。（　）（　）

29 兄は肝の**据**わった人物である。（　）（　）

30 私の**偽**らない気持ちを伝えたい。（　）（　）

三

熟語の構成のしかたには
つぎのようなものがある。

ア 同じような意味の漢字を重ねたもの（岩石）

イ 反対または対応の意味を表す字を重ねたもの（高低）

ウ 上の字が下の字を修飾しているもの（洋画）

エ 下の字が上の字の目的語・補語になっているもの（着席）

オ 上の字が下の字の意味を打ち消しているもの（非常）

次の熟語は右の**ア～オ**のどれにあたるか、**一つ**選び、**記号**を記せ。

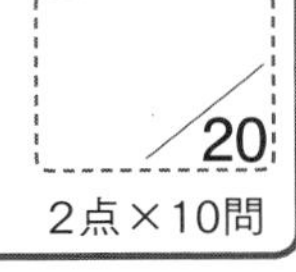

2点×10問

1 非凡（　）（　）

2 迅速（　）（　）

3 退寮（　）（　）

4 出塁（　）（　）

5 涼風（　）（　）

6 美醜（　）（　）

7 不偏（　）（　）

8 災厄（　）（　）

9 環礁（　）（　）

10 是非（　）（　）

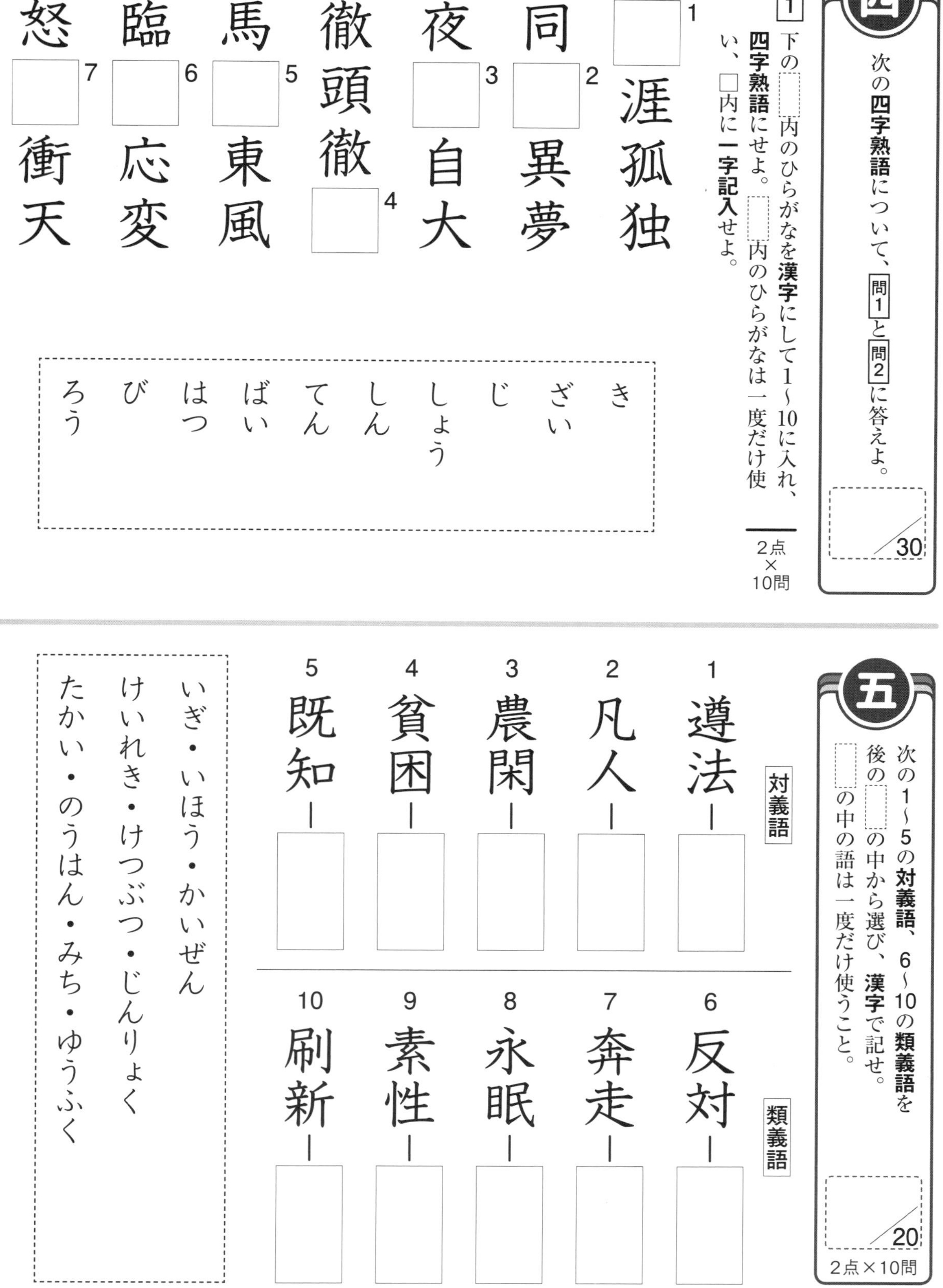

四

次の**四字熟語**について、問1と問2に答えよ。

/30

問1 下の□内のひらがなを**漢字**にして1～10に入れ、**四字熟語**にせよ。□内のひらがなは一度だけ使い、□内に**一字記入**せよ。

2点×10問

ア （1）涯孤独
イ 同（2）異夢
ウ 夜（3）自大
エ 徹頭徹（4）
オ 馬（5）東風
カ 臨（6）応変
キ 怒（7）衝天

き　ざい　じ　しょう　しん　てん　ばい　はつ　び　ろう

五

次の1～5の**対義語**、6～10の**類義語**を後の□の中から選び、**漢字**で記せ。□の中の語は一度だけ使うこと。

/20

2点×10問

対義語

1 遵法－
2 凡人－
3 農閑－
4 貧困－
5 既知－

類義語

6 反対－
7 奔走－
8 永眠－
9 素性－
10 刷新－

いぎ・いほう・かいぜん
けいれき・けつぶつ・じんりょく
たかい・のうはん・みち・ゆうふく

ク 陳代謝［8］

ケ 専［9］特許

コ 主権［10］民

問2 次の11～15の**意味**にあてはまるものを**問1**の**ア～コ**の**四字熟語**から**1つ**選び、**記号**で答えよ。

2点×5問

11 その場に応じた適切な手段をとること。（　）

12 ある人だけが得意とする技術や方法のこと。（　）

13 他者の意見を気にかけず聞き流すこと。（　）

14 最初から最後まで。（　）

15 身の程を知らずに威張っているもののたとえ。（　）

六 次の――線の**カタカナ**を**漢字**に直せ。

2点×10問　／20

1 会議の様子を**ショウ**細に記録する。

2 臨時国会が**ショウ**集された。

3 近**リン**住民のアンケートをとる。

4 重大な**リン**理問題が発生した。

5 事故の**エイ**響は大きい。

6 **エイ**利な直感で危険を回避する。

7 地球レベルで**カン**境問題を考える。

8 月に一度は**カン**劇に出かける。

9 気温が非常に高くてのどが**カワ**く。

10 洗濯物はすっかり**カワ**いたようだ。

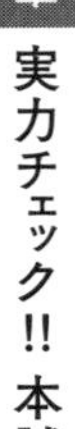

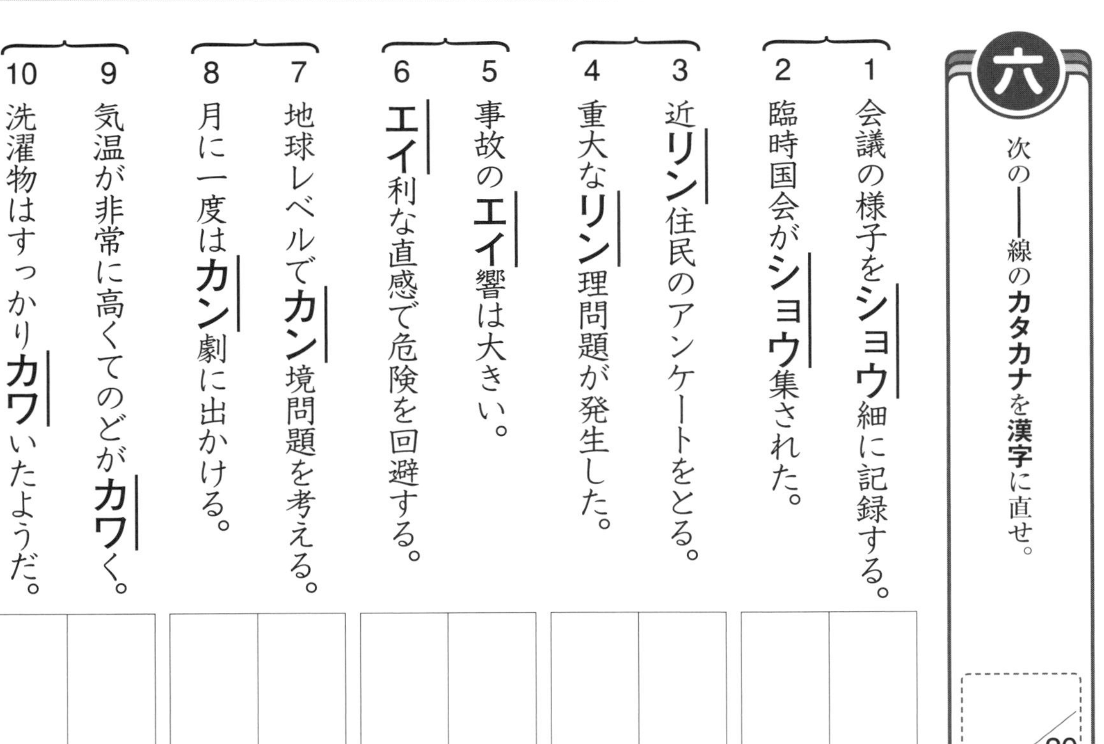

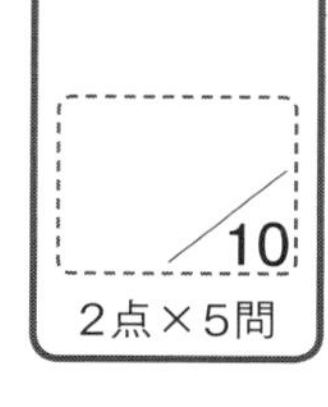

七

次の各文にまちがって使われている**同じ読みの漢字**が**一字**ある。**右に誤字**を、**左に正しい漢字**を記せ。

/10　2点×5問

1 今度の台風は勢力が非常に強いので今から災害に供えておく必要がある。

2 この休暇は旧友と古代遺跡で有名な街を尋ねる予定である。

3 出演者の荷物の般入用のエレベーターはこのビルの一階裏手にある。

4 生年月日を書き表す際には西歴と元号の二通りの方法がある。

5 私の功責は特許を得て会社にばく大な利益をもたらしたことだ。

九

次の――線の**カタカナ**を**漢字**に直せ。

/50　2点×25問

1 久しぶりに**レンアイ**小説を読む。

2 **ジョウホウモウ**は飛躍的に発達した。

3 悲しい話に思わず**ラクルイ**する。

4 海外からの**シエン**物資が届く。

5 兄の武勇伝は**マイキョ**にいとまがない。

6 祖父は毎冬、**トウジ**に出かける。

7 **ショウキャク**できるゴミを分別する。

8 台風で田畑が**カンスイ**した。

9 年を取ると**メンエキ**力が落ちる。

10 地面が**カンボツ**している場所がある。

11 隣国に対して**イカン**の意を表明する。

12 今朝から**オシン**がしている。

八

次の——線の**カタカナ**を**漢字一字**と**送りがな(ひらがな)**に直せ。

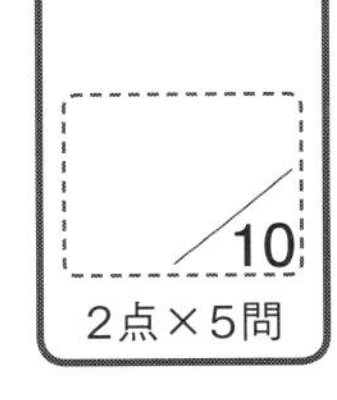

2点×5問

［例］ 問題に**コタエル** ➡ 答える

1 お客さまをお**ムカエ**する準備をする。

2 日本の国は経済的に**メグマレ**ている。

3 薬を水に**トカシ**てから飲む。

4 すずめ百まで**オドリ**を忘れず。

5 やかんでお湯を**ワカス**。

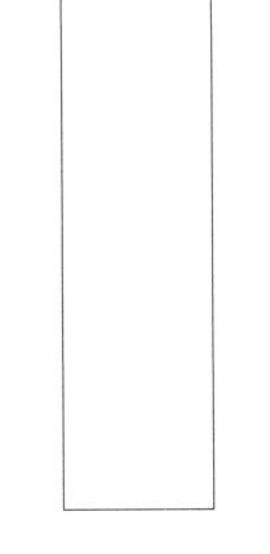

13 上司は**キョウリョウ**な性格をしている。

14 **ルイジ**したデザインを非難された。

15 他人に責任を**テンカ**する。

16 **ナゴ**やかにパーティーは進行した。

17 塩でスープの味を**トトノ**える。

18 希望を**イダ**き続けることは難しい。

19 皿の模様が**ス**けて見えるフグの刺し身だ。

20 強風で並木がなぎ**タオ**された。

21 父の日に感謝の言葉を**オク**る。

22 妹は子供の**アツカ**いがうまい。

23 梅雨時は食品が**イタ**みやすい。

24 父は**オダ**やかな性格で知られている。

25 昼食は**モッパ**ら弁当を食べる。

実力チェック!!

本試験型テスト 第3回

140点以上で合格!

制限時間 60分

月　日　/200

解答 → 別冊 P.24

一

次の――線の**漢字の読み**を**ひらがな**で記せ。

1点×30問　/30

1 高級和牛は**庶民**には手が出しにくい。
2 **享年**四十はあまりに若い。
3 今月から新しい**塾**に通う。
4 この店は**閑古鳥**が鳴いている。
5 **表彰**を受けることになった。
6 父の**頑迷**さにはほとほと手を焼く。
7 社員全員が**徹夜**して製品を納めた。
8 **渓谷**に雪解け水が流れ込む。
9 東京湾は**船舶**の往来が激しい。
10 **桟橋**に船が係留されている。
11 **洪水**注意報が発令された。
12 江戸時代の一両を現在の**貨幣**価値に換算する。
13 水も飲ませないとはひどい**拷問**だ。

二

次の漢字の**部首**を記せ。

1点×10問　/10

[例] 菜 → 艹　間 → 門

1 恭
2 升
3 寡
4 疎
5 唇
6 嗣
7 奨
8 尼
9 殻
10 崇

14 あの人の意見は**示唆**に富んでいる。（　）（　）
15 旅行先で**赤痢**にかかった。（　）（　）
16 ワンランク上の相手に**挑戦**する。（　）（　）
17 来月は**珠算**の検定試験がある。（　）（　）
18 人間に有用な**菌**について学ぶ。（　）（　）
19 コルク**栓**をうまく抜くのは難しい。（　）（　）
20 このところ**睡眠**不足に悩んでいる。（　）（　）
21 私はこの図書をお**薦**めします。（　）（　）
22 **懲**りない面々とは兄たちのことだ。（　）（　）
23 河川により**沖積**平野が形成された。（　）（　）
24 おいしそうな**漬**け物ができた。（　）（　）
25 **垣根**越しにあいさつを交わす。（　）（　）
26 竹の**筒**に水を入れて花を生ける。（　）（　）
27 野生の**猿**にエサを与えてはいけない。（　）（　）
28 頭の**軟**らかい数学者に教わった。（　）（　）
29 重い鉄の**扉**を押し開ける。（　）（　）
30 **宵**の明星が美しく輝いている。（　）（　）

三

熟語の構成のしかたには
つぎのようなものがある。

ア 同じような意味の漢字を重ねたもの（岩石）
イ 反対または対応の意味を表す字を重ねたもの（高低）
ウ 上の字が下の字を修飾しているもの（洋画）
エ 下の字が上の字の目的語・補語になっているもの（着席）
オ 上の字が下の字の意味を打ち消しているもの（非常）

次の熟語は右の**ア～オ**のどれにあたるか、**一つ**選び、**記号**を記せ。

20
2点×10問

1 非才（　）
2 建設（　）
3 永住（　）
4 重罪（　）
5 有無（　）
6 献金（　）
7 無臭（　）
8 合併（　）
9 細大（　）
10 就職（　）

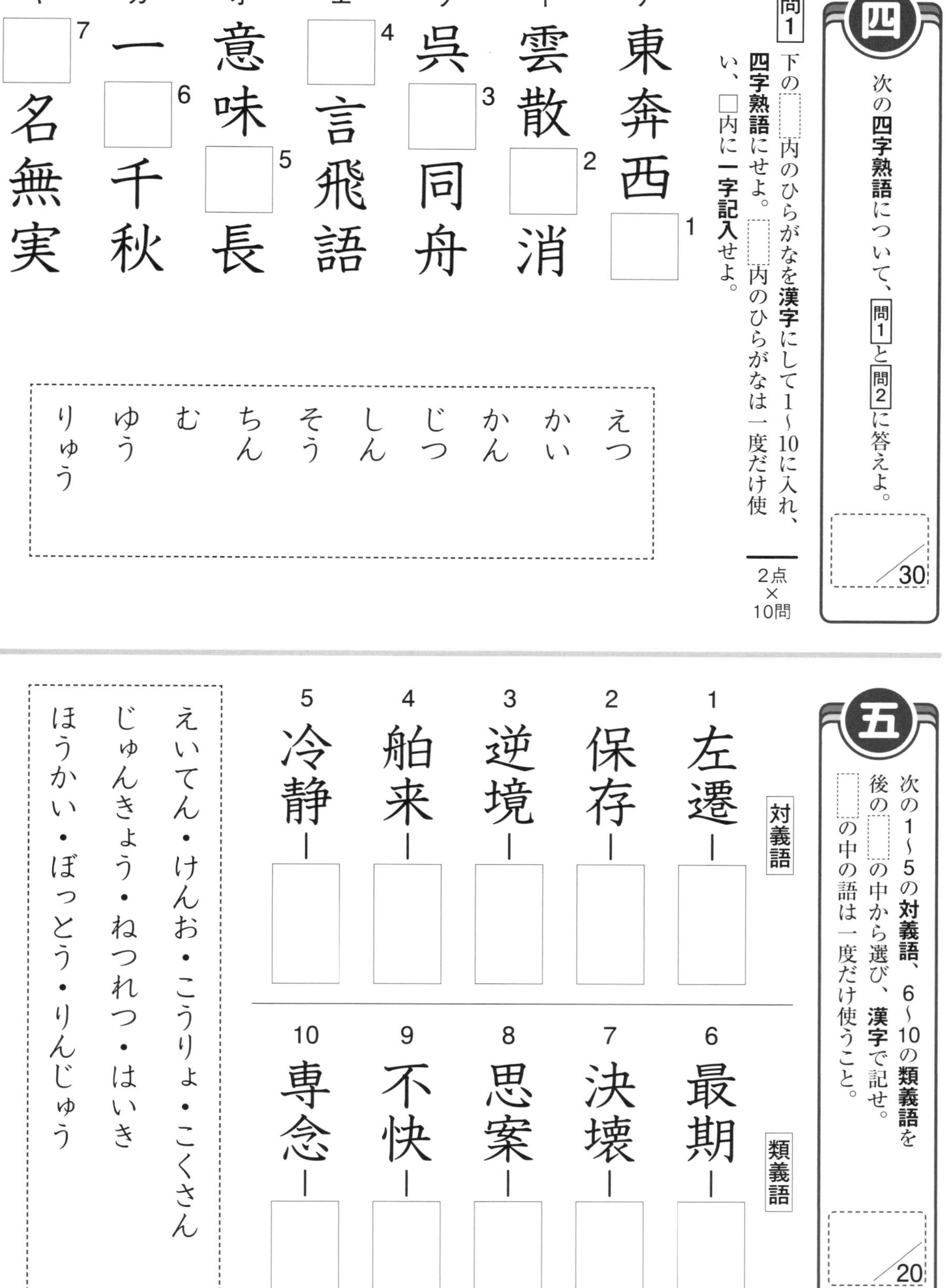

四

次の**四字熟語**について、問1と問2に答えよ。

30

問1

下の□内のひらがなを**漢字**にして1～10に入れ、**四字熟語**にせよ。□内のひらがなは一度だけ使い、□内に**一字記入**せよ。

2点×10問

ア 東奔西［1］

イ 雲散［2］消

ウ 呉［3］同舟

エ ［4］言飛語

オ 意味［5］長

カ 一［6］千秋

キ ［7］名無実

えつ　かい　かん　じつ　しん　そう　ちん　む　ゆう　りゅう

五

次の1～5の**対義語**、6～10の**類義語**を後の□の中から選び、**漢字**で記せ。□の中の語は一度だけ使うこと。

20

2点×10問

対義語

1 左遷―［　］

2 保存―［　］

3 逆境―［　］

4 舶来―［　］

5 冷静―［　］

類義語

6 最期―［　］

7 決壊―［　］

8 思案―［　］

9 不快―［　］

10 専念―［　］

えいてん・けんお・こうりょ・こくさん
じゅんきょう・ねつれつ・はいき
ほうかい・ぼっとう・りんじゅう

ク 内憂外□8

ケ 一知半□9

コ □10思黙考

問2 次の11～15の**意味**にあてはまるものを問1の**ア～コ**の**四字熟語**から**1つ**選び、**記号**で答えよ。

2点×5問

11 人の言動や詩などにおいて非常に内容が奥深く含みがあること。（　　）

12 物事や人物が早く来てほしいと非常に強く思うこと。（　　）

13 忙しくあちこちへ走り回ること。（　　）

14 じっくりと深く考え込むこと。（　　）

15 物事がきれいさっぱり消え失せること。（　　）

六

次の——線の**カタカナ**を**漢字**に直せ。

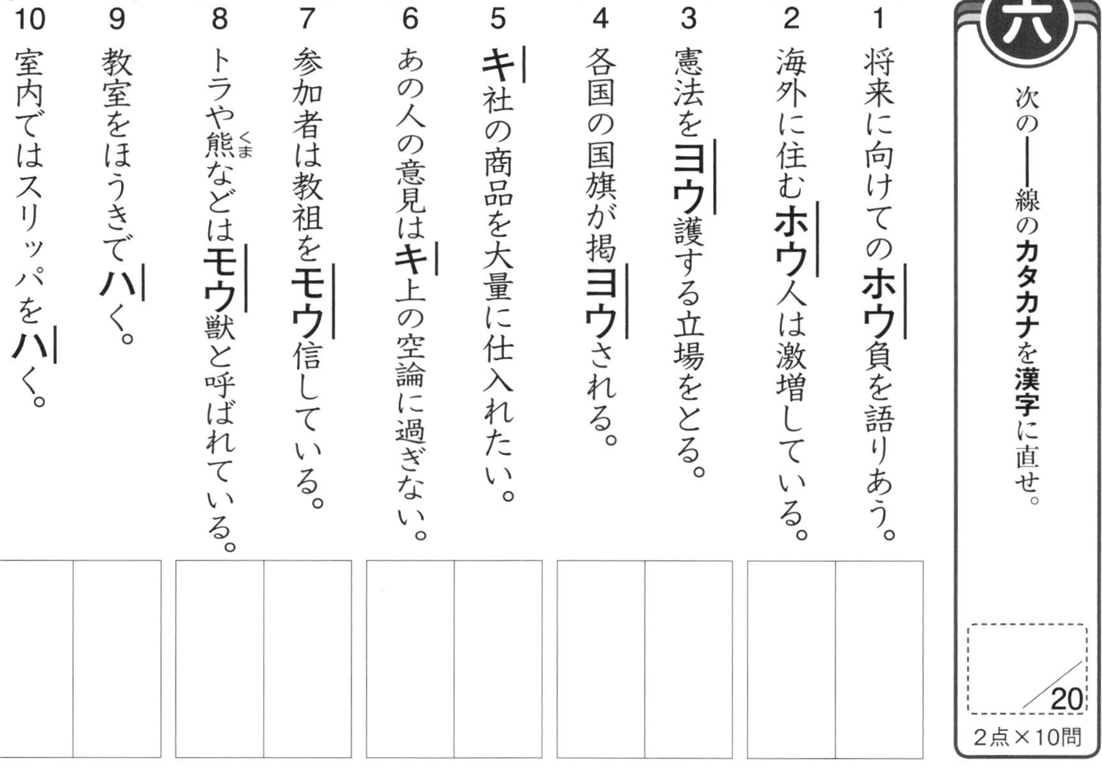

2点×10問　／20

1 将来に向けての**ホウ**負を語りあう。

2 海外に住む**ホウ**人は激増している。

3 憲法を**ヨウ**護する立場をとる。

4 各国の国旗が掲**ヨウ**される。

5 **キ**社の商品を大量に仕入れたい。

6 あの人の意見は**キ**上の空論に過ぎない。

7 参加者は教祖を**モウ**信している。

8 トラや熊（くま）などは**モウ**獣と呼ばれている。

9 教室をほうきで**ハ**く。

10 室内ではスリッパを**ハ**く。

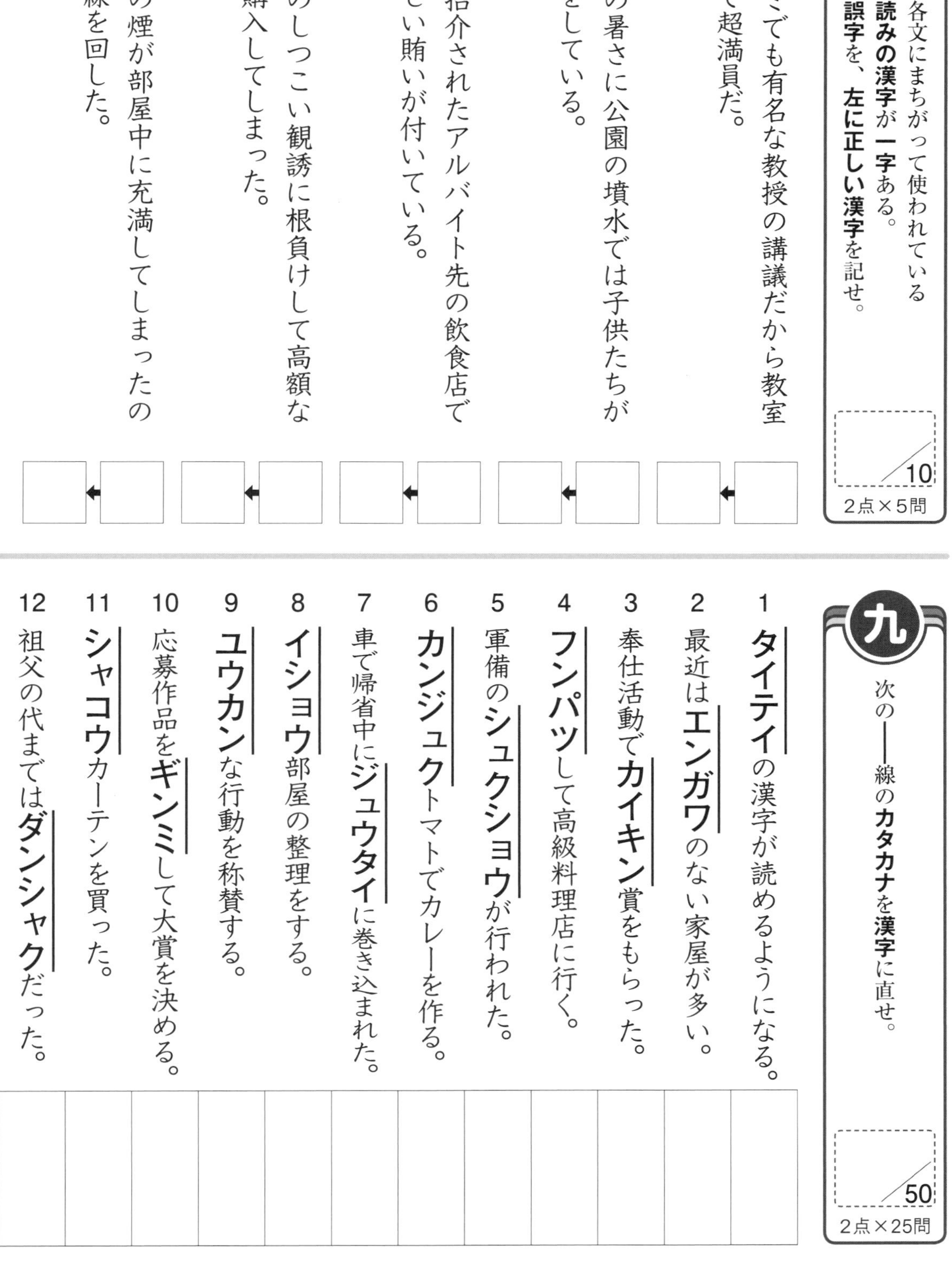

七

次の各文にまちがって使われている**同じ読みの漢字**が**一字**ある。**右に誤字**を、**左に正しい漢字**を記せ。

/10　2点×5問

1 マスコミでも有名な教授の講議だから教室は学生で超満員だ。

2 あまりの暑さに公園の墳水では子供たちが水浴びをしている。

3 友人に招介されたアルバイト先の飲食店ではおいしい賄いが付いている。

4 販売員のしつこい観誘に根負けして高額な商品を購入してしまった。

5 焼き肉の煙が部屋中に充満してしまったので換気線を回した。

九

次の――線の**カタカナ**を**漢字**に直せ。

/50　2点×25問

1 **タイテイ**の漢字が読めるようになる。

2 最近は**エンガワ**のない家屋が多い。

3 奉仕活動で**カイキン**賞をもらった。

4 **フンパツ**して高級料理店に行く。

5 軍備の**シュクショウ**が行われた。

6 **カンジュク**トマトでカレーを作る。

7 車で帰省中に**ジュウタイ**に巻き込まれた。

8 **イショウ**部屋の整理をする。

9 **ユウカン**な行動を称賛する。

10 応募作品を**ギンミ**して大賞を決める。

11 **シャコウ**カーテンを買った。

12 祖父の代までは**ダンシャク**だった。

八

次の――線のカタカナを**漢字一字と送りがな（ひらがな）**に直せ。

2点×5問　／10

〔例〕 問題にコタエル → 答える

1 ホガラカな笑い声が聞こえる。

2 気付かれないよう物陰にカクレル。

3 愛犬をアマヤカシて育てている。

4 川の近くでスズシイ風に当たる。

5 取引先が倒産し損失をコウムル。

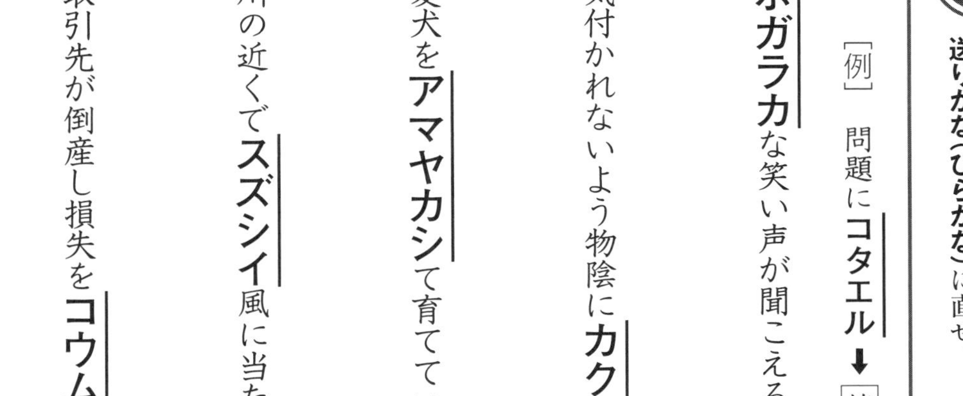

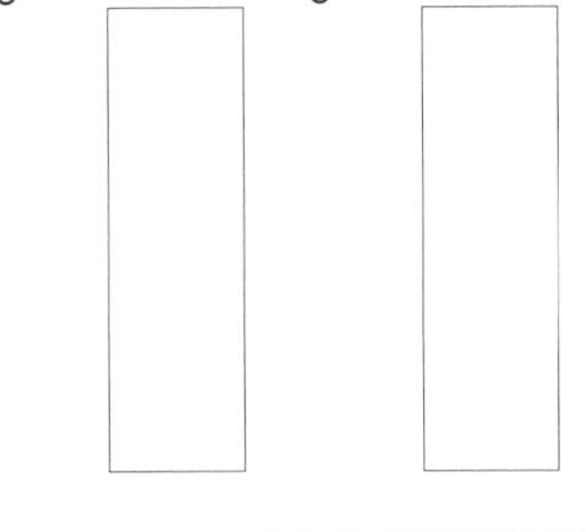

13 誤りを認めチンシャする。

14 ボウガイに負けず一位をとる。

15 春休みにメンキョを取りに行く。

16 家族との別れがナゴリ惜しい。

17 僕の力は兄の足もとにもオヨばない。

18 試合には万全の態勢でノゾむ。

19 山のイタダキに雪が積もる。

20 師の教えにソムき破門された。

21 ハガネのような肉体の持ち主。

22 茶わんムしは大好物だ。

23 待ち合わせの時間にオクれる。

24 チケットの発行には身分証明書がイる。

25 事故以来すっかり心をトざしてしまった。

実力チェック!!

本試験型テスト 第4回

140点以上で合格！

制限時間 60分

月 日 ／200

解答 ➔ 別冊 P.26

一 次の——線の**漢字の読み**を**ひらがな**で記せ。

1点×30問 ／30

1 あの事件以来、弟は**堕落**した。（　）
2 微生物を使った**土壌**改良剤がある。（　）
3 **楽譜**を読めなくてもギターはひける。（　）
4 あまりの仕打ちに**憤慨**する。（　）
5 祖父に大きな声で**一喝**された。（　）
6 三年の執行**猶予**付きの判決が出た。（　）
7 この冊子の**頒価**は二百円だ。（　）
8 歴代社長の**肖像**画が飾ってある。（　）
9 **逓信**省は明治十八年に創設された。（　）
10 室内用に布**草履**を編んだ。（　）
11 日本酒は米を**醸造**して造られる。（　）
12 あの人の**素朴**な人柄にひかれる。（　）
13 飛行機は上空を**旋回**した。（　）

二 次の漢字の**部首**を記せ。

1点×10問 ／10

［例］菜 ➔ 艹　間 ➔ 門

1 凹（　）
2 顕（　）
3 劾（　）
4 塑（　）
5 窮（　）
6 且（　）
7 畝（　）
8 雰（　）
9 曹（　）
10 慶（　）

14 友人に**侮辱**され立腹した。（　　）

15 母の後ろ姿に**一抹**の寂しさを覚えた。（　　）

16 **仙人**が住むと言われる山がある。（　　）

17 園芸店で植木用の**培養土**を買う。（　　）

18 父の**快癒**を家族一同心から喜んだ。（　　）

19 信念を**把持**する必要がある。（　　）

20 両親は昔、同じ会社の**同僚**だった。（　　）

21 部屋の**隅**まできれいに掃除をした。（　　）

22 重労働に**堪**えられる体力をつける。（　　）

23 日曜大工で**棚**を作った。（　　）

24 さまざまな感情が**渦**巻く。（　　）

25 人目を**忍**んで裏口から出入りする。（　　）

26 電車のドアにバッグを**挟**まれた。（　　）

27 **遅霜**で農作物に被害が出た。（　　）

28 すり減った**靴**を買い替える。（　　）

29 日々**煩**わしい雑用に追われる。（　　）

30 旧街道は**杉**の並木道だった。（　　）

三

熟語の構成のしかたには つぎのようなものがある。

ア 同じような意味の漢字を重ねたもの（岩石）

イ 反対または対応の意味を表す字を重ねたもの（高低）

ウ 上の字が下の字を修飾しているもの（洋画）

エ 下の字が上の字の目的語・補語になっているもの（着席）

オ 上の字が下の字の意味を打ち消しているもの（非常）

次の熟語は右の**ア**～**オ**のどれにあたるか、**一つ**選び、**記号**を記せ。

／20

2点×10問

1 脳波（　　）

2 延期（　　）

3 無我（　　）

4 経緯（　　）

5 新鮮（　　）

6 帰還（　　）

7 主従（　　）

8 早熟（　　）

9 耐震（　　）

10 無銘（　　）

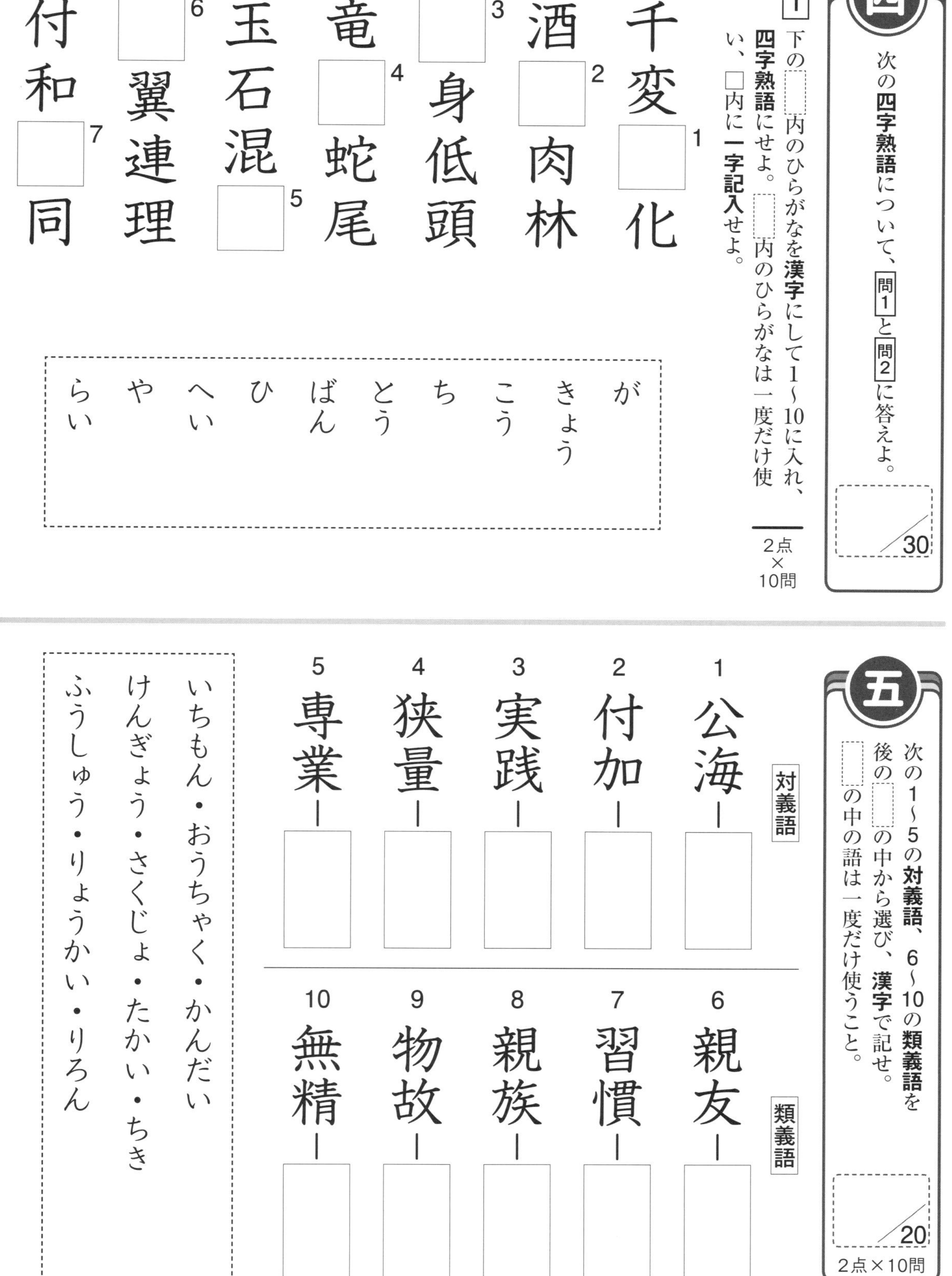

四

次の**四字熟語**について、問1と問2に答えよ。

/30

問1 下の［　］内のひらがなを**漢字**にして1～10に入れ、**四字熟語**にせよ。［　］内のひらがなは一度だけ使い、□内に**一字記入**せよ。

2点×10問

ア 千変［1］化
イ 酒［2］肉林
ウ ［3］身低頭
エ 竜［4］蛇尾
オ 玉石混［5］
カ ［6］翼連理
キ 付和［7］同

が・きょう・こう・ち・とう・ばん・ひ・へい・や・らい

五

次の1～5の**対義語**、6～10の**類義語**を後の［　］の中から選び、**漢字**で記せ。［　］の中の語は一度だけ使うこと。

/20
2点×10問

対義語

1 公海－
2 付加－
3 実践－
4 狭量－
5 専業－

類義語

6 親友－
7 習慣－
8 親族－
9 物故－
10 無精－

いちもん・おうちゃく・かんだい
けんぎょう・さくじょ・たかい・ちき
ふうしゅう・りょうかい・りろん

ク □8 天動地

ケ 百鬼 □9 行

コ □10 田引水

問2 次の11～15の**意味**にあてはまるものを**問1**の**ア～コ**の**四字熟語**から**1つ**選び、**記号**で答えよ。

2点×5問

11 よく考えずに他者の意見にすぐに賛同すること。（　　）

12 男女の仲が良いことのたとえ。（　　）

13 最初は勢いがよかったが終わりに近づくと勢いがなくなること。（　　）

14 良いものと悪いものが入り混ざっていること。（　　）

15 自分に都合のいいように行動すること。（　　）

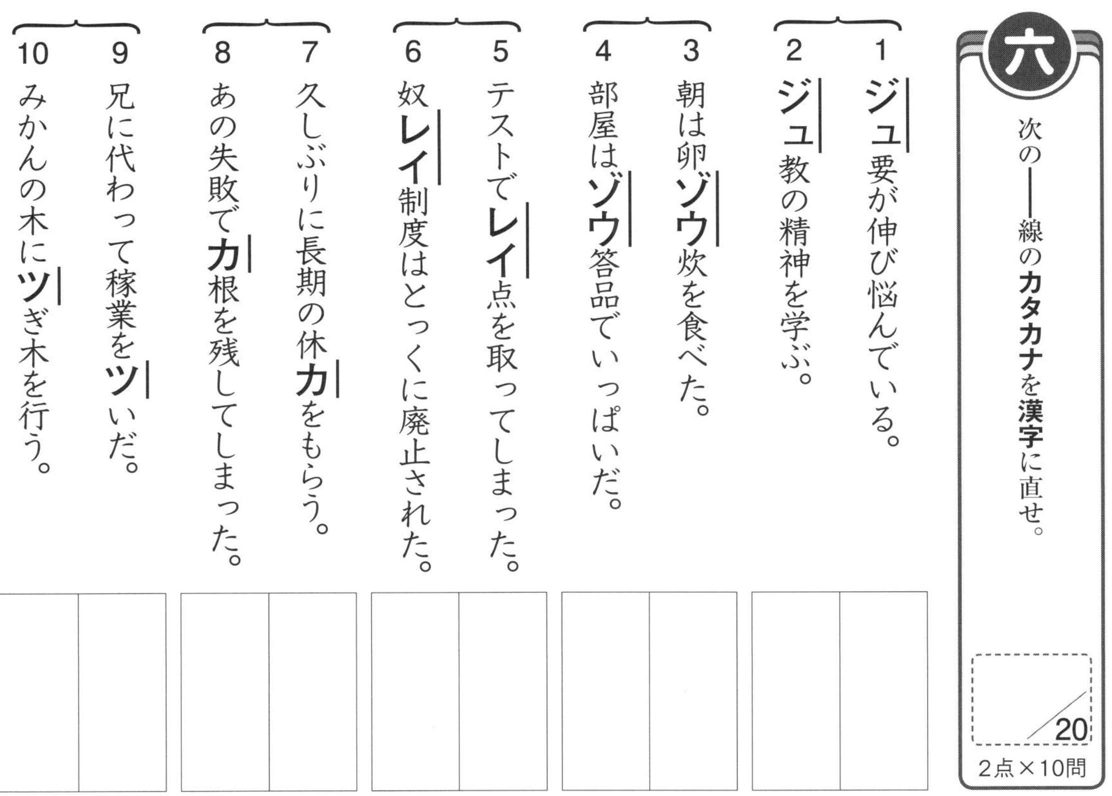

六

次の——線の**カタカナ**を**漢字**に直せ。

2点×10問　/20

1 ジュ要が伸び悩んでいる。
2 ジュ教の精神を学ぶ。

3 朝は卵ゾウ炊を食べた。
4 部屋はゾウ答品でいっぱいだ。

5 テストでレイ点を取ってしまった。
6 奴レイ制度はとっくに廃止された。

7 久しぶりに長期の休カをもらう。
8 あの失敗でカ根を残してしまった。

9 兄に代わって稼業をツいだ。
10 みかんの木にツぎ木を行う。

七

次の各文にまちがって使われている**同じ読みの漢字**が**一字**ある。**右に誤字**を、**左に正しい漢字**を記せ。

/10　2点×5問

1 弁護士を通じて交通事故の加害者に治料費の請求を行った。
(→)

2 テレビで野球の試合を実況中継しているので家族の皆と勧戦する。
(→)

3 全国で話題沸騰中の豪華客船は現在神戸港沖合に停船中である。
(→)

4 この薬は即攻性があるが眠くなるので車の運転はしないほうがいい。
(→)

5 夢我の境地に至るために座禅を組んでみたが煩悩を払えなかった。
(→)

九

次の——線の**カタカナ**を**漢字**に直せ。

/50　2点×25問

1 ハテンコウな試みにみな驚いた。

2 大統領はキョウダンに倒れた。

3 古代遺跡のハックツ作業を手伝う。

4 新人のカンゲイ会が行われた。

5 毎朝、近くのテイボウを散歩する。

6 今日は一日中ドンテンのようだ。

7 美しいチョウハツが風になびく。

8 カイヒン公園で遊ぶ。

9 人物ビョウシャの優れた作品だ。

10 申告のためにゼイムショに行く。

11 父はキョエイシンが非常に強い。

12 トクシュな事例を取り上げる。

八

次の——線のカタカナを**漢字一字と送りがな(ひらがな)**に直せ。

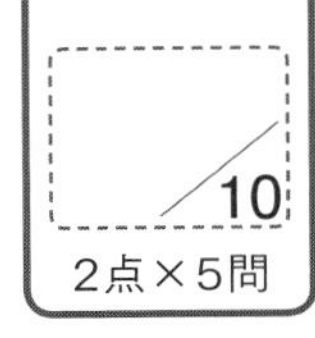

2点×5問

〔例〕 問題に**コタエル** ➡ 答える

1 緊張のあまりこぶしを**ニギリ**しめる。

2 美しい歌声に静かに耳を**カタムケル**。

3 夜空を見上げて星に願いを**コメル**。

4 水やりを忘れて花を**カラシ**た。

5 大根が**ニエル**のを待つ。

13 港の**サンバシ**に兄を見送りにいく。

14 親友は**ユイショ**ある家の出だ。

15 大雨は**ジンダイ**な被害をもたらした。

16 焼き**イモ**を食べる。

17 企画は部長の力で**オ**し進められた。

18 的を**イ**た質問をする。

19 祖父の懐中時計を**コワ**してしまった。

20 **オニ**のお面を付けて豆まきをする。

21 遠くで**カミナリ**が鳴っている。

22 前代未聞の難問に**イド**む。

23 今までの常識を**クツガエ**す発見だ。

24 状況が好転する**キザ**しが見えた。

25 兄は**ヒダリキ**きだ。

実力チェック!! 本試験型テスト

第5回

140点以上で合格!

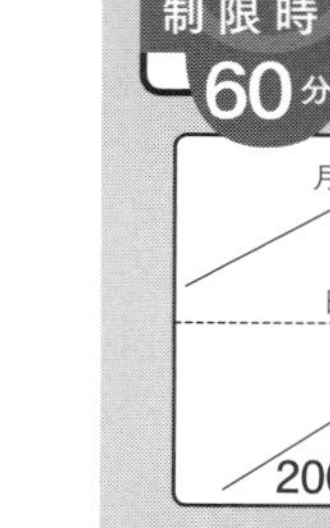

制限時間 60分

月　日

/200

解答 → 別冊 P.28

一

次の――線の**漢字の読み**を**ひらがな**で記せ。

1点×30問　/30

1 順番待ちの**患者**で待合室があふれる。（　　）
2 親には子どもの**扶養**義務がある。（　　）
3 一国の**宰相**の重責は計り知れない。（　　）
4 **衷心**からおわび申し上げます。（　　）
5 会合は本来の趣旨を**逸**していた。（　　）
6 近所に大**邸宅**が建築中である。（　　）
7 **哀愁**を帯びたギターの音色が聞こえる。（　　）
8 祖母はかつて**女傑**と言われた人だ。（　　）
9 妻を失い大きな**喪失**感に襲われた。（　　）
10 王様に**謁見**を申し出る。（　　）
11 伯父は大学の**准**教授である。（　　）
12 古代文明**発祥**の地を訪ねる。（　　）
13 各国は**核**拡散防止条約を結んだ。（　　）

二

次の漢字の**部首**を記せ。

1点×10問　/10

［例］菜 ➡ 艹　間 ➡ 門

1 叔（　　）
2 頑（　　）
3 剰（　　）
4 弔（　　）
5 虞（　　）
6 践（　　）
7 呈（　　）
8 斎（　　）
9 凸（　　）
10 罷（　　）

14 弟は少し自意識**過剰**などころがある。（　　）
15 **殺生**は禁止されている。（　　）
16 自転車で転んで、腕を**打撲**した。（　　）
17 講演のための**便宜**を図ってもらう。（　　）
18 チャイムで**一斉**に授業が始まった。（　　）
19 今夜は**上弦**の月だった。（　　）
20 神社で**厄**ばらいをしてもらった。（　　）
21 せっけんをよく**泡**だてて手を洗う。（　　）
22 京都の**尼寺**を訪ねる。（　　）
23 公務員の責務をこんこんと**諭**す。（　　）
24 結構なお品を**賜**り感謝申し上げます。（　　）
25 このあたりには炭焼きの**窯**がある。（　　）
26 豆腐のみそ**汁**が好物である。（　　）
27 日焼けして**肌**が真っ赤になった。（　　）
28 庭から**鈴虫**の鳴き声が聞こえる。（　　）
29 プロとして通用する技を**磨**きたい。（　　）
30 縁側でスイカを食べながら**涼**む。（　　）

三

熟語の構成のしかたには
つぎのようなものがある。

ア 同じような意味の漢字を重ねたもの（岩石）
イ 反対または対応の意味を表す字を重ねたもの（高低）
ウ 上の字が下の字を修飾しているもの（洋画）
エ 下の字が上の字の目的語・補語になっているもの（着席）
オ 上の字が下の字の意味を打ち消しているもの（非常）

次の熟語は右の**ア～オ**のどれにあたるか、
一つ選び、**記号**を記せ。

／20
2点×10問

1 銀幕（　　）
2 未完（　　）
3 基礎（　　）
4 稚魚（　　）
5 硬軟（　　）
6 不潔（　　）
7 廉価（　　）
8 難易（　　）
9 悲哀（　　）
10 遅刻（　　）

四

次の**四字熟語**について、問1と問2に答えよ。

30点（2点×10問）

問1 下の□内のひらがなを**漢字**にして1～10に入れ、**四字熟語**にせよ。□内のひらがなは一度だけ使い、□内に**一字記入**せよ。

ア 八方[1]人
イ [2]念無想
ウ 豊年[3]作
エ [4]小棒大
オ 三位一[5]
カ 新進[6]鋭
キ 夫唱婦[7]

かん　き　きょう　しん　ずい　せん　たい　び　まん　む

五

次の1～5の**対義語**、6～10の**類義語**を後の□の中から選び、**漢字**で記せ。□の中の語は一度だけ使うこと。

20点（2点×10問）

対義語

1 加害－[　]
2 上昇－[　]
3 太陽－[　]
4 閉鎖－[　]
5 自然－[　]

類義語

6 物故－[　]
7 怠慢－[　]
8 賛成－[　]
9 突然－[　]
10 無口－[　]

おうちゃく・かいほう・かこう・かもく
しきょ・じんこう・たいいん・どうい
ひがい・ふい

ク　8□善懲悪

ケ　一騎当9□

コ　明10□止水

問2 次の11～15の**意味**にあてはまるものを**問1**の**ア～コ**の**四字熟語**から**1つ**選び、**記号**で答えよ。

2点×5問

11 針のように小さなものを棒のように大きいと言い張ること。（　　）

12 善い行いをすすめ、悪い行いを懲らしめること。（　　）

13 新たに現れた勢いのある将来有望な人物のこと。（　　）

14 人並み外れて強いこと。（　　）

15 だれからも悪感情をもたれないようにふるまう人のこと。（　　）

5 本試験型

六 次の——線の**カタカナ**を**漢字**に直せ。

/20

2点×10問

1 迫真の**エン**技に拍手が鳴りやまなかった。

2 母校の**エン**革をたどってみる。

3 将来は建**チク**家になりたい。

4 家**チク**の世話はとてもたいへんだ。

5 家族全員、皮**フ**が弱い。

6 生ゴミが**フ**敗している。

7 日曜は朝寝**ボウ**する。

8 お店は繁**ボウ**期を迎えている。

9 道路工事を**ウ**け負う。

10 問題解決の名案が**ウ**かぶ。

1	2	3	4	5	6	7	8	9	10

七

次の各文にまちがって使われている**同じ読みの漢字**が**一字**ある。**右に誤字**を、**左に正しい漢字**を記せ。

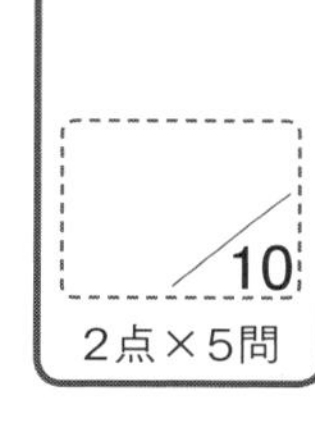

2点×5問

1 環境問題を考慮して市ではゴミの分別が厳しくなった。

2 炎天下で激裂な競り合いが繰り広げられ観衆も注目した。

3 中学で教える保険体育の授業内容について有識者の意見を聞くことになった。

4 妹は反坑期のようで母にいちいち文句を言っては困らせている。

5 弊社では不滞転の決意で経営の再構築に取り組んでいる。

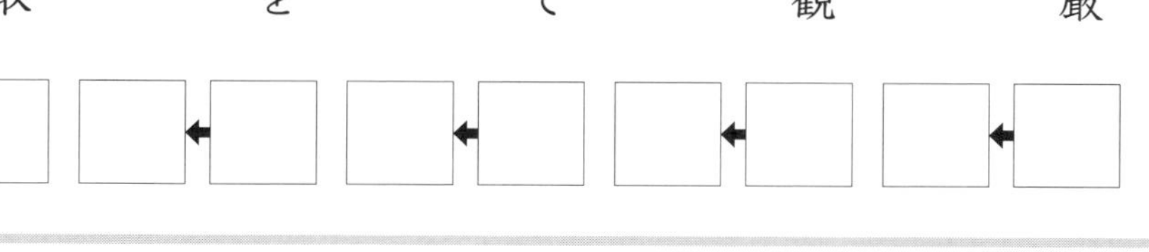

九

次の――線の**カタカナ**を**漢字**に直せ。

50

2点×25問

1 試験問題の**ハンイ**が決まった。

2 ついに怒りが**バクハツ**した。

3 クジラの**ホカク**は制限されている。

4 かつての**エイユウ**らしさはない。

5 献身的な働きに**ダツボウ**する。

6 ケーキ作りには**ランパク**を使う。

7 隣人は**センセイ**術師だそうだ。

8 吹雪で高速道路は**ヘイサ**になった。

9 資料の**ランガイ**に落書きをする。

10 お寺の**ケイダイ**を散歩する。

11 部隊を**ショウアク**している。

12 夏は家族で**ベッソウ**に行く。

八

次の——線の**カタカナ**を**漢字一字**と**送りがな（ひらがな）**に直せ。

10　2点×5問

［例］問題に**コタエル** ➡ 答える

1 電車で**タガイ**に席を譲りあう。

2 色付きのゴムで髪を**ユワエル**。

3 **カガヤク**ばかりの笑顔をふりまく。

4 かごに昼食のサンドイッチを**ツメル**。

5 男は**スルドイ**まなざしを向けた。

13 **コンチュウ**図鑑が好きだった。

14 **サクイン**を使って調べものをする。

15 計画は一朝**イッセキ**には進まない。

16 心を**ト**ざす人が増えたものだ。

17 主人公の周りに怪しい**カゲ**がつきまとう。

18 **モヨ**りの駅から電話をかける。

19 愛犬に**マイゴ**札を付ける。

20 思いもよらない**ワザワ**いを招いた。

21 腰に**スルド**い痛みが走った。

22 身の**ホド**をわきまえた発言をする。

23 思うようにいかず**アセ**りが出てきた。

24 姉は**ス**っぱい食べ物を好む。

25 庭で犬と**タワム**れる。

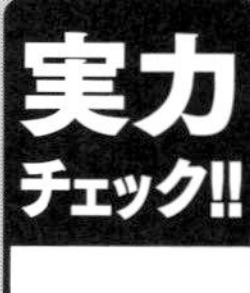

実力チェック!! 本試験型テスト 第6回

140点以上で合格！

制限時間60分

月　日　/200

解答→別冊 P.30

一

次の――線の**漢字の読み**を**ひらがな**で記せ。

30　1点×30問

1 大手術の後、**免疫力**が落ちる。（　）
2 台風のためタンカーが**座礁**した。（　）
3 **披露宴**は大広間で行われた。（　）
4 **誘拐**事件が連続して発生した。（　）
5 炎天下で選手たちは**疲弊**した。（　）
6 コンタクトレンズで視力を**矯正**する。（　）
7 家人は戻らず**捜索**願いを出した。（　）
8 **褐色**に美しく日焼けする。（　）
9 そろそろ**出棺**の時間だ。（　）
10 世間は大臣の**醜聞**で持ち切りだ。（　）
11 深海のイカの**擬態**に驚かされた。（　）
12 歌手の**急逝**を惜しんで泣いた。（　）
13 畑の**土壌**改良に着手する。（　）

二

次の漢字の**部首**を記せ。

10　1点×10問

〔例〕 菜→艹　間→門

1 衡（　）
2 靴（　）
3 爵（　）
4 艦（　）
5 甚（　）
6 傘（　）
7 尚（　）
8 嚇（　）
9 痴（　）
10 督（　）

14 一族は**嫡男**の誕生を喜んだ。
15 実家は古くからの**呉服**問屋だ。
16 旅館の**亭主**があいさつに来た。
17 新入生との**懇親会**があった。
18 事件は大臣の**更迭**で幕を引いた。
19 **叙事詩**を朗々と読み上げる。
20 深海には**竜宮**城があるという。
21 この柿(かき)はまだ**渋**い。
22 **但**し書きも注意を払って読む。
23 縁側で**蚊**取り線香をたく。
24 **嫌**いな食べ物は一つもない。
25 **遷都**は国家の一大事だ。
26 姉は両親の出席を強く**拒**んだ。
27 体調が悪く医師に**診**てもらう。
28 ワカメの**酢**の物を食べる。
29 蚕がいよいよ**繭**を作り始めた。
30 久々の帰郷に**浦島**太郎の気分だ。

三

熟語の構成のしかたにはつぎのようなものがある。

ア 同じような意味の漢字を重ねたもの(岩石)
イ 反対または対応の意味を表す字を重ねたもの(高低)
ウ 上の字が下の字を修飾しているもの(洋画)
エ 下の字が上の字の目的語・補語になっているもの(着席)
オ 上の字が下の字の意味を打ち消しているもの(非常)

次の熟語は右の**ア**～**オ**のどれにあたるか、**一つ**選び、**記号**を記せ。

20
2点×10問

1 無償
2 動静
3 血管
4 清浄
5 楽勝
6 禍福
7 凡庸
8 懸命
9 往還
10 赴任

四

次の**四字熟語**について、問1と問2に答えよ。

/30

問1 下の□内のひらがなを**漢字**にして1～10に入れ、**四字熟語**にせよ。□内に**一字記入**せよ。□内のひらがなは一度だけ使い、

2点×10問

ア 付和□(1)同

イ □(2)寒足熱

ウ 注意散□(3)

エ 表□(4)一体

オ □(5)途有望

カ 文武両□(6)

キ 臨□(7)応変

か　き　ず　ぜん　どう　ふ　ほっ　まん　らい　り

五

次の1～5の**対義語**、6～10の**類義語**を後の□の中から選び、**漢字**で記せ。□の中の語は一度だけ使うこと。

/20

2点×10問

対義語

1 煩雑 ―【　】

2 概要 ―【　】

3 独立 ―【　】

4 冗漫 ―【　】

5 設置 ―【　】

類義語

6 歳月 ―【　】

7 縁者 ―【　】

8 罷免 ―【　】

9 周辺 ―【　】

10 激励 ―【　】

かいにん・かんけつ・かんりゃく・きんりん
こういん・こぶ・じゅうぞく
しょうさい・しんるい・てっきょ

ク □(8)炉冬扇

ケ 一念□(9)起

コ □(10)即不離

問2 次の11～15の**意味**にあてはまるものを**問1**の**ア～コ**の**四字熟語**から**1つ**選び、**記号**で答えよ。

2点×5問

11 役に立たないもののこと。（　　）

12 学芸と武芸のどちらにも秀でていること。（　　）

13 二つの物事の関係が一体で切り離せないこと。（　　）

14 頭を冷やし足を温めること。（　　）

15 今までの考えを改め、ある物事を成し遂げようと決心すること。（　　）

六

次の——線の**カタカナ**を**漢字**に直せ。

2点×10問　／20

1 夏は**カイ**談で盛り上がる。

2 勉強会への出席は**カイ**勤賞ものだ。

3 **ロウ**下のベンチで一時間も待たされた。

4 男女を問わず、明**ロウ**活発な社員を求む。

5 方位**ジ**石で北を探す。

6 雑穀類は**ジ**養に富んだ食物だ。

7 体**サイ**ばかりを気にしたらだめだ。

8 色**サイ**を考えながらデザインする。

9 友人に本を**スス**める。

10 当初の計画通りに**スス**める。

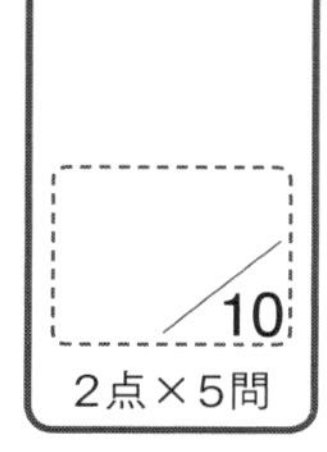

七

次の各文にまちがって使われている**同じ読みの漢字**が**一字**ある。**右に誤字**を、**左に正しい漢字**を記せ。

/10　2点×5問

1 難儀なリハビリを重ねてようやく衣服の着奪ができるまでに回復した。

2 最近は従来の西洋医学に代わる代体医療に関心が寄せられている。

3 いつになく口答えをした私に父は列火のごとく怒りだし悪口雑言をあびせた。

4 子どものころから日本舞謡を習っているせいか着物が大好きである。

5 残念だが多坊を極めているため今回の同窓会には出席できない。

九

次の——線の**カタカナ**を**漢字**に直せ。

/50　2点×25問

1 会社は**トウサン**の危機にある。

2 再会を祝して**カンパイ**する。

3 互いの**ソウイ**点を確認する。

4 還暦で**インキョ**するにはまだ早い。

5 **ロウキュウ**化した校舎を建て直す。

6 契約には**インカン**証明が必要だ。

7 悲しみは**ボウキャク**の彼方に置く。

8 議長への**レンラク**事項をメモする。

9 二者**タクイツ**を迫られる。

10 駅前の**チュウザイ**所で道を尋ねる。

11 **ケンキョ**な態度が評価される。

12 一国の**サイショウ**の器ではない。

八

次の――線のカタカナを**漢字一字**と**送りがな（ひらがな）**に直せ。

10　2点×5問

［例］問題に**コタエル**→**答える**

1 意外な人物の登場に**オドロキ**の声が上がった。

2 ストレッチで背中を**ソラス**と気持ちがいい。

3 時間がないため細かい説明は**ハブク**。

4 信頼の置けない人の**クワダテ**には乗るな。

5 父が自分から料理をするなんて**メズラシイ**。

13 染みのついた服を**ヒョウハク**する。

14 兄は**テツガク**科へ進学した。

15 **キッサ**店でアルバイトをしている。

16 皆さんのお**キヅカ**いに感謝します。

17 あの人は郷土の**ホコ**りである。

18 体調不良で友の誘いを**コトワ**った。

19 ご意見を**ウケタマワ**っておく。

20 恐妻家だという**モッパ**らのうわさ。

21 食卓をきれいな花で**カザ**る。

22 子馬は草原をうれしそうに**ハ**ね回った。

23 悲しくて**ナミダ**があふれた。

24 **ユル**やかな坂を上ると公園がある。

25 電車は**スデ**に出発している。

実力チェック!!

本試験型テスト 第7回

140点以上で合格！

制限時間 60分

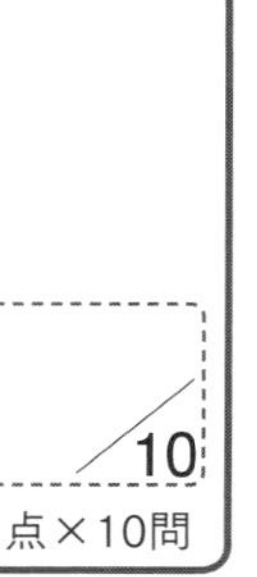

解答→別冊 P.32

一 次の――線の**漢字の読み**を**ひらがな**で記せ。

1点×30問 /30

1 **寛大**な措置に感謝する。
2 休みの日は**惰眠**をむさぼる。
3 この数日、株価が**急騰**している。
4 洗った**漆器**の水分をふき取る。
5 吉凶**禍福**はままならない。
6 **拙速**を避けて注意深くやる。
7 地下**茎**に養分は蓄えられる。
8 **画伯**の個展は盛況だった。
9 **侯爵**夫人の美貌(ぼう)は群を抜いた。
10 **偵察**のための飛行機が離陸した。
11 今回の出来事の**感懐**を述べよう。
12 隣国との経済**交渉**は難航した。
13 **悲壮**な決意で戦場へ赴く。

二 次の漢字の**部首**を記せ。

1点×10問 /10

〔例〕 菜→艹　間→門

1 患
2 貞
3 帥
4 賓
5 轄
6 朕
7 頻
8 酬
9 屯
10 勅

14 **硝酸**は刺激的なにおいがする。（　）
15 国家の将来は**安泰**とは言えない。（　）
16 上司は不始末のため**左遷**された。（　）
17 高齢者をねらった**詐欺**事件が頻発している。（　）
18 **駆逐**艦のプラモデルを作る。（　）
19 **囚人**たちは二列に並んだ。（　）
20 **殉職**した警官の葬儀が行われた。（　）
21 自分の**殻**を破るのは難しい。（　）
22 城の周りの**堀**には白鳥がいる。（　）
23 **江戸**時代の民衆の生活を調べる。（　）
24 **泥**だらけになって遊ぶ子供たち。（　）
25 家の**刃物**を研ぐのは父の役目だ。（　）
26 それは必要**且**つ十分な条件である。（　）
27 小高い丘から町全体を**眺**める。（　）
28 **襟**を正して祖母の意見を聞く。（　）
29 二つの条件を**併**せて考慮する。（　）
30 さまざまな問題が**露顕**した。（　）

三

熟語の構成のしかたには つぎのようなものがある。

ア 同じような意味の漢字を重ねたもの（岩石）
イ 反対または対応の意味を表す字を重ねたもの（高低）
ウ 上の字が下の字を修飾しているもの（洋画）
エ 下の字が上の字の目的語・補語になっているもの（着席）
オ 上の字が下の字の意味を打ち消しているもの（非常）

次の熟語は右の**ア～オ**のどれにあたるか、**一つ**選び、**記号**を記せ。

／20　2点×10問

1 閉廷（　）
2 昇降（　）
3 不沈（　）
4 貧乏（　）
5 仙境（　）
6 集配（　）
7 合掌（　）
8 晩成（　）
9 運搬（　）
10 無恥（　）

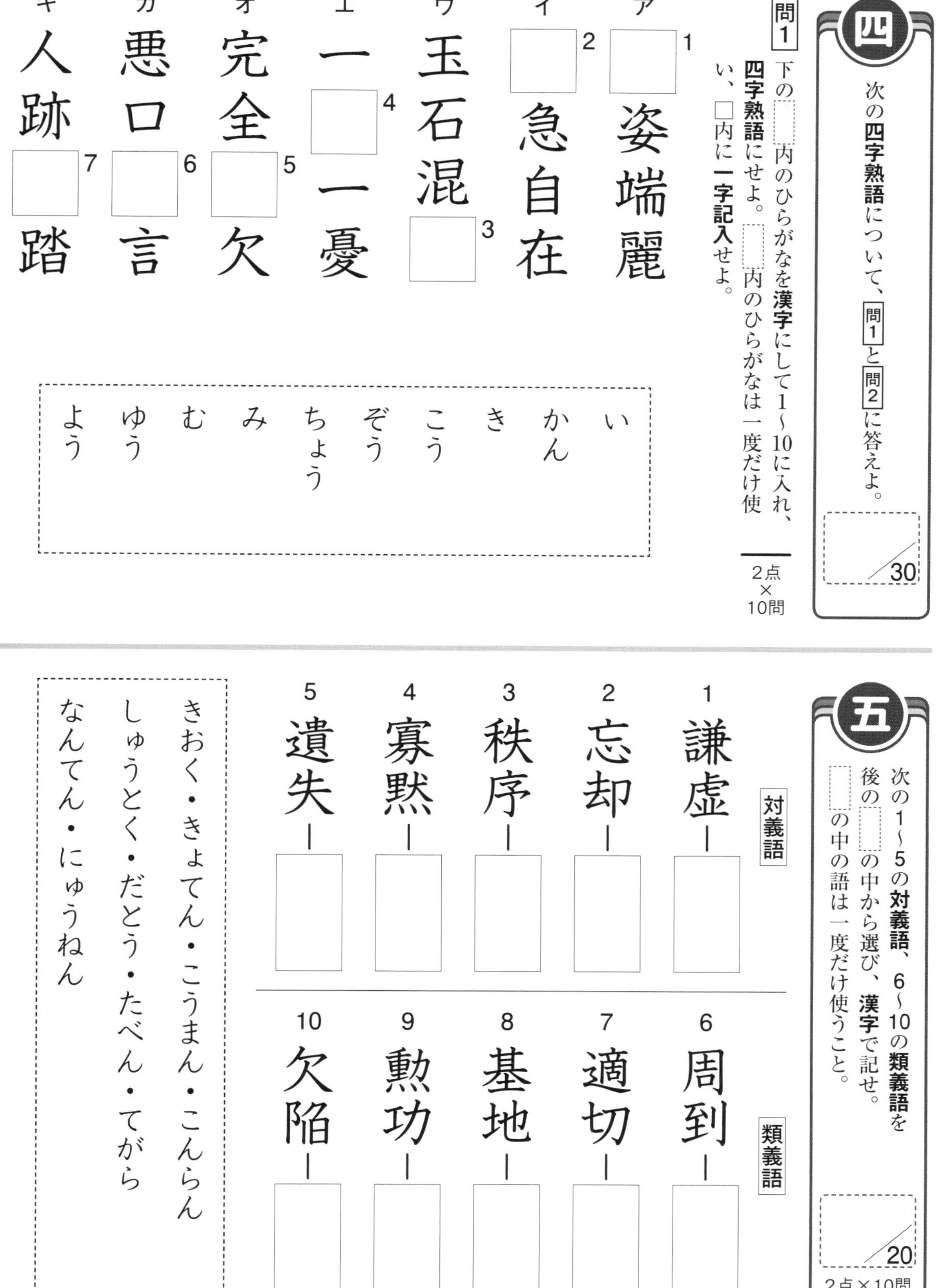

四

次の**四字熟語**について、問1と問2に答えよ。

/30

問1 下の[ ]内のひらがなを**漢字**にして1～10に入れ、**四字熟語**にせよ。[ ]内のひらがなは一度だけ使い、□内に**一字記入**せよ。

2点×10問

ア [1]姿端麗
イ [2]急自在
ウ 玉石混[3]
エ 一[4]一憂
オ 完全[5]欠
カ 悪口[6]言
キ 人跡[7]踏

い　かん　き　こう　ぞう　ちょう　み　む　ゆう　よう

五

次の1～5の**対義語**、6～10の**類義語**を後の[ ]の中から選び、**漢字**で記せ。[ ]の中の語は一度だけ使うこと。

/20

2点×10問

対義語

1 謙虚―
2 忘却―
3 秩序―
4 寡黙―
5 遺失―

類義語

6 周到―
7 適切―
8 基地―
9 勲功―
10 欠陥―

きおく・きょてん・こうまん・こんらん
しゅうとく・だとう・たべん・てがら
なんてん・にゅうねん

ク　□8 言実行

ケ　隠忍自□9

コ　□10 心伝心

問2　次の11〜15の**意味**にあてはまるものを問1のア〜コの**四字熟語**から**1つ**選び、**記号**で答えよ。　2点×5問

11　口にしたことは何があっても成し遂げるということ。（　　）

12　まだ人が入ったり通ったりしたことがない場所のこと。（　　）

13　状況が変化するたびに喜んだり心配したりすること。（　　）

14　顔やかたちが整っていて、美しい様子のこと。（　　）

15　言葉や文字を使わずとも互いに気持ちがわかること。（　　）

六　次の——線の**カタカナ**を**漢字**に直せ。

2点×10問　/20

1　明治四年に廃**ハン**置県が施行された。

2　模**ハン**演技を披露する。

3　岬の突**タン**に立つ。

4　立て続けの失敗に思わず**タン**息する。

5　コンピュータが内**ゾウ**されている。

6　酵素は内**ゾウ**の働きを助ける。

7　文部科学省推**セン**の映画を観る。

8　河口付近は**セン**状地になっている。

9　隣国の首都を**セ**める。

10　料理を失敗して弟に**セ**められた。

1	2	3	4	5	6	7	8	9	10

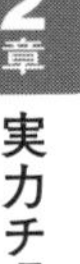

七

次の各文にまちがって使われている**同じ読みの漢字**が**一字**ある。**右に誤字**を、**左に正しい漢字**を記せ。

2点×5問　/10

1 国と原告団との間には大きな隔たりがあり双方に苦渋の専択が迫られている。

2 引っ越してきたばかりなので縮少率の低い近隣の地図を購入した。

3 同僚の反対意見には納特できるが社としての方針は揺るぎそうもない。

4 声に出して読むという行威は脳の前頭前野を含めて脳全体を駆使するらしい。

5 鳥インフルエンザの影響はあったが安全対策で初期の成果があげられそうだ。

九

次の——線の**カタカナ**を**漢字**に直せ。

2点×25問　/50

1 音楽の授業で**ガガク**について学ぶ。

2 政府高官の不正が**バクロ**された。

3 弟は**ワンパク**で両親もてこずっている。

4 **バッソク**規定が厳しくなった。

5 輸出の伸びが**ドンカ**する。

6 町の**ショウボウショ**を見学する。

7 毎朝、入院患者に薬を**トウヨ**する。

8 夏に向けて、雑草が**ハンモ**する。

9 **ボウケン**小説を読む。

10 **ボキ**の資格を取ろうと勉強する。

11 前方**コウエンフン**は古代の墓の一種だ。

12 兄は一等**リクソウ**に昇進した。

八

次の――線の**カタカナ**を**漢字一字**と**送りがな（ひらがな）**に直せ。

2点×5問　／10

［例］問題に**コタエル** ➡ 答える

1　糸をうまく**アヤツッ**て人形を動かす。

2　相談があるので近日中に**ウカガイ**ます。

3　グラスを**カタムケ**てビールを注ぐ。

4　仕事がうまくいかず気持ちが**アレル**。

5　小指にトゲが**ササッ**て赤くはれる。

13　卒業式で校歌を**セイショウ**する。

14　**ムダ**な努力などない。

15　**サンガク**警備隊に入隊する。

16　知らぬ間にバラの花は**カ**れた。

17　会社が**コウム**る損害は大きい。

18　児童を**ヒキ**いて電車に乗る。

19　銀行にお金を**アズ**ける。

20　貴重な時間を**サ**いてもらう。

21　あの山を**コ**えると故郷だ。

22　肉体の**オトロ**えを実感する。

23　領地で起きた反乱を**シズ**める。

24　どんな大国でもいつかは**ホロ**びる。

25　大河に橋を**カ**ける。

実力チェック!!

本試験型テスト 第8回

140点以上で合格!

制限時間 60分

解答 → 別冊 P.34

一

次の――線の**漢字の読み**を**ひらがな**で記せ。

1点×30問　/30

1 夫婦で**晩酌**を楽しむ。

2 非常時に**迅速**に対応する。

3 母は**紡績**工場で働いている。

4 **銃撃**戦は真夜中に始まった。

5 最近の弟は**覇気**がない。

6 兄は**循環**器系の医師である。

7 一人の**係累**もない身の上である。

8 **法廷**はしんと静まり返っていた。

9 **麻酔**薬が切れると傷跡が痛む。

10 子供を大学の**附属**小学校に入れる。

11 衆議院解散の**詔書**に署名する。

12 昔ながらの**板塀**は風情がある。

13 初めて**座禅**を組んだ。

二

次の漢字の**部首**を記せ。

1点×10問　/10

[例] 菜 → 艹　間 → 門

1 奔

2 塑

3 剛

4 彰

5 斉

6 唯

7 薦

8 妥

9 扉

10 丙

14 **人倫**にもとる発言に抗議する。
15 昔、**虜囚**を収容する施設があった。
16 入院**病棟**が改築された。
17 **唯一**の楽しみはドライブだ。
18 **妊婦**に座席をゆずる。
19 持てる力を**遺憾**なく発揮したい。
20 最近の父は**盆栽**に夢中だ。
21 歩き通してのどが**渇**いた。
22 **唇**がひび割れて痛い。
23 同僚の言葉を**遮**って反論した。
24 若いカップルは永遠の愛を**誓**った。
25 風**薫**る五月とはよく言ったものだ。
26 川の底は**藻**がビッシリ生えていた。
27 二人の心の**溝**はとても深い。
28 **升席**のチケットが手に入った。
29 事業が成功した**暁**には億万長者だ。
30 この法案は改革の**一里塚**となる。

三

熟語の構成のしかたには
つぎのようなものがある。

ア 同じような意味の漢字を重ねたもの（岩石）
イ 反対または対応の意味を表す字を重ねたもの（高低）
ウ 上の字が下の字を修飾しているもの（洋画）
エ 下の字が上の字の目的語・補語になっているもの（着席）
オ 上の字が下の字の意味を打ち消しているもの（非常）

次の熟語は右の**ア**～**オ**のどれにあたるか、**一つ**選び、**記号**を記せ。

／20
2点×10問

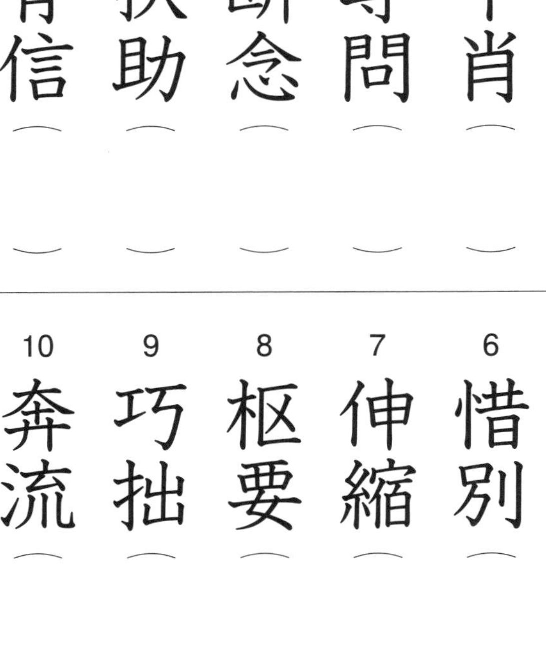

1 不肖
2 尋問
3 断念
4 扶助
5 背信
6 惜別
7 伸縮
8 枢要
9 巧拙
10 奔流

四

次の**四字熟語**について、問1と問2に答えよ。

/30

問1 下の［　］内のひらがなを**漢字**にして1～10に入れ、**四字熟語**にせよ。［　］内のひらがなは一度だけ使い、□内に**一字記入**せよ。

2点×10問

ア 有［1］転変

イ 快刀乱［2］

ウ 不［3］不党

エ ［4］味乾燥

オ 百家［5］鳴

カ ［6］刀直入

キ ［7］志満満

い　し　そう　たん　とう　なん　へん　ま　む　れい

五

次の1～5の**対義語**、6～10の**類義語**を後の［　］の中から選び、**漢字**で記せ。［　］の中の語は一度だけ使うこと。

/20

2点×10問

対義語

1 逸材－［　］

2 四肢－［　］

3 逃走－［　］

4 冒頭－［　］

5 売却－［　］

類義語

6 変革－［　］

7 粗末－［　］

8 貢献－［　］

9 酌量－［　］

10 憶測－［　］

きよ・こうにゅう・こうりょ・さっしん
すいりょう・せつれつ・ついせき
どうたい・ぼんさい・まつび

ク　（8）船北馬

ケ　朝（9）暮改

コ　公（10）混同

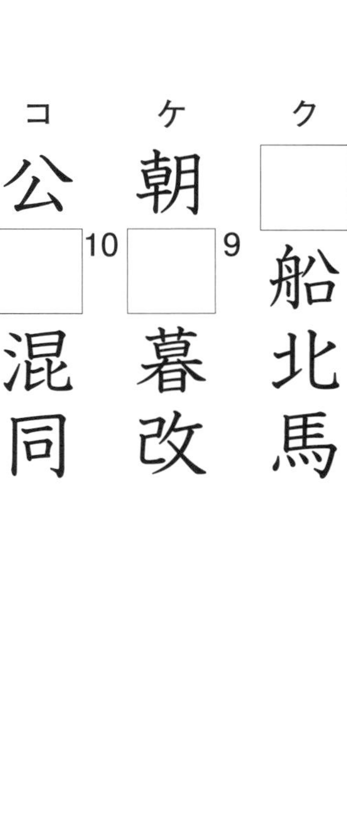

問2 次の11～15の**意味**にあてはまるものを**問1**のア～コの**四字熟語**から**1つ**選び、**記号**で答えよ。

2点×5問

11 いろいろな立場の人が自由に議論すること。（　　）

12 前置きなどせずに本題に入ること。（　　）

13 命令や法律が頻繁に変更されること。（　　）

14 この世の全ての存在や現象は常に変化しているということ。（　　）

15 複雑な問題を鮮やかに解決すること。（　　）

六

次の——線の**カタカナ**を**漢字**に直せ。

2点×10問　/20

1 **カイ**活な笑い声が聞こえてきた。

2 記者はニュースの**カイ**説記事を書いた。

3 小さいころから**シュウ**才だった。

4 **シュウ**得物を届ける。

5 靴は**ゲン**関に脱ぎっぱなしだ。

6 標準体重に戻すべく**ゲン**量作戦だ。

7 **シ**力検査を受ける。

8 話の要**シ**をまとめる。

9 **オ**しべと雌しべの違いを観察する。

10 げたの鼻**オ**が切れる。

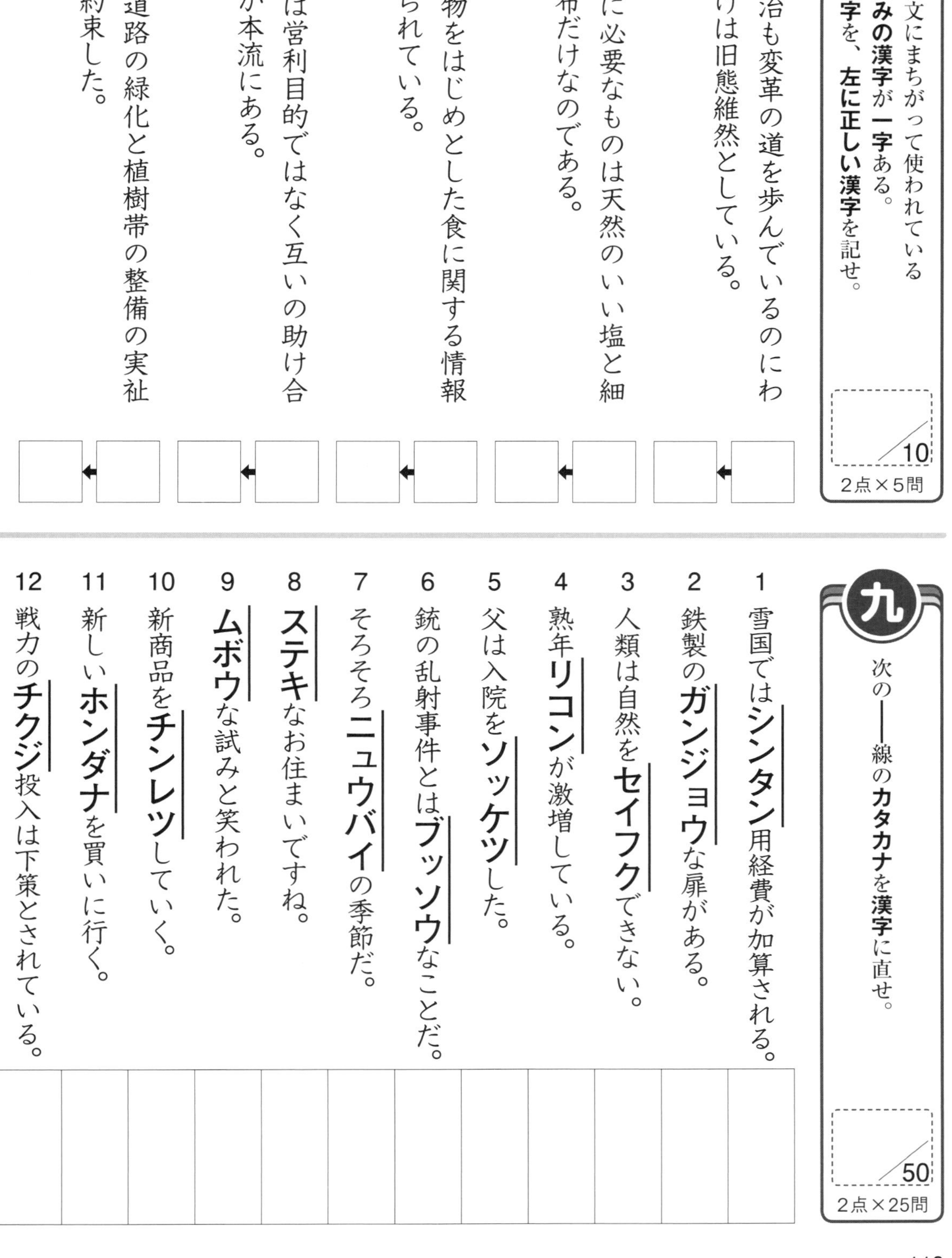

七

次の各文にまちがって使われている**同じ読みの漢字**が**一字**ある。**右に誤字**を、**左に正しい漢字**を記せ。

10　2点×5問

1 医療も政治も変革の道を歩んでいるのにわが業界だけは旧態維然としている。

2 一夜漬けに必要なものは天然のいい塩と細切りの混布だけなのである。

3 食品点加物をはじめとした食に関する情報公開が迫られている。

4 共斉保険は営利目的ではなく互いの助け合いの精神が本流にある。

5 自治体は道路の緑化と植樹帯の整備の実祉を住民に約束した。

九

次の――線の**カタカナ**を**漢字**に直せ。

50　2点×25問

1 雪国では**シンタン**用経費が加算される。

2 鉄製の**ガンジョウ**な扉がある。

3 人類は自然を**セイフク**できない。

4 熟年**リコン**が激増している。

5 父は入院を**ソッケツ**した。

6 銃の乱射事件とは**ブッソウ**なことだ。

7 そろそろ**ニュウバイ**の季節だ。

8 **ステキ**なお住まいですね。

9 **ムボウ**な試みと笑われた。

10 新商品を**チンレツ**していく。

11 新しい**ホンダナ**を買いに行く。

12 戦力の**チクジ**投入は下策とされている。

八

次の――線の**カタカナ**を**漢字一字**と**送りがな（ひらがな）**に直せ。

2点×5問　　/10

［例］ 問題に**コタエル** ➡ 答える

1 会長**ミズカラ**が出向いてあいさつした。

2 作品の完成までに長い年月を**ツイヤス**。

3 世間を**サワガセル**ようなニュースが多い。

4 学問を**キワメル**ために大学院に進学する。

5 水道工事で水が**ニゴッ**ている。

---

13 施設は**ゼンジ**拡張していきたい。

14 練習の成果が**ニヨジツ**に現れる。

15 世界**キョウコウ**の原因を探る。

16 約束の時間に**オク**れてしまった。

17 すぐ逃げ出すなんて**ナゲ**かわしい。

18 多くの問題を**カカ**えて右往左往する。

19 妹は**ネム**い目をこすりながら起きてきた。

20 強風で小屋の窓が**コワ**れた。

21 家族で**ニギ**り寿司を食べた。

22 恩に**ムク**いるよう努力する。

23 **ワズラ**わしい手続きを廃止する。

24 趣味の集まりで短歌を**ヨ**む。

25 **ヨコナグ**りの雨の中、学校へ向かう。

実力チェック!!

本試験型テスト 第9回

140点以上で合格！

解答 → 別冊 P.36

次の――線の**漢字の読み**を**ひらがな**で記せ。

30

1点×30問

1 座席で映画の**余韻**を楽しむ。（　　）

2 福沢諭吉**翁**の功績をたどる。（　　）

3 美術室に並ぶ**塑像**は不気味だ。（　　）

4 北方領土**返還**への前進はない。（　　）

5 恒久平和は人類の**普遍**的願いだ。（　　）

6 魚群の**俊敏**な方向転換は見事だ。（　　）

7 撮影終了後は速やかに**撤収**する。（　　）

8 新聞の**購読**を中止する。（　　）

9 マラリアは蚊を**媒介**にした伝染病だ。（　　）

10 ランチタイムに**長蛇**の列ができる。（　　）

11 湖沼の水質の**分析**をしている。（　　）

12 **妃殿下**は御用邸で静養中だ。（　　）

13 偽善的な考えには**首肯**しがたい。（　　）

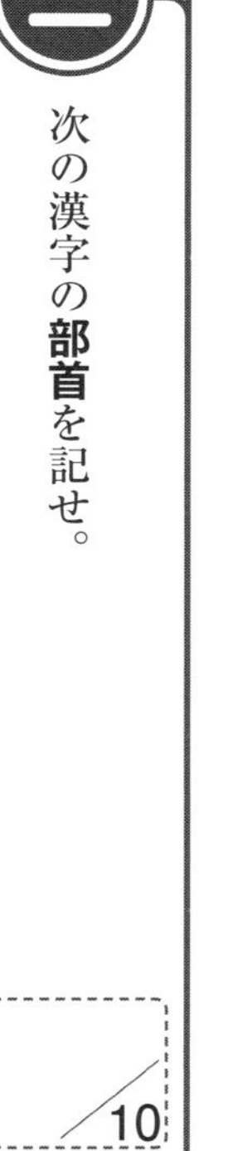

次の漢字の**部首**を記せ。

10

1点×10問

［例］菜 → 艹　間 → 門

1 涯（　　）

2 附（　　）

3 飢（　　）

4 絞（　　）

5 蛍（　　）

6 傑（　　）

7 呉（　　）

8 喫（　　）

9 遮（　　）

10 充（　　）

14 **公僕**として長年務めている。（　）（　）
15 **儒学**は四書五経が経典の学問だ。（　）（　）
16 兄は**妄執**に取りつかれたままだ。（　）（　）
17 ついに**訴訟**問題にまで発展した。（　）（　）
18 クローン人間は**人倫**に反する。（　）（　）
19 中世には**吟遊**詩人が多くいた。（　）（　）
20 **天涯**孤独の身でも寂しくはない。（　）（　）
21 母はお**琴**の教室を開いている。（　）（　）
22 岸壁で**釣**り糸を垂らす。（　）（　）
23 作物を植えるために**畝**を作る。（　）（　）
24 犯人は出家して罪を**償**う覚悟らしい。（　）（　）
25 四千メートル級の山に**挑**む。（　）（　）
26 会社には常に**傘**が置いてある。（　）（　）
27 髪の毛を束ねてかんざしを**挿**す。（　）（　）
28 **猫**なで声を出す。（　）（　）
29 **醜**いアヒルの子はやがて白鳥になった。（　）（　）
30 企業の論理観がすっかり**廃**れた。（　）（　）

三

熟語の構成のしかたには
つぎのようなものがある。

ア 同じような意味の漢字を重ねたもの（岩石）
イ 反対または対応の意味を表す字を重ねたもの（高低）
ウ 上の字が下の字を修飾しているもの（洋画）
エ 下の字が上の字の目的語・補語になっているもの（着席）
オ 上の字が下の字の意味を打ち消しているもの（非常）

次の熟語は右の**ア**～**オ**のどれにあたるか、
一つ選び、**記号**を記せ。

／20

2点×10問

1 慰霊（　）
2 無礼（　）
3 慶弔（　）
4 舞踊（　）
5 肝炎（　）
6 雌雄（　）
7 既存（　）
8 献金（　）
9 不粋（　）
10 優秀（　）

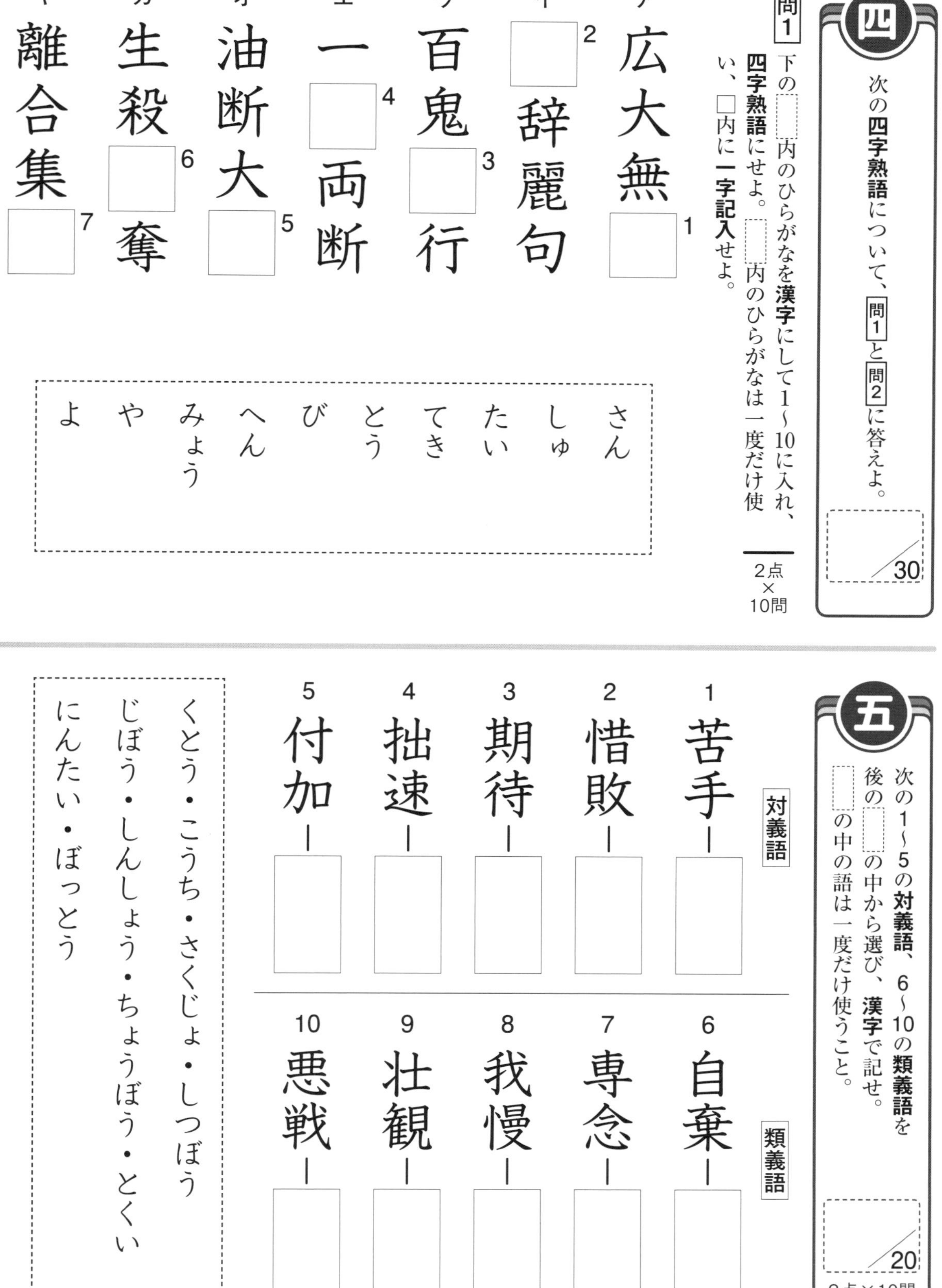

四

次の**四字熟語**について、問1と問2に答えよ。

/30

問1 下の□内のひらがなを**漢字**にして1～10に入れ、**四字熟語**にせよ。□内のひらがなは一度だけ使い、□内に**一字記入**せよ。

2点×10問

ア 広大無[1]
イ [2]辞麗句
ウ 百鬼[3]行
エ 一[4]両断
オ 油断大[5]
カ 生殺[6]奪
キ 離合集[7]

さん　しゅ　たい　てき　とう　び　へん　みょう　や　よ

五

次の1～5の**対義語**、6～10の**類義語**を後の□の中から選び、**漢字**で記せ。□の中の語は一度だけ使うこと。

/20

2点×10問

対義語

1 苦手－□
2 惜敗－□
3 期待－□
4 拙速－□
5 付加－□

類義語

6 自棄－□
7 専念－□
8 我慢－□
9 壮観－□
10 悪戦－□

くとう・こうち・さくじょ・しつぼう
じぼう・しんしょう・ちょうぼう・とくい
にんたい・ぼっとう

ク　□8 捨選択

ケ　絶 □9 絶命

コ　□10 計奇策

問2 次の11～15の**意味**にあてはまるものを**問1**の**ア～コ**の**四字熟語**から**1つ**選び、**記号**で答えよ。

2点×5問

11 集まったり離れたりすること。（　）

12 生かすも殺すも思うままであること。（　）

13 果てしなく広く大きい様子。（　）

14 多くの悪人が好き勝手に行動していること。（　）

15 意表を突く奇抜なはかりごと。（　）

六

次の――線の**カタカナ**を**漢字**に直せ。

/20　2点×10問

1 サウナでたっぷり発<u>カン</u>できた。

2 <u>カン</u>気扇を回す。

3 <u>キュウ</u>乏生活から抜け出したい。

4 持<u>キュウ</u>力には自信がある。

5 雨の中、<u>ソウ</u>儀は厳かに執り行われた。

6 浴<u>ソウ</u>には常にお湯をはっている。

7 <u>エン</u>幕を張って砲撃を逃れた。

8 <u>エン</u>側で日なたぼっこをする。

9 長年の友人から<u>ハゲ</u>まされた。

10 突然<u>ハゲ</u>しい雨が降り出した。

七

次の各文にまちがって使われている**同じ読みの漢字**が**一字**ある。**右に誤字**を、**左に正しい漢字**を記せ。

2点×5問　／10

1 兄は介護福祉士の資格を取得して枝体不自由児の介護にあたっている。

2 新薬は膨大な研究開発費と数多くの臨症試験を経て誕生する。

3 根も葉もない風聞に対して堂堂とした体度で反論を行った。

4 体が不自由な高齢者への個別ケアは介護者の側の柔軟な待応が最も必要である。

5 友人と記憶力について議論する中で自分の知織不足を痛感した。

九

次の——線の**カタカナ**を**漢字**に直せ。

2点×25問　／50

1 **ロボウ**の草花を愛でる。

2 会社の行く末は五里**ムチュウ**だ。

3 **ヤクドウ**感あふれるダンスに興奮する。

4 近隣町村が**ガッペイ**した。

5 **ヒフ**科で薬を処方してもらう。

6 来年の**ホウフ**は全国大会への出場だ。

7 梅雨時は食中毒の**ヒガイ**が増える。

8 サラダ用に**サンバイ**酢を用意する。

9 交渉は**ケツレツ**した。

10 名家の**チャクリュウ**に生まれる。

11 お互い実力が**ハクチュウ**している。

12 **コクヒン**をもてなす準備をする。

13 体育館の壇上で**ヒョウショウ**を受ける。

14 故郷の村も**カソ**化が進んでいる。

15 国際社会での孤立は**キヒ**すべきだ。

16 二**ヒキ**目の子豚が生まれた。

17 大事に育てていた花が**ヌス**まれた。

18 **コ**いお茶を飲みたい。

19 風**カオ**る五月になった。

20 あの人は口が**カタ**いから大丈夫だ。

21 毎月の税金を**オサ**める。

22 家族旅行の日程はすべて母**マカ**せだ。

23 駅の一部が**アマモ**りしている。

24 **シタウ**けの業者に仕事を依頼する。

25 髪に**ネグセ**が付いたまま登校する。

八

次の――線の**カタカナ**を**漢字一字**と**送りがな(ひらがな)**に直せ。

10

2点×5問

［例］ 問題に**コタエル** ➡ 答える

1 全員が**ダマッ**て食事をした。

2 逃走していた犯人がやっと**ツカマッ**た。

3 青空にぽっかり白い雲が**ウカン**でいる。

4 高校三年生になって、進学か就職かで**ナヤム**。

5 爆竹を鳴らして周囲を**オドロカス**。

実力チェック!!

本試験型テスト 第10回

140点以上で合格!

解答 → 別冊 P.38

一

次の——線の**漢字の読み**を**ひらがな**で記せ。

1点×30問 /30

1 料金を**一括**で支払う。
2 政治家の**派閥**争いが激しい。
3 仕事は何よりも**実践**が大事だ。
4 延滞料金支払いの**督促**状が届く。
5 今月は**慶弔**が重なって出費が多い。
6 叔父とは**疎遠**になっている。
7 週に一度、空き**缶**を回収する。
8 あの人は**法曹**界の重鎮だ。
9 **昆虫**採集のために森に出かける。
10 亡き歌手の**追悼**番組が編まれた。
11 会社の**定款**を改めて読んでみる。
12 カルテには**既往症**も記載される。
13 僕の**音痴**は母親譲りだ。

二

次の漢字の**部首**を記せ。

1点×10問 /10

[例] 菜 → 艹　間 → 門

1 擬
2 矯
3 賜
4 囚
5 亜
6 礁
7 刃
8 懲
9 邸
10 艇

14 弟は校則違反をして**謹慎**中だ。（　　）（　　）
15 その営業マンは**頻繁**に顔を出す。（　　）（　　）
16 スーツに合わせて**紳士**用の靴も買う。（　　）（　　）
17 会議は議論の**応酬**になった。（　　）（　　）
18 もうすぐ町内会の**納涼**祭がある。（　　）（　　）
19 改革は**緒**についたばかりである。（　　）（　　）
20 王の即位式は**粛々**と行われた。（　　）（　　）
21 子どもは**褒**めて育てるのがいい。（　　）（　　）
22 いつでも**偏**った見方は避けたい。（　　）（　　）
23 ふきはゆでてから**茎**の皮をむく。（　　）（　　）
24 このブラウスには**麻**が入っている。（　　）（　　）
25 迷子になった飼い犬を**捜**している。（　　）（　　）
26 **洞穴**には子熊が三頭いた。（　　）（　　）
27 天気がよいので**洗濯**をする。（　　）（　　）
28 **甚**だしい誤解を受ける。（　　）（　　）
29 ソックスは毎日**履**き替えている。（　　）（　　）
30 お風呂(ろ)が**沸**いたので一番に入る。（　　）（　　）

三

熟語の構成のしかたには
つぎのようなものがある。

ア 同じような意味の漢字を重ねたもの（岩石）
イ 反対または対応の意味を表す字を重ねたもの（高低）
ウ 上の字が下の字を修飾しているもの（洋画）
エ 下の字が上の字の目的語・補語になっているもの（着席）
オ 上の字が下の字の意味を打ち消しているもの（非常）

次の熟語は右の**ア～オ**のどれにあたるか、
一つ選び、**記号**を記せ。

/20
2点×10問

1 動静（　　）
2 漏電（　　）
3 愉快（　　）
4 不況（　　）
5 鶏卵（　　）
6 空虚（　　）
7 物価（　　）
8 無粋（　　）
9 精粗（　　）
10 溶岩（　　）

四

次の**四字熟語**について、問1と問2に答えよ。

/30

問1 下の[ ]内のひらがなを**漢字**にして1〜10に入れ、**四字熟語**にせよ。[ ]内のひらがなは一度だけ使い、□内に**一字記入**せよ。

2点×10問

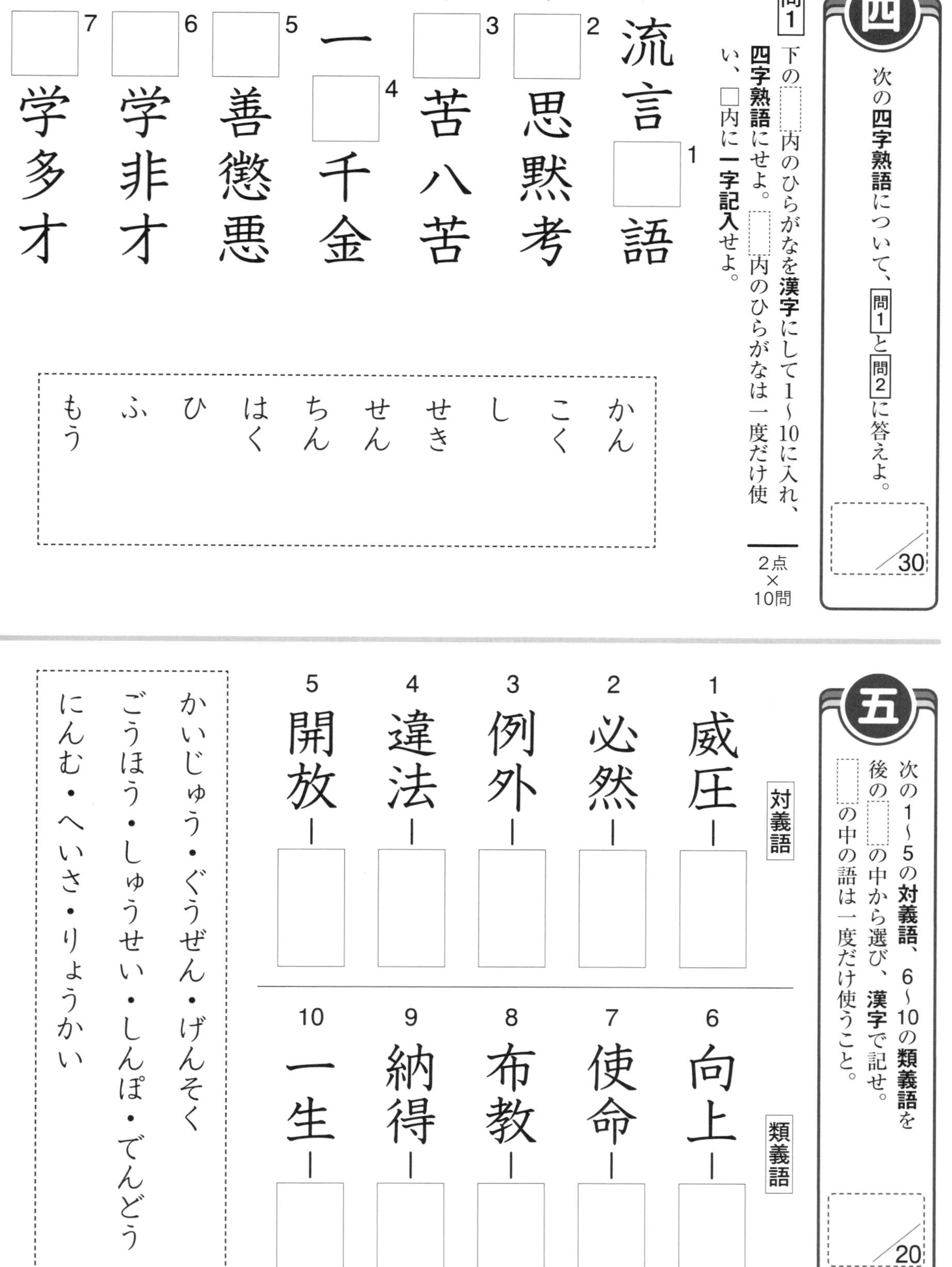

ア 流言[1]語
イ [2]思黙考
ウ [3]苦八苦
エ 一[4]千金
オ [5]善懲悪
カ [6]学非才
キ [7]学多才

かん・こく・し・せき・せん・ちん・はく・ひ・ふ・もう

五

次の1〜5の**対義語**、6〜10の**類義語**を後の[ ]の中から選び、**漢字**で記せ。[ ]の中の語は一度だけ使うこと。

/20
2点×10問

対義語

1 威圧－
2 必然－
3 例外－
4 違法－
5 開放－

類義語

6 向上－
7 使命－
8 布教－
9 納得－
10 一生－

かいじゅう・ぐうぜん・げんそく・ごうほう・しゅうせい・しんぽ・でんどう・にんむ・へいさ・りょうかい

ク 一[8]打尽

ケ 片言[9]句

コ 前後[10]覚

問2 次の11～15の**意味**にあてはまるものを**問1**のア～コの**四字熟語**から**1つ**選び、**記号**で答えよ。 2点×5問

11 根拠のないうわさのこと。（　　）

12 わずかな時間でも貴重であること。（　　）

13 前後もわからないほどに意識を失うこと。（　　）

14 自分の見識をへりくだっていうことば。（　　）

15 様々な分野の才能に恵まれていること。（　　）

六

次の――線の**カタカナ**を**漢字**に直せ。 2点×10問 /20

1 祖父は大**オウ**生だった。

2 大学の**オウ**援団に入る。

3 子どもが産まれ**フ**養家族が増えた。

4 **フ**裕層には関係ない大増税。

5 甲乙**ヘイ**丁という順位がある。

6 **ヘイ**に上ってはいけない。

7 ビタミンの欠**ボウ**症になる。

8 都内**ボウ**所である人物と会う。

9 親友との仲を**サ**かれた。

10 会議のために時間を**サ**いた。

1	2	3	4	5	6	7	8	9	10

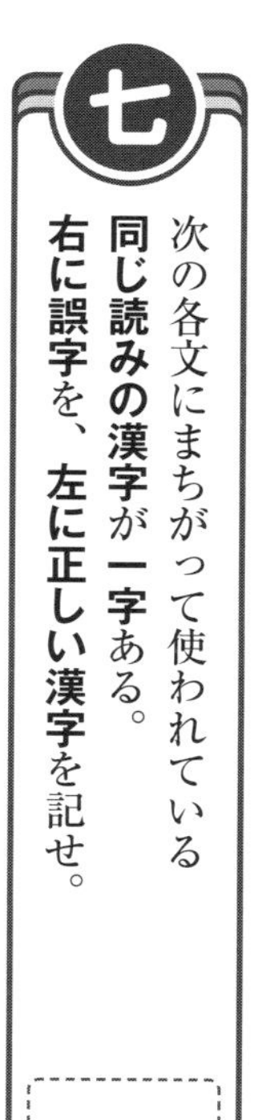

七

次の各文にまちがって使われている**同じ読みの漢字**が**一字**ある。**右に誤字**を、**左に正しい漢字**を記せ。

10　2点×5問

1 中東地域で発生した紛争は市民を巻き込んで混乱拡大の恐れが出てきた。

2 警察の認意の事情聴取に応じたが調書には署名していない。

3 現代は核戦争地球温暖化新型ウイルスの脅緯など世界規模の危機に事欠かない。

4 大地振の後避難所生活が続き高齢者の体力は限界に達した。

5 観測網を整備し地上から高層までの気象データを畜積するシステムが完成した。

九

次の――線の**カタカナ**を**漢字**に直せ。

50　2点×25問

1 **カンミ**どころでひと休みした。

2 数学で**キュウダイ**点を取る。

3 旅館の**ソウゲイ**バスに乗り込む。

4 首都**ケン**の地価は高騰しはじめた。

5 ジェットコースターで**ゼッキョウ**する。

6 期限までに**ゲンコウ**を書き上げる。

7 **ソリュウシ**の研究に携わる。

8 自分の作業に**ボットウ**している。

9 城の一室に何年も**ユウヘイ**されている。

10 理不尽な要求に**フンガイ**する。

11 隣国は地域**ハケン**を目指している。

12 役所は**ハンザツ**な手続きが多い。

八

次の——線の**カタカナ**を**漢字一字**と**送りがな(ひらがな)**に直せ。

2点×5問　/10

［例］問題に**コタエル** ➡ 答える

1 子供でも読める**ヤサシイ**文体で書く。

2 この服は通気性に**スグレ**ている。

3 やましいこともないのに思わず身を**カクス**。

4 夏の強い陽射しで洗濯物がよく**カワク**。

5 幼かった時のことを**コイシ**く思う。

13 株価が**ジョウショウ**している。

14 準決勝で**セキハイ**する。

15 問題解決の**ユウヨ**を与えた。

16 決勝戦は**ゴカク**の戦いだった。

17 大きな音を立て**カミナリ**が落ちた。

18 **キタナ**い手で赤ん坊に触るな。

19 いつか**オトズ**れてみたい街がある。

20 夕日で町が**クレナイ**に染まった。

21 下手な手洗いでセーターが**チヂ**んだ。

22 プロポーズの結果は**オ**して知るべしだ。

23 不況の中、やっと仕事に**ツ**けた。

24 穴の開いた手袋を母に**ツクロ**ってもらう。

25 **ナダレ**によりスキー場は閉鎖された。

実力チェック!!

本試験型テスト 第11回

140点以上で合格！

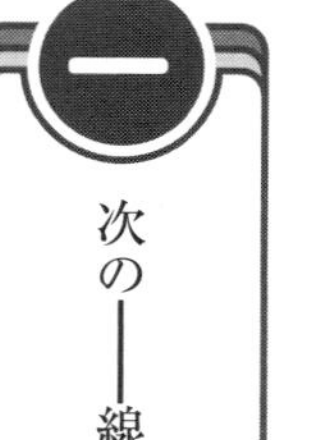

解答 → 別冊 P.40

一

次の——線の**漢字の読み**を**ひらがな**で記せ。

1点×30問　/30

1 **中尉**はまもなく結婚する。
2 各国の経済**均衡**を保つのは難しい。
3 事態の解決のため**懲罰**委員会を設ける。
4 偶像**崇拝**を禁じる宗教がある。
5 犬は**威嚇**的なうなり声をあげた。
6 マイクロバスで**斎場**に向かう。
7 地面に転がって**駄々**をこねた。
8 数隻の**軍艦**が沖に停泊している。
9 自意識**過剰**だと批判された。
10 反抗せず、**恭順**の意思を示す。
11 ミサイル**搭載**のジェット機だ。
12 微生物は**顕微鏡**で視認できる。
13 戸籍**謄本**を二通用意する。

二

次の漢字の**部首**を記せ。

1点×10問　/10

[例] 菜 → 艹　間 → 門

1 款
2 汁
3 宜
4 摩
5 閑
6 臨
7 卯
8 政
9 墓
10 尺

14 **充実**した人生にあこがれる。
15 カニやエビなど**甲殻類**が好物だ。
16 将来の自分を**漠然**と思い描く。
17 大雨で**側溝**から水があふれた。
18 離婚には**煩雑**な手続きが伴う。
19 その試合に出るには時期**尚早**だ。
20 兄と私は**犬猿**の仲である。
21 **賄**い付きの飲食店で働く。
22 冷蔵庫から出した水を**戻**し忘れた。
23 ソテツが**岬**の先端に自生している。
24 赤い**鼻緒**の下駄(げた)で出かける。
25 うわさは町の**津津浦浦**に広まる。
26 **漆**塗りの器でおすましをいただく。
27 **竜巻**の被害は予想以上だった。
28 脱皮したばかりの**蛇**はつややかだ。
29 勉強会の申し込み**枠**は十人だ。
30 年末を前に**喪中**葉書を出す。

三

熟語の構成のしかたにはつぎのようなものがある。

ア 同じような意味の漢字を重ねたもの（岩石）
イ 反対または対応の意味を表す字を重ねたもの（高低）
ウ 上の字が下の字を修飾しているもの（洋画）
エ 下の字が上の字の目的語・補語になっているもの（着席）
オ 上の字が下の字の意味を打ち消しているもの（非常）

次の熟語は右の**ア**～**オ**のどれにあたるか、**一つ**選び、**記号**を記せ。

/20　2点×10問

1 腕力
2 徹夜
3 経緯
4 滅亡
5 無謀
6 不純
7 汚濁
8 遅刻
9 賢人
10 縦横

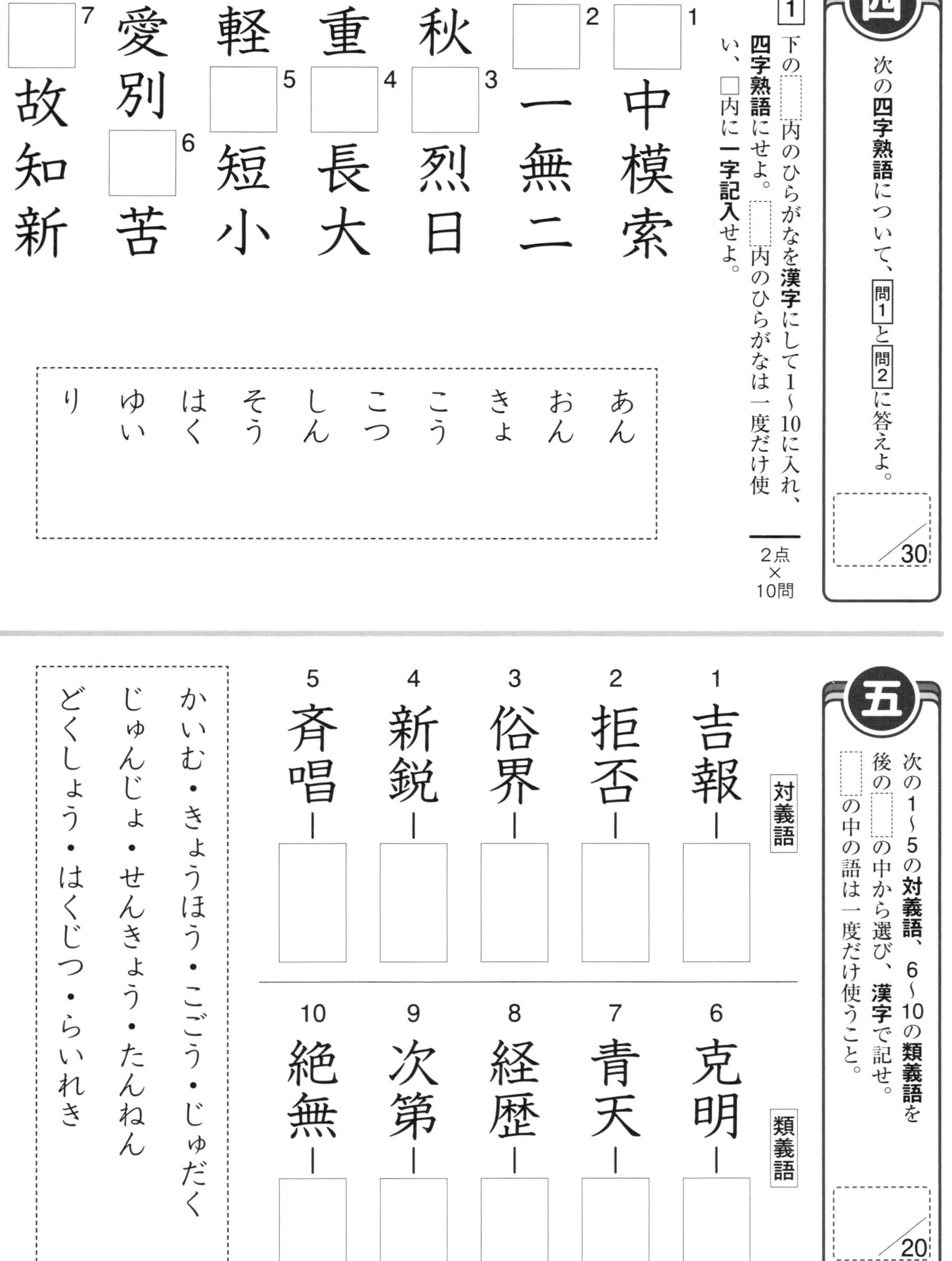

四

次の**四字熟語**について、問1と問2に答えよ。

/30

問1 下の［　］内のひらがなを**漢字**にして1～10に入れ、**四字熟語**にせよ。［　］内のひらがなは一度だけ使い、□内に**一字記入**せよ。

2点×10問

ア 1□中模索
イ 2□一無二
ウ 秋3□烈日
エ 重4□長大
オ 軽5□短小
カ 愛別6□苦
キ 7□故知新

あん・おん・きょ・こう・こつ・しん・そう・はく・ゆい・り

五

次の1～5の**対義語**、6～10の**類義語**を後の［　］の中から選び、**漢字**で記せ。［　］の中の語は一度だけ使うこと。

/20

2点×10問

対義語

1 吉報－
2 拒否－
3 俗界－
4 新鋭－
5 斉唱－

類義語

6 克明－
7 青天－
8 経歴－
9 次第－
10 絶無－

かいむ・きょうほう・こごう・じゅだく
じゅんじょ・せんきょう・たんねん
どくしょう・はくじつ・らいれき

ク 怪力乱□8

ケ 換□9奪胎

コ 群雄割□10

問2 次の11〜15の**意味**にあてはまるものを**問1**の**ア〜コ**の**四字熟語**から**1つ**選び、**記号**で答えよ。 2点×5問

11 理屈で説明のつかない不思議な現象のこと。（　）

12 愛する者と別れる苦しみのこと。（　）

13 手がかりがない状態であれこれやってみること。（　）

14 他者の詩の着想などを取り入れつつ自分の作品とすること。（　）

15 各地に実力者がおり互いに覇を競い合っていること。（　）

六

次の——線の**カタカナ**を**漢字**に直せ。 2点×10問 /20

1 インフルエンザの注**シャ**をする。

2 **シャ**光性のあるカーテンを買った。

3 大学には**スイ**薦入学だった。

4 高鉄棒での懸**スイ**は五回が限度だ。

5 子犬の**ソ**相を叱(しか)ってはいけない。

6 この地域も過**ソ**で悩んでいる。

7 **ボク**汁をすずり石に入れる。

8 けがは二週間の打**ボク**ですんだ。

9 **ホ**に風を受けて船が進む。

10 稲の**ホ**を脱穀機にかける。

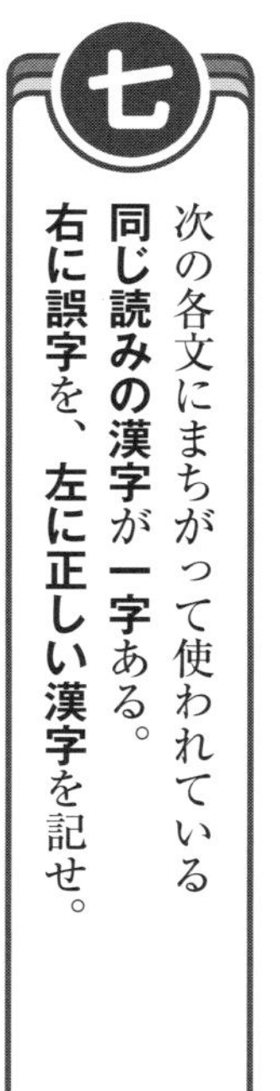

七

次の各文にまちがって使われている**同じ読みの漢字**が**一字**ある。**右に誤字**を、**左に正しい漢字**を記せ。

10 2点×5問

1 事態収集のため国の依頼を受けた専門家チームが一両日中に結成されるそうだ。

2 野党側は内閣への不信任決議案を衆議院に提出して抵抗する構えだ。

3 休科には母の田舎に帰省する予定だが飛行機の予約がまだ取れていない。

4 諭司解雇処分を受けた教授は訴訟を起こして応戦するつもりらしい。

5 地産地肖が叫ばれる昨今地元山林の材木を使った木の家を造る人々も増えている。

九

次の——線の**カタカナ**を**漢字**に直せ。

50 2点×25問

1 平和を**キネン**して造られた公園だ。

2 プールの**カンシ**員のアルバイトをする。

3 この塩はミネラルの**ガンユウ**量が高い。

4 デパートの**ゾウトウ**品売り場に行く。

5 マンションの**タイシン**性を調べる。

6 日本人の**チョチク**意欲は高い。

7 旅人は一族**ロウトウ**に歓迎された。

8 **レットウ**感にさいなまれる。

9 山海の**チンミ**とともに酒を楽しむ。

10 敵機を**ゲキツイ**する。

11 お寺の**ショウロウ**を改築する。

12 失言により大臣が**ヒメン**される。

八

次の——線のカタカナを**漢字一字と送りがな(ひらがな)**に直せ。

2点×5問　/10

［例］ 問題にコタエル → 答える

1 昼食後の勉強はどうしてもネムクなる。

2 突飛な質問にダマリ込んでしまった。

3 何かが落ちたようなニブイ音がした。

4 つり橋を恐る恐るワタル。

5 抽選の順番が入れカワル。

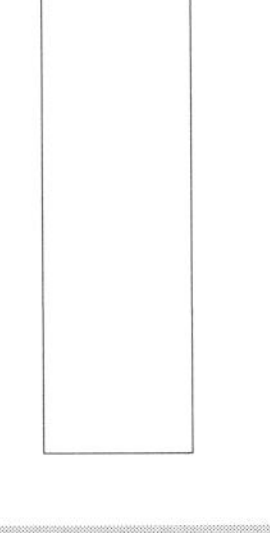

13 私は周囲のフンイキに影響されやすい。

14 ショウモウ戦を強いられる。

15 森林保全のための条約をテイケツする。

16 この映画はナミダなしでは語れない。

17 急に話のコシを折られてしまった。

18 妹の最後の乳歯がやっとヌけた。

19 冷えたモモを丸かじりした。

20 久しぶりに母はピアノをヒいている。

21 物質文明はイチジルしく発展した。

22 災害への対策をオコタらないようにする。

23 少しシメり気のあるおかきを食べる。

24 交渉相手にユさぶりをかける。

25 気落ちしている弟をナグサめる。

実力チェック!! 本試験型テスト

第12回

140点以上で合格！

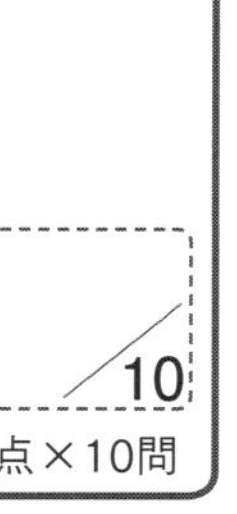

制限時間 60分

月　日　／200

解答→別冊 P.42

一

次の――線の**漢字の読み**を**ひらがな**で記せ。

1点×30問　／30

1 **崇高**な目的を掲げる。
2 明治天皇の軍人**勅諭**を読む。
3 甲乙**丙**の三段階で評価する。
4 通夜には大勢の**弔問**客が訪れた。
5 借金の工面のために**奔走**した。
6 遠足には**水筒**を持参する。
7 私への処分は半年の**減俸**だった。
8 開会式で選手**宣誓**をした。
9 大臣は責任をとって**罷免**された。
10 **木綿**のハンカチをプレゼントする。
11 **屯田兵**は平時は農業に従事していた。
12 **貞操**観念、どこ吹く風のご時世だ。
13 **盲導犬**育成のための基金を集める。

二

次の漢字の**部首**を記せ。

1点×10問　／10

[例] 菜→艹　間→門

1 鶏
2 却
3 棄
4 欺
5 勘
6 猿
7 僚
8 賓
9 融
10 享

14 国の**中枢**が崩壊しかけている。（　）（　）
15 壁に沿って**鉢**植えが並んでいる。（　）（　）
16 従業員の**休憩**室は二階にある。（　）（　）
17 **租庸調**は律令時代の税法の一つだ。（　）（　）
18 友人に誘われて**競艇**場に行った。（　）（　）
19 交通事故の損害**賠償**を求める。（　）（　）
20 あの人は**花柳界**で評判の人物だ。（　）（　）
21 マスコミの取材攻勢に**堪**える。（　）（　）
22 **棚**の中にはお菓子が詰まっていた。（　）（　）
23 戦時中は草木を食べて**飢**えをしのいだ。（　）（　）
24 議会は**泥**仕合の様相を呈してきた。（　）（　）
25 互いの**垣根**を越えて意見交換する。（　）（　）
26 赤ん坊のような**柔肌**をしている。（　）（　）
27 双方の思惑の間に**挟**まれる。（　）（　）
28 犯人逮捕のために賞金を**懸**ける。（　）（　）
29 ちりんと**鈴**の音が聞こえた。（　）（　）
30 ようやく病気が**癒**えた。（　）（　）

三

熟語の構成のしかたには つぎのようなものがある。

ア 同じような意味の漢字を重ねたもの（岩石）
イ 反対または対応の意味を表す字を重ねたもの（高低）
ウ 上の字が下の字を修飾しているもの（洋画）
エ 下の字が上の字の目的語・補語になっているもの（着席）
オ 上の字が下の字の意味を打ち消しているもの（非常）

次の熟語は右の**ア**～**オ**のどれにあたるか、**一つ**選び、**記号**を記せ。

/20　2点×10問

1 重罪（　）
2 断続（　）
3 広漠（　）
4 執務（　）
5 無為（　）
6 伸縮（　）
7 護身（　）
8 非凡（　）
9 老翁（　）
10 頑健（　）

四

次の**四字熟語**について、問1と問2に答えよ。

/30

問1 下の［　］内のひらがなを**漢字**にして1～10に入れ、**四字熟語**にせよ。［　］内のひらがなは一度だけ使い、□内に**一字記入**せよ。

2点×10問

ア 大［1］小異

イ 終始一［2］

ウ 晴耕［3］読

エ 牛飲馬［4］

オ ［5］田引水

カ 前［6］洋洋

キ ［7］実剛健

う　が　かん　こ　しつ　じょう　しょく　せい　と　どう

五

次の1～5の**対義語**、6～10の**類義語**を後の［　］の中から選び、**漢字**で記せ。［　］の中の語は一度だけ使うこと。

/20

2点×10問

対義語

1 否認－

2 暫時－

3 遺失－

4 特殊－

5 拘禁－

類義語

6 永遠－

7 方策－

8 異論－

9 麗句－

10 敏速－

いぞん・いっぱん・けいりゃく
こうきゅう・しゃくほう・しゅうとく
しゅんびん・ぜにん・びじ・ふめつ

ク 気炎万 8

ケ 白砂 9 松

コ 10 大妄想

問2 次の11～15の**意味**にあてはまるものを**問1**の**ア～コ**の**四字熟語**から**1つ**選び、**記号**で答えよ。

2点×5問

11 これから先の人生が大いに開けており希望に満ちている様子。（　　）

12 細かな点に違いはあるがほとんど同じであること。（　　）

13 非常に意気が盛んであること。（　　）

14 田舎でのんびりと穏やかに暮らすこと。（　　）

15 最初から最後まで変わらないこと。（　　）

六

次の——線の**カタカナ**を**漢字**に直せ。

2点×10問　/20

1 交通**イ**反の切符を切られる。

2 **イ**産相続で骨肉の争いになっている。

3 会社トップは**イン**責辞任に追い込まれた。

4 区役所に婚**イン**届を出した。

5 **キョウ**迫されて、機密事項を漏らす。

6 役者が**キョウ**気じみた演技をする。

7 **タイ**児がお腹をける。

8 **タイ**然自若とした態度を崩さない。

9 快刀乱麻を**タ**つような名案だ。

10 公園には銅像が**タ**つ予定だ。

七

次の各文にまちがって使われている**同じ読みの漢字**が**一字**ある。**右に誤字**を、**左に正しい漢字**を記せ。

/10　2点×5問

1 脱税分に課された追超金はかなりの額に上ったが即刻払い込まれた。

2 工場誘致に際して地域の住民との接衝は難航を極めていた。

3 アメリカの大リーグで活役する日本人投手はここ数年で一挙に増えた。

4 親の七光りを後ろ盾にする二代目と言われるが彼は抜群の演技力を発揮している。

5 映え抜きの社員がトップに立つのが企業にとっては何よりの誇りであろう。

九

次の——線の**カタカナ**を**漢字**に直せ。

/50　2点×25問

1 **ケンイ**に滅法弱い人間がいるものだ。

2 著者の**キンエイ**を載せる。

3 **フクイン**が狭く車両通行止めだ。

4 ニ**ケン**先にコンビニができた。

5 国の**キカン**産業は空洞化の危機にある。

6 幾何学的な**モヨウ**のシャツを買った。

7 **コダイ**広告のチェックは困難だ。

8 書類の**テイシュツ**期限は明日だ。

9 乗用車が正面**ショウトツ**していた。

10 去年の**セツジョク**を果たす。

11 **ホリョ**となって一年が過ぎた。

12 会社の**ドクシンリョウ**に住んでいる。

次の——線の**カタカナ**を**漢字一字**と**送りがな（ひらがな）**に直せ。

10

2点×5問

［例］ 問題に**コタエル** ➡ 答える

1 亡き祖母の仏壇に花を**ソナエル**。

2 厚い雲が出て、日が急に**カゲッ**てきた。

3 トマトが赤く**ウレル**のを楽しみに待つ。

4 先生は非常に**ツカレ**た顔をしていた。

5 友人は少し**ハナレ**た町に住んでいる。

13 書店で**ガクフ**を買った。

14 どこかで**サイフ**を落としてしまった。

15 親からの**レンラク**が来ず不安になる。

16 ストレス社会で心を**ヤ**む人が増えた。

17 人力車に乗って古都を**メグ**った。

18 医師に転地療養を**スス**められた。

19 職人として鳴らした父の**ウデ**も落ちた。

20 私の態度に母の顔が**クモ**った。

21 **キソ**い合うことだけが人生ではない。

22 この企画は**タメ**す価値がある。

23 友人の家に一晩**ト**めてもらう。

24 多くの人が損害を**コウム**った。

25 姉は**ハダ**の手入れを念入りに行う。

覚えておきたい 熟字訓・当て字、特別な音訓

特別な読みをする熟字訓は、表記された漢字と読みとの間に音声上の関係がないものが多く、覚えていないと読めません。準2級の「読み」「書き取り」の問題にもしばしば登場するので覚えておきましょう。

熟字訓・当て字

よめるかチェック！

語	読み
海女・海士	あま
息吹	いぶき
浮気	うわき
お神酒	おみき
母屋・母家	おもや
神楽	かぐら
河岸	かし
蚊帳	かや
玄人	くろうと
居士	こじ
雑魚	ざこ
桟敷	さじき
数珠	じゅず

特別な音訓

よめるかチェック！

語	読み	特別な音訓
帰依	きえ	依（エ）
疫病神	やくびょうがみ	疫（ヤク）
御利益	ごりやく	益（ヤク）
久遠	くおん	遠（オン）
火影	ほかげ	火（ほ）
散華	さんげ	華（ケ）
回向	えこう	回（エ）
格子	こうし	格（コウ）
開眼	かいげん	眼（ゲン）
最期	さいご	期（ゴ）
脚立	きゃたつ	脚（キャ）
久遠	くおん	久（ク）
宮内庁	くないちょう	宮（ク）

語	読み	特別な音訓
言質	げんち	質（チ）
老若	ろうにゃく	若（ニャク）
寂然	せきぜん	寂（セキ）
坊主	ぼうず	主（ス）
成就	じょうじゅ	就（ジュ）
衆生	しゅじょう	衆（シュ）
従容	しょうよう	従（ショウ）
従五位	じゅごい	従（ジュ）
祝言	しゅうげん	祝（シュウ）
女房	にょうぼう	女（ニョウ）
上人	しょうにん	上（ショウ）
風情	ふぜい	情（セイ）
断食	だんじき	食（ジキ）
神々しい	こうごうしい	神（こう）

語	読み	特別な音訓
棟木	むなぎ	棟（むな）
音頭	おんど	頭（ト）
神道	しんとう	道（トウ）
南無	なむ	南（ナ）
納屋	なや	納（ナ）
何度	なんど	何（ナン）
絵馬	えま	馬（ま）
博徒	ばくと	博（バク）
衣鉢	いはつ	鉢（ハツ）
謀反	むほん	反（ホン）
煩悩	ぼんのう	煩（ボン）
疾病	しっぺい	病（ヘイ）
富貴	ふうき	富（フウ）
風情	ふぜい	風（フ）

語	読み
素人	しろうと
師走	しわす（しはす）
数寄屋 数奇屋	すきや
山車	だし
稚児	ちご
築山	つきやま
伝馬船	てんません
投網	とあみ
十重二十重	とえはたえ
読経	どきょう
仲人	なこうど
野良	のら
祝詞	のりと
猛者	もさ
八百長	やおちょう
浴衣	ゆかた
寄席	よせ

語	読み	特別な音訓
虚空	こくう	虚（コ）
供養	くよう	供（ク）
勤行	ごんぎょう	勤（ゴン）
建立	こんりゅう	建（コン）
権化	ごんげ	権（ゴン）
霊験	れいげん	験（ゲン）
懸念	けねん	懸（ケ）
荘厳	そうごん	厳（ゴン）
庫裏	くり	庫（ク）
功徳	くどく	功（ク）
行脚	あんぎゃ	行（アン）
香車	きょうしゃ	香（キョウ）
年貢	ねんぐ	貢（ク）
相殺	そうさい	殺（サイ）
殺生	せっしょう	殺（セツ）
給仕	きゅうじ	仕（ジ）
好事家	こうずか	事（ズ）

語	読み	特別な音訓
人数	にんず	数（ス）
成仏	じょうぶつ	成（ジョウ）
大音声	だいおんじょう	声（ジョウ）
群青	ぐんじょう	青（ジョウ）
摂政	せっしょう	政（ショウ）
六根清浄	ろっこんしょうじょう	清（ショウ）
繁盛	はんじょう	盛（ジョウ）
普請	ふしん	請（シン）
赤銅	しゃくどう	赤（シャク）
お節料理	おせちりょうり	節（セチ）
遊説	ゆうぜい	説（ゼイ）
愛想	あいそ	想（ソ）
布団	ふとん	団（トン）
土壇場	どたんば	壇（タン）
執着	しゅうじゃく	着（ジャク）
通夜	つや	通（ツ）
法度	はっと	度（ト）

語	読み	特別な音訓
歩	ふ	歩（フ）
法度	はっと	法（ハッ）
法主	ほっす（ほっしゅ）	法（ホッ）
亡者	もうじゃ	亡（モウ）
謀反	むほん	謀（ム）
凡例	はんれい	凡（ハン）
心神耗弱	しんしんこうじゃく	耗（コウ）
目深	まぶか	目（ま）
由緒	ゆいしょ	由（ユイ）
唯々諾々	いいだくだく	唯（イ）
遊山	ゆさん	遊（ユ）
建立	こんりゅう	立（リュウ）
律儀	りちぎ	律（リチ）
流布	るふ	流（ル）
兵糧	ひょうろう	糧（ロウ）
緑青	ろくしょう	緑（ロク）
和尚	おしょう	和（オ）

※「特別な音訓」のひらがなは訓読み、カタカナは音読みです。

覚えておきたい同音異字

準2級には、同じ読みの漢字の使い分けを問う問題があります。同音異字が3つ以上あるものを選びました。漢字の意味を覚えると区別しやすいでしょう。

わかるかチェック！

読み	用例	漢字	漢字の意味
カツ	一□（いっかつ）・包□（ほうかつ）	括	ひとまとめにする
	□破（かっぱ）・恐□（きょうかつ）	喝	どなる・おどす・しかる
	□色（かっしょく）・□炭（かったん）	褐	こげ茶色
	管□（かんかつ）・所□（しょかつ）	轄	とりしまる
カン	□静（かんせい）・□職（かんしょく）	閑	しずか・ひまである
	□大（かんだい）・□容（かんよう）	寛	心が広いこと
	遺□（いかん）・□恨（かんこん）	憾	残念に思う
	□元（かんげん）・□暦（かんれき）	還	もとへもどる・めぐる
ギ	便□（べんぎ）・適□（てきぎ）	宜	よい・都合がよい
	□証（ぎしょう）・□名（ぎめい）	偽	いつわる・にせもの
	□人化（ぎじんか）・模□（もぎ）	擬	まねる・にせる
ケイ	地下□（ちかけい）・球□（きゅうけい）	茎	くき
	□谷（けいこく）・□流（けいりゅう）	渓	谷間を流れる川
	□光灯（けいこうとう）・□雪（けいせつ）	蛍	ホタル
	□事（けいじ）・□弔（けいちょう）	慶	よろこぶ・よろこばしい

読み	用例	漢字	漢字の意味
ショウ	□状（しょうじょう）・既往□（きおうしょう）	症	病気の様子が現れたしるし
	吉□（きっしょう）・発□地（はっしょうち）	祥	めでたいこと
	交□（こうしょう）・□外（しょうがい）	渉	わたる・かかわる
	訴□（そしょう）・争□（そうしょう）	訟	うったえる・あらそう
	□還（しょうかん）・代□（だいしょう）	償	うめあわせをする
ジョウ	□化（じょうか）・清□（せいじょう）	浄	きよい・きよめる
	□員（じょういん）・余□（よじょう）	剰	あまる・のこり
	□造（じょうぞう）・吟□酒（ぎんじょうしゅ）	醸	かもす・酒をつくる
セイ	一□（いっせい）・□唱（せいしょう）	斉	そろう・そろえる
	□去（せいきょ）・急□（きゅうせい）	逝	ゆく・死亡する
	□書（せいしょ）・宣□（せんせい）	誓	ちかう・ちかい
セン	□抜き（せんぬき）・血□（けっせん）	栓	穴などをふさぐもの
	□回（せんかい）・□律（せんりつ）	旋	ぐるぐるまわる
	□移（せんい）・変□（へんせん）	遷	うつりかわる・うつす
ソウ	法□界（ほうそうかい）・軍□（ぐんそう）	曹	裁判にかかわる者・軍の階級
	□失（そうしつ）・□服（もふく）	喪	も・とむらい・うしなう
	浄化□（じょうかそう）・水□（すいそう）	槽	おけ

音	問題	漢字	意味
コウ	□定（こうてい）・首□（しゅこう）	肯	きき いれる・うなずく
	□水（こうずい）・□恩（こうおん）	洪	大量にあふれる・大きい
	□献（こうけん）・□ぎ物（みつぎもの）	貢	さしだす・みつぎもの
	下水□（げすいこう）・側□（そっこう）	溝	みぞ・くぼみ
	度量□（どりょうこう）・均□（きんこう）	衡	はかり・よこ・つりあい
	□読（こうどく）・□入（こうにゅう）	購	金を出して自分のものにする
サ	□官（さかん）・補□（ほさ）	佐	てつだい・たすける
	教□（きょうさ）・示□（しさ）	唆	そそのかす・けしかける
	□欺（さぎ）・□称（さしょう）	詐	いつわる・だます
サイ	□石（さいせき）・粉□（ふんさい）	砕	くだく
	□培（さいばい）・植□（しょくさい）	栽	植える・植え込み
	□場（さいじょう）・書□（しょさい）	斎	つつしむ・へや・ものいみ
シュウ	□人（しゅうじん）・脱獄□（だつごくしゅう）	囚	とらえる・とらわれた人
	□覚（しゅうかく）・悪□（あくしゅう）	臭	いやなにおい・くさい
	応□（おうしゅう）・報□（ほうしゅう）	酬	むくいる
	□悪（しゅうあく）・□態（しゅうたい）	醜	みにくい
ジュン	□教授（じゅんきょうじゅ）・批□（ひじゅん）	准	ある地位に次ぐ・ゆるす
	□教者（じゅんきょうしゃ）・□職（じゅんしょく）	殉	したがう・命を捨てて事に当たる
	□環（じゅんかん）・□行（じゅんこう）	循	したがう・めぐる

音	問題	漢字	意味
	□類（そうるい）・海□（かいそう）	藻	も・みずくさ
ダ	□協（だきょう）・□当（だとう）	妥	あてはまる・おれあう
	□性（だせい）・怠□（たいだ）	惰	なまける・意欲をうしなう
	□作（ださく）・□目（だめ）	駄	つまらない・そまつな
チョウ	□辞（ちょうじ）・□問（ちょうもん）	弔	とむらう・いたむ
	□戦（ちょうせん）・□発（ちょうはつ）	挑	いどむ・しかける
	□望（ちょうぼう）・□覧（ちょうらん）	眺	ながめる・ながめ
テツ	□立（てつりつ）・更□（こうてつ）	迭	いれかわる
	□底（てってい）・□夜（てつや）	徹	つらぬきとおす
	□去（てっきょ）・□廃（てっぱい）	撤	とりのぞく
バイ	□養（ばいよう）・栽□（さいばい）	培	やしない育てる・つちかう
	□介（ばいかい）・触□（しょくばい）	媒	なかだちをする
	□償（ばいしょう）・□償金（ばいしょうきん）	賠	つぐなう・うめあわせをする
マ	□酔（ますい）・□薬（まやく）	麻	あさ・しびれる
	□擦（まさつ）・□天楼（まてんろう）	摩	こする・みがく
	研□剤（けんまざい）・錬□（れんま）	磨	すりへる・はげむ
リョウ	□感（りょうかん）・荒□（こうりょう）	涼	すずしい・ものさびしい
	□友（りょうゆう）・閣□（かくりょう）	僚	なかま・役人
	□母（りょうぼ）・社員□（しゃいんりょう）	寮	寄宿舎・宿泊設備

覚えておきたい同訓異字

同じ訓読みをする漢字の中には、「探す」「捜す」のようにどちらを使ってもまちがいとは言えないものもあります。前後の文脈や漢字の意味から判断しましょう。

読み	用例	漢字	意味
あわせる	力をあわせる 手をあわせる	合わせる	複数の物がぴったりと一つになる
	二つの会社をあわせる	併せる	複数の物を並べて一緒にする
うえる	花をうえる 菌をうえる	植える	草木をうえる
	知識にうえる 愛情にうえる	飢える	とてもひもじくなる
かおる	草花がかおる いいかおりがする	香る 香り	よいにおいがする
	風かおる五月	薫る	よいかおりが漂う。比喩的にも用いる
かかる かける	医者にかかる 気にかける	掛かる 掛ける	費やす。作動させる
	虹がかかる 電線をかける	架かる 架ける	一方から他方へかけわたす
	優勝がかかる 賞金をかける	懸かる 懸ける	託する。気持ちを向ける

読み	用例	漢字	意味
すすめる	工事をすすめる 会議をすすめる	進める	前方へ動かす
	入会をすすめる 一読をすすめる	勧める	物事をするよう誘いかける
	候補者としてすすめる	薦める	人などの優れた所をあげ採用を促す
たえる たえない	消息がたえる 息がたえる	絶える	続いていた物が途切れる
	重圧にたえる 苦痛にたえる	耐える	苦痛などをじっと我慢する
	聞くにたえない話 観賞にたえない	堪えない	それに値する力をもっている
つく つける	味方につく 気をつける	付く 付ける	離れないように一緒になる
	席につく 服を身につける	着く 着ける	到着する。ある場所に達する
	床につく 役につける	就く 就ける	役目などに身を置く

読み	漢字	意味	例
かわく	乾く	水分や湿気がなくなる	空気がかわく／洗濯物がかわく
	渇く／渇き	のどに潤いがなくなり水分が欲しくなる	暑さでのどがかわく／かわきを覚える
こえる／こす	越える／越す	境界を過ぎて先へ進む	山をこえる／峠をこす
	超える／越す	ある限度や基準以上となる	予想をこえる／百万をこす
さがす	探す	欲しい物を見つけようとする	宿をさがす／商品の欠点をさがす
	捜す	見えなくなった物を見つけようとする	犯人をさがす／遺留品をさがす
さす	射す	光が照って当たる	西日がさす／月明かりがさす
	差す／差し	ある現象が現れる	傘をさす／さし止める
	指す／指し	指などで方向を示す	北をさす／将棋のさし方
	刺す／刺し	とがった物を突き入れる	針をさす／さし身
	挿す／挿し	細長い物を他の物に突き入れる	花瓶に花をさす／さし木をする

読み	漢字	意味	例
みる	見る	目で物事をとらえる	景色をみる／面倒をみる
	診る	医者が患者の体を調べる	医者が患者をみる／容態をみる
もと	本	物事が成り立つ根本	政治のもとを正す／木のもとから枯れる／農業は国のもと
	元	物事の初め	火のもとに注意／混乱のもと／もとも子もない
	下	物の下の方の部分	法のもとの平等／約束のもとに／灯台もと暗し
	基	物事が成り立つよりどころ	資料をもとにする／会社のもとを築く／記録にもとづく
やわらかい	柔らかい	しなやかで曲げても折れない	体がやわらかい／関節がやわらかい／やわらかい布団／やわらかい肌
	軟らかい	力を加えると簡単に形が変わる	表情がやわらかい／やわらかい話／やわらかい木材／土がやわらかい

覚えておきたい部首

「部首」は漢字の字義を表す部分。ある字の意味を理解するには、その部首を理解することが大切です。部首をまちがえやすい漢字をあげているので、参考にしてください。

漢字	丹	処	勲	唐	墓	夢	奮	巡
誤	一	夂	灬	广	艹	艹	田	辶
正	丶	几	力	口	土	夕	大	巛
部首名	てん	つくえ	ちから	くち	つち	た ゆうべ	だい	かわ

漢字	幕	幹	慶	慕	掌	旬	栽	準
誤	艹	車	广	艹	𫩏	勹	戈	隹
正	巾	干	心	㣺	手	日	木	氵
部首名	はば	かん いちじゅう	こころ	したごころ	て	ひ	き	さんずい

漢字	灰	牧	疑	藕	聖	粛	至	興
誤	厂	攵	矢	艹	王	米	土	ハ
正	火	牜	疋	糸	耳	聿	至	臼
部首名	ひ	うしへん	ひき	いと	みみ	ふでづくり	いたる	うす

漢字	裁	蒸	視	謄	豚	賓	赦	載
誤	戈	灬	ネ	月	月	宀	攵	戈
正	衣	艹	見	言	豕	貝	赤	車
部首名	ころも	くさかんむり	みる	げん	ぶた いのこ	かい こがい	あか	くるま

漢字	項	養	騰	黙	亜	且	窮	蛍	斎
誤	エ	羊	月	灬	口	二	弓	⺍	文
正	頁	食	馬	黒	二	一	穴	虫	斉
部首名	おおがい	しょく	うま	くろ	に	いち	あなかんむり	むし	せい

漢字	充	辱	妥	煩	麻	褒	累	輝	丙
誤	亠	寸	爫	頁	广	亠	田	冖	冂
正	儿	辰	女	火	麻	衣	糸	車	一
部首名	ひとあし にんにょう	しんのたつ	おんな	ひへん	あさ	ころも	いと	くるま	いち

覚えておきたい四字熟語

四字熟語は二字の熟語を二つ適当に重ねて作られたものがほとんどですが、故事・成語の四字熟語の場合はとくに注意が必要です。熟語の成り立ちから考えて、深い意味と人生への教訓を味わってほしいものです。

漢字をチェック！

	読み	熟語	意味
あ	あいべつりく	愛別離苦	自分が愛している人との別れのつらさ、苦しみ。
	あおいきといき	青息吐息	心配や苦労のあまり心身ともに弱ったときに吐くため息。ため息の出るような状態。
	あくせんくとう	悪戦苦闘	困難と戦い、打ち勝つために、苦労しながら努力すること。
	あっこうぞうごん	悪口雑言	口汚くあれこれとののしること。また、その言葉。
	あんうんていめい	暗雲低迷	前途多難な状態が続くこと。また、雲が低くたれこめなかなか晴れそうにないこと。
	あんちゅうもさく	暗中模索	手がかりがないまま、あてもなくさぐり求めること。
い	いいだくだく	唯唯諾諾	物事の善し悪しにかかわらず、他人のいいなりになってなんでも承知するさま。
	いかんせんばん	遺憾千万	大変残念なこと。非常に心残り。「遺憾」は憾みを遺す意。
	いくどうおん	異口同音	「異口」は「いこう」とも読む。大勢の人が口をそろえて同じことを言う。
	いしんでんしん	以心伝心	言葉を使わなくても互いに意思疎通ができること。
	いたんじゃせつ	異端邪説	正統からはずれた意見や立場。
	いちいせんしん	一意専心	わき目もふらずに一つのことに熱心になること。
	いちいたいすい	一衣帯水	とても近しいことのたとえ。一筋の帯のような、細くて長い川のこと。

読み	熟語	意味
いちごいちえ	一期一会	生涯に一度だけ出会うこと。また、生涯に一度限りであること。
いちごんはんく	一言半句	ほんのわずかな言葉。類語に「片言隻句」などがある。
いちじつせんしゅう	一日千秋	一日が千年にも思えるほど待ちどおしい気持ち。
いちじゅういっさい	一汁一菜	一品のおかずと一品の汁物で構成された質素な食事のこと。
いちねんほっき	一念発起	あることを成し遂げようと心に決めること。
いちばつひゃっかい	一罰百戒	一人の罪を罰することで他の人が同じ過ちを犯さないようにすること。
いちぼうせんり	一望千里	非常に見晴らしがよいこと。ひと目で遠くまで見晴らせること。
いちもうだじん	一網打尽	一度に悪党の一味や敵対する者すべてをとらえつくすこと。
いっかくせんきん	一獲千金	一度にたやすく大きな利益をえること。
いっきいちゆう	一喜一憂	状況の変化などによって、そのたびに喜んだり不安になったりすること。
いっきとうせん	一騎当千	一人の騎兵が千人の敵を相手に戦うほど、強い力を持っていること。
いっきょりょうとく	一挙両得	一つのことをするだけで、二つの利益をあげること。「一挙」は一つの動作のこと。
いっこくせんきん	一刻千金	わずかな時間でも貴重であること。

読み	漢字をチェック！	意味
い		
いっしょくそくはつ	一触即発	互いに対立している勢力が、ふれ合うだけで爆発しそうな非常に切迫している状態。
いっしょけんめい	一所懸命	物事に真剣に取り組むこと。懸命に努力すること。類語に「一生懸命」がある。
いっちはんかい	一知半解	知識や理解が不十分であること。
いっちょういっせき	一朝一夕	一日か一晩。転じて、短いとき。
いっとうりょうだん	一刀両断	思い切りよくすみやかに決断すること。
いふうどうどう	威風堂堂	重々しくどっしりと威厳に満ちているようす。
いみしんちょう	意味深長	言葉などの意味が奥深いさま。そこに別の意味が込められているさま。
いんにんじちょう	隠忍自重	じっと我慢して軽々しい言動を慎むこと。
う		
ういてんぺん	有為転変	この世の中は激しく移り変わり、しばらくも一定の状態にないこと。
うぞうむぞう	有象無象	形のあるものとないもの全てのこと。数は多いが種々雑多なくだらないもののこと。
うんさんむしょう	雲散霧消	物事が一時に消えてなくなること。あとかたもなくなること。
え		
えいこせいすい	栄枯盛衰	国や家、人が栄えたり衰えたりすること。
えんてんかつだつ	円転滑脱	なめらかでよく変化し自由自在なこと。物事がすらすらと運び、とどこおらないこと。
お		
おめいへんじょう	汚名返上	着せられた汚名をそそいで、名誉を回復すること。
おんこうとくじつ	温厚篤実	人柄が穏やかであたたかく、誠実であること。
おんこちしん	温故知新	昔のことを調べ直すことでそこから新しい知識を得ること。
おんとろうろう	音吐朗朗	声などが豊かでさわやかなこと。
か		
がいじゅうないごう	外柔内剛	外見は穏やかで柔和そうに見えるが、実際は意志がとても強いこと。
かいとうらんま	快刀乱麻	解決の糸口を見失った物事をてきぱきと手ぎわよく処理すること。
かいりきらんしん	怪力乱神	理屈で説明のつかない不思議な現象のこと。
かじんはくめい	佳人薄命	美人には不幸な者や短命な者が多い。「佳人」は美人。類語に「美人薄命」がある。
がっしょうれんこう	合従連衡	その時々の利害関係に応じて、各勢力が手を組んだり離れたりすること。
がでんいんすい	我田引水	自分の都合のよいように言ったり、したりすること。
かろとうせん	夏炉冬扇	夏の火ばちと冬の扇の意味で、時節に合わず、役に立たないもの。
かんがいむりょう	感慨無量	言葉では言い表せないほど、胸いっぱいにしみじみと感じ入ること。
かんきゅうじざい	緩急自在	状況に応じて早くしたり遅くしたりして、思うように操ること。
かんぎゅうじゅうとう	汗牛充棟	蔵書が非常に多いこと。また、多くの蔵書。
かんこつだったい	換骨奪胎	先人の発想を取り入れ、自分なりの語句で表現し独自の作品を作ること。
かんぜんちょうあく	勧善懲悪	善行を勧め励まし、悪事を懲らしめること。
かんぜんむけつ	完全無欠	完全であり、欠点や不足がないこと。

き

かんわきゅうだい	閑話休題	それはさておき。
ききいっぱつ	危機一髪	髪の毛一本ほどのわずかな違いで、非常に危険な状態になりそうな瞬間のこと。
きうそうだい	気宇壮大	心構えや度量が非常に大きいさま。
きえんばんじょう	気炎万丈	燃え盛る炎のように、意気込みが強く激しいさま。
きしょくまんめん	喜色満面	顔いっぱいに喜びの表情が表れていること。
ぎしんあんき	疑心暗鬼	疑う心があると、なんでもないことまで怪しく感じられるようになること。
きそうてんがい	奇想天外	普通の人には思いつかないような、きわめて奇抜な考え。
きっきょうかふく	吉凶禍福	よいことと悪いこと。
きどあいらく	喜怒哀楽	喜び、怒り、哀しみ、楽しみのこと。
きめんぶっしん	鬼面仏心	外見は鬼のような怖い顔をしているが、本当は仏のような優しい心を持っていること。
ぎゅういんばしょく	牛飲馬食	牛のようにたくさん飲み、馬のようにたくさん食べる様子のこと。
きょうきらんぶ	狂喜乱舞	非常に喜ぶさま。
きょうてんどうち	驚天動地	世間を大いに驚かすこと。
ぎょくせきこんこう	玉石混交	良いものと悪いものが入り混じっている様子のこと。
きりゃくじゅうおう	機略縦横	臨機応変の策略を自在にめぐらし用いること。
きんかぎょくじょう	金科玉条	金や玉のように大切な法律。一番重要な規則。
きんげんじっちょく	謹厳実直	きわめて慎み深く、まじめで正直なさま。
きんじょうてっぺき	金城鉄壁	金や鉄で造ったような城壁を持つ堅固な城。物事が非常に堅固であることのたとえ。
きんじょうとうち	金城湯池	攻めるのが難しいほどに守りが固いこと。

く

くうちゅうのろうかく	空中楼閣	確かな根拠や現実味に欠けることのたとえ。
ぐんゆうかっきょ	群雄割拠	多くの英雄が各地で勢力をふるい、対立すること。

け

げいいんばしょく	鯨飲馬食	鯨が海水を吸い込むようにたくさん酒を飲み馬が草をはむようにたくさん食べるさま。
けいきょもうどう	軽挙妄動	事の是非をわきまえず、考えのない軽はずみな行動をすること。
けいこうぎゅうご	鶏口牛後	大きなものの後ろにつくよりは、小さなものの頭になるべきだの意。
けいはくたんしょう	軽薄短小	内容などが薄っぺらで、中身のないさま。
げんかしょうきゃく	減価償却	会計上の手続きの一つ。
けんにんふばつ	堅忍不抜	どんなことがあっても心を動かさず、じっと我慢して堪え忍ぶこと。

こ

こうがんむち	厚顔無恥	あつかましくて恥知らずなさま。
こうきとうらい	好機到来	ちょうどよい機会がくること。絶好の機会に恵まれること。
こうげんれいしょく	巧言令色	言葉を飾り、口先だけのことを言い、相手にこびへつらうこと。

読み	漢字をチェック!	意味
こ		
こうしこんどう	公私混同	公的なことと私的なことを区別しないで扱い行動すること。
こうだいむへん	広大無辺	果てしなく広く大きい様子のこと。限りなく広いこと。
こうちせっそく	巧遅拙速	じょうずで遅いより、へたでも速いほうがよいの意。古くは兵法の語。
こうへいむし	公平無私	公平で、判断に自分の感情などをまぜないこと。
ごえつどうしゅう	呉越同舟	仲の悪い者同士が同じ境遇や場所にいること。
ごくあくひどう	極悪非道	この上なく道理にそむいたひどい悪事を行うこと。
こぐんふんとう	孤軍奮闘	孤立した中で少人数で必死に戦うこと。
こじょうらくじつ	孤城落日	孤立無援の城に沈む夕日がさし込んでいる光景。勢力も傾き助けもこない心細いさま。
こじらいれき	故事来歴	昔から伝えられてきた物事についてのいわれや経過。「古事」とも書く。
こだいもうそう	誇大妄想	自分の能力や状態などを、実際より過大なものと思い込むさま。
こっかんもうしょ	酷寒猛暑	非常に厳しい寒さと暑さのこと。
こっくべんれい	刻苦勉励	非常に苦労して、勉学や仕事につとめはげむこと。類語に「刻苦精励」がある。
こりつむえん	孤立無援	独りぼっちで、だれも手を差しのべてくれない状態。類語に「孤軍奮闘」がある。
ごりむちゅう	五里霧中	霧が濃く方向がつかめないように、現状が把握できず方針が立てられない状態。
さ		
さいしょくけんび	才色兼備	すぐれた才知と美ぼうを兼ね備えている女性。「才色」は「さいしき」とも読む。
さんしすいめい	山紫水明	山が陽光を受けて紫色に映え、流れる川の水は澄んで清らかなこと。
さんみいったい	三位一体	三つのものが緊密に結びついて、あたかも一つのようになること。
し		
じがじさん	自画自賛	自分のことを自分でほめること。「賛」は絵画に書きそえる詩文のこと。
しくはっく	四苦八苦	苦労をすること。仏教語で、八つの思うようにいかないことを表す。
じごうじとく	自業自得	自分から出たものは自分に返るという意味。
じじょうじばく	自縄自縛	自分の心がけや言動によって、動きがとれなくなり苦しむこと。
しちてんばっとう	七転八倒	苦痛のあまり転げたり倒れたりしてもがくこと。「しちてんはっとう」とも読む。
しちなんはっく	七難八苦	いろいろな困難や多くの苦悩。仏教語で、七つの災いと八つの苦しみのこと。
しつじつごうけん	質実剛健	飾り気がなく、まじめで、心身ともに強くしっかりしていること。
しっぷうじんらい	疾風迅雷	素早く激しいさま。
じぼうじき	自暴自棄	物事に失敗するなどで希望を失った状態のとき、自分を粗末に扱い、やけになること。
しゃにむに	遮二無二	一つのことをがむしゃらにすること。
じゅうおうむじん	縦横無尽	この上なく自由自在で、思う存分にふるまうこと。
しゅうこういっち	衆口一致	多くの人の意見や評判がぴったり合うこと。
じゅうこうちょうだい	重厚長大	どっしりとしていて大きい様子のこと。

読み	四字熟語	意味
しゅうしいっかん	終始一貫	始めから終わりまで態度や行動が変わらず、同じであること。
しゅうそうれつじつ	秋霜烈日	刑罰・権威・意志などがきわめて厳しいさま。
じゆうほんぽう	自由奔放	常識などにとらわれず自分の思うままに行動すること。
しゅかくてんとう	主客転倒	人や物事の軽重が逆になること。「主客」は「しゅきゃく」とも読む。
じゅくりょだんこう	熟慮断行	じっくり考えた上で思い切って実行すること。
しゅけんざいみん	主権在民	国家の主権が人民にあるということ。
しゅしゃせんたく	取捨選択	必要なものを取り、不必要なものを捨てて選び取ること。
しゅちにくりん	酒池肉林	きわめてぜいたくな酒宴のこと。豪遊の限りを尽くすこと。
しゅびいっかん	首尾一貫	始めから終わりまで一つの方針や態度を貫き通すこと。
しゅんしょういっこく	春宵一刻	春の夜は何よりも風情がありその一刻は非常に大きな価値があるということ。
じゅんぷうまんぱん	順風満帆	帆に追い風を受け、船が快調に進むように、物事が順調に運ぶこと。
しょうしせんばん	笑止千万	ばかばかしいほどおかしいこと。
じょうじょうしゃくりょう	情状酌量	犯罪の事情を考慮して刑罰を軽くすること。
しょうしんしょうめい	正真正銘	うそや偽りが全くないこと。
しょうそうきえい	少壮気鋭	若く意気盛んで、将来が期待されること。

読み	四字熟語	意味
しょぎょうむじょう	諸行無常	この世のすべては常に移り変わり、永久に不変のものはないということ。
しょしかんてつ	初志貫徹	最初にもった志を最後まで曲げずに、貫き通すこと。
しりめつれつ	支離滅裂	てんでばらばらで、まとまりがないこと。乱れてつじつまが合わないこと。
しんざんゆうこく	深山幽谷	奥深い山や、物の形がはっきりしないほど深い谷。奥深く静かな自然のこと。
しんししゅくじょ	紳士淑女	教養と品格があり、礼儀正しい男女のこと。
しんしゅつきぼつ	神出鬼没	すばやく、自由自在に、現れたり隠れたりすること。所在が容易につかめないさま。
しんしょうひつばつ	信賞必罰	賞罰のけじめを厳正にすること。
しんしょうぼうだい	針小棒大	針のように小さなことを、棒ほどもあったように大きくいうこと。
しんしんきえい	新進気鋭	新たに参加したてで非常に意気込み、勢いが盛んなこと。
じんせきみとう	人跡未踏	いまだかつて、人が足を踏み入れたことのないこと。
じんそくかだん	迅速果断	すばやい判断で、物事を思い切って行うこと。
しんちんたいしゃ	新陳代謝	古いものと新しいものが入れ替わること。
しんぼうえんりょ	深謀遠慮	はるか先のことまで考えて立てた周到な計略。
じんめんじゅうしん	人面獣心	人間らしい心を持たない人のこと。顔は人間であるが心は獣の意から、冷酷非情な人。
しんらばんしょう	森羅万象	この世界に存在する全ての物事や現象のこと。

漢字をチェック！

	読み	四字熟語	意味
す	すいせいむし	酔生夢死	何をなすでもなく、ぼんやりと酒に酔ったように夢心地で生涯を過ごすこと。
	ずかんそくねつ	頭寒足熱	頭を冷やして足を温めること。健康によいとされる。
せ	せいこううどく	晴耕雨読	しがらみを離れた悠悠自適の生活をすること。
	せいさつよだつ	生殺与奪	生かすも殺すも、奪うも与えるも、思いのままであること。
	せいてんはくじつ	青天白日	よく晴れた天気。転じて、心にやましさも後ろめたさもなく、潔白であること。
	せいりょくはくちゅう	勢力伯仲	互いの力が釣り合っていて、優劣がつけにくいこと。
	せいれんけっぱく	清廉潔白	心が清く、後ろめたいところがないさま。類語に「青天白日」などがある。
	ぜったいぜつめい	絶体絶命	せっぱ詰まって逃げ場のない状態のこと。
	ぜひきょくちょく	是非曲直	物事の正・不正や、善悪。類語に「理非曲直」がある。
	ぜひぜんあく	是非善悪	物事のよしあし。類語に「是非曲直」「理非曲直」がある。
	せんがくひさい	浅学非才	学問や知識が十分ではなく、才能に乏しいこと。
	ぜんごふかく	前後不覚	前後がわからないほど正常な意識を失うこと。
	せんざいいちぐう	千載一遇	二度とない絶好のチャンス。千年に一度出会えるぐらいのチャンス。
	せんしばんこう	千紫万紅	色彩豊かで、さまざまな花が咲きほこっていること。
	ぜんだいみもん	前代未聞	これまで聞いたことがないような変わったこと。
	ぜんとたなん	前途多難	将来、さまざまな困難が予想されること。「前途有望」「前途洋洋」の対語。
	ぜんとゆうぼう	前途有望	将来に大いに見込みがあること。
	ぜんとようよう	前途洋洋	将来が開けていて、希望や可能性に満ちていること。
	せんばいとっきょ	専売特許	ある人物だけが得意とする技のこと。
	せんぺんばんか	千変万化	状況などがさまざまに変わること。
	せんりょのいっしつ	千慮一失	知者がどんなに入念に考えたことでも、一つぐらいは失敗や間違いがあるということ。
そ	そいそしょく	粗衣粗食	粗末な着物と粗末な食事。質素な生活のたとえ。
	そうごふじょ	相互扶助	社会や組織の構成員が互いに助け合うこと。
	そくだんそっけつ	即断即決	間をおかずに、すぐに決断すること。「優柔不断」の対語。
	そっせんすいはん	率先垂範	積極的に行動し模範を示すこと。
た	たいかついっせい	大喝一声	大きな声でどなりつけたり、しかりつけたりすること。
	たいきばんせい	大器晩成	偉大な人物は、ゆっくりと実力を養い、晩年に大成するということ。
	たいげんそうご	大言壮語	実力がともなわないのに口では大きなことを言うこと。
	たいざんほくと	泰山北斗	その道で大家として仰ぎ尊ばれる人。
	たいぜんじじゃく	泰然自若	物事に動じず、ゆったりと落ち着いて構えるさま。

読み	四字熟語	意味
だいたんふてき	大胆不敵	度胸がすわっていて敵をまったく恐れないさま。
だいどうしょうい	大同小異	大体は同じだが、細かいところに違いがあること。
たきぼうよう	多岐亡羊	方針が多すぎて選択に迷うたとえ。
たじたたん	多事多端	仕事や事件が多くて忙しいこと。
だんいほうしょく	暖衣飽食	暖かい服を着て、十分に食べること。なんの不足もない恵まれた生活のたとえ。
たんだいしんしょう	胆大心小	大胆でありながら、細心の注意をはらうこと。
たんとうちょくにゅう	単刀直入	前置きをせず、いきなり話の本題に入ること。
ち		
ちゅういさんまん	注意散漫	あれこれと気が散っており集中を欠いている様子のこと。
ちょうさんぼし	朝三暮四	目先の違いにこだわり、本質が同じであることに気づかないこと。
ちょうぼうぜっか	眺望絶佳	目の前の風景が素晴らしい様子のこと。
ちょうれいぼかい	朝令暮改	法令や通達がすぐに変更され、定まらないこと。
ちんしもっこう	沈思黙考	静かにじっとして、深く考え込むこと。
ちんもくかげん	沈黙寡言	落ち着いており言葉数が少ないこと。
つ		
つつうらうら	津津浦浦	全国の至るところ。
て		
てっとうてつび	徹頭徹尾	始めから終わりまで。一から十まで。
てんいむほう	天衣無縫	詩文などで技巧の跡がなく、ごく自然に見えながら完成度の高いこと。
てんがいこどく	天涯孤独	この世に身寄りが一人もいないこと。
てんかたいへい	天下泰平	世の中がよく治まって平穏であること。心配事がないこと。
と		
とういそくみょう	当意即妙	その場にふさわしいタイミングで即座の機転をきかすこと。
とうしまんまん	闘志満満	戦おうとする気持ちが満ちあふれていること。
どうしょういむ	同床異夢	状況や行動を共にしていても、目標や考え方が異なっているさま。
とうほんせいそう	東奔西走	あっちこっち忙しく走り回って尽力すること。
どくしょひゃっぺん	読書百遍	難解な文章でも繰り返し読めば、意味が自然と分かってくるということ。
どはつしょうてん	怒髪衝天	髪の毛が逆立つくらい怒ること。また、その形相。
な		
ないゆうがいかん	内憂外患	内部にも外部にも問題が多く、心配事が多いこと。
なんこうふらく	難攻不落	守りが堅固で攻め落としにくい。相手がなかなかこちらの思い通りにならないこと。
なんせんほくば	南船北馬	南は船で、北は馬で絶えずあちこちに旅行すること。
は		
はがんいっしょう	破顔一笑	顔をほころばせて笑うこと。
はくがくたさい	博学多才	多くの分野で豊富な知識を持っていること。
はくしゃせいしょう	白砂青松	白い砂と松の緑。海岸の美しい風景。「白砂」は「はくさ」とも読む。

	読み	漢字をチェック！	意味
は	はくしじゃっこう	薄志弱行	意志が弱くて実行力が足りないこと。
	ばじとうふう	馬耳東風	人に意見や批判をされても聞く耳を持たないさま。
	はっぽうびじん	八方美人	誰からもよく思われるようにうまく付き合っていく人のこと。
	はらんばんじょう	波乱万丈	変化が激しく劇的であること。
ひ	びじれいく	美辞麗句	飾った巧みな言葉。主にお世辞を言うための言葉や言いまわしのこと。
	ひゃくせんれんま	百戦錬磨	歴戦のなかできたえられること。経験豊富であること。
	ひゃっかそうめい	百家争鳴	多くの学者が自由に論争すること。
	ひゃっきやこう	百鬼夜行	悪人たちが自分勝手なふるまいをすること。
	ひょうりいったい	表裏一体	一つのものの表と裏を切り離せないように、二つのものが密接な関係にあること。
	ひよくれんり	比翼連理	夫婦の愛情の深いこと。
ふ	ふくざつかいき	複雑怪奇	いろいろなことが込み入って混乱しているため、全体として怪しく不思議なようす。
	ふしょうふずい	夫唱婦随	夫の意見に妻が従うこと。夫婦の仲がとてもよいこと。
	ふそくふり	不即不離	つかず離れずの関係を保つこと。
	ぶつじょうそうぜん	物情騒然	世間、世人がおだやかでなく物騒な状態。
	ふへんだとう	普遍妥当	どんな場合にも真理として承認されること。
	ふへんふとう	不偏不党	どちらにも味方せずに中立を保つこと。
	ふろうちょうじゅ	不老長寿	いつまでも年をとらずに長生きすること。
	ふわらいどう	付和雷同	確固とした考えを持たず、他人の説や判断に軽々しく同調すること。
	ふんこつさいしん	粉骨砕身	骨身を惜しまず、最大限の努力をすること。
	ぶんぶりょうどう	文武両道	学問と武芸のこと。また、その両方に優れていること。
	ふんれいどりょく	奮励努力	気力を奮い起こして励むこと。目標を立てて一心に当たる心構え。
へ	へいしんていとう	平身低頭	ひたすら恐縮しへりくだること。また、ひたすら謝ること。
	へんげんじざい	変幻自在	出没や変化が自由自在であること。類語に「千変万化」「変幻出没」がある。
	へんげんせきく	片言隻句	わずかな言葉。ちょっとした短い言葉のこと。
	へんげんせきご	片言隻語	わずかな言葉。ほんのちょっとした短い言葉。
ほ	ぼうじゃくぶじん	傍若無人	人を人とも思わないような態度や言動。人前をはばからず勝手気ままにふるまうこと。
	ぼうちゅうゆうかん	忙中有閑	仕事などに追われて忙しいなかにも、ひと息つけるわずかな暇はあるということ。
	ほうねんまんさく	豊年満作	農作物がよく実り収穫が多いこと。
	ほうふくぜっとう	抱腹絶倒	腹をかかえて倒れそうになるほど大笑いするさま。
	ほんまつてんとう	本末転倒	物事の根本と、枝葉のつまらないことを取り違えること。類語に「主客転倒」がある。

	読み	四字熟語	意味
み	みょうけいきさく	妙計奇策	人の意表をついた奇抜で優れたはかりごと。
む	むがむちゅう	無我夢中	物事に熱中して自分を忘れ、他のことを顧みないこと。
	むねんむそう	無念無想	無我の境地に入り何も考えないこと。
	むみかんそう	無味乾燥	おもしろみも味わいもない様子のこと。
め	めいきょうしすい	明鏡止水	心にくもりがなく静かに落ち着いているさま。
	めんきょかいでん	免許皆伝	武術や芸道などで、師が弟子に、その道の奥義を残らず伝え、その修了を認めること。
	めんもくやくじょ	面目躍如	「面目」は「めんぼく」とも読む。その人の名誉や評価にふさわしい活躍をするさま。
や	やろうじだい	夜郎自大	凡俗の中にいていばっている世間知らず。身のほど知らず。
ゆ	ゆいいつむに	唯一無二	ただそれ一つきりで、他に同じものはないこと。
	ゆいがどくそん	唯我独尊	この世で自分が最も優れているとうぬぼれること。
	ゆうげんじっこう	有言実行	口にしたことは何があっても成し遂げるということ。
	ゆうじゅうふだん	優柔不断	決断力に欠け、いつまでもぐずぐずしていること。類語に「意志薄弱」がある。
	ゆうしょうれっぱい	優勝劣敗	力のある者が勝ち、劣っている者が負けること。
	ゆうめいむじつ	有名無実	名前ばかりが立派で実態がそれに伴っていないこと。
	ゆうもうかかん	勇猛果敢	勇ましくて決断力が強く、屈しないこと。類語に「進取果敢」がある。
	ゆうゆうじてき	悠悠自適	ゆっくりと落ち着いて心静かに過ごすこと。気の向くままに生活すること。
	ゆだんたいてき	油断大敵	注意を怠れば必ず失敗を招くから警戒せよという戒めのこと。
よ	よういしゅうとう	用意周到	用意が十分に整って手抜かりのないこと。
	ようがいけんご	要害堅固	備えのかたいこと。「要害」は地勢が険しく、攻めるのに難しく守るのにたやすい地。
	ようしたんれい	容姿端麗	姿、形がきちんと整っていて美しいこと。
り	りきせんふんとう	力戦奮闘	力いっぱい戦うこと。全力を尽くして努力すること。
	りごうしゅうさん	離合集散	離れたり集まったりすること。また、そのくりかえし。
	りっしんしゅっせ	立身出世	社会的な地位を確立して名をあげること。
	りひきょくちょく	理非曲直	道理に合っていることとはずれていること。道徳的に正しいことと誤ったこと。
	りゅうげんひご	流言飛語	世の中で言いふらされる根拠もないうわさのこと。
	りゅうとうだび	竜頭蛇尾	初めは勢いが盛んだが、終わりは振るわないこと。
	りゅうりゅうしんく	粒粒辛苦	目標達成のために、こつこつと努力や苦労を重ねること。
	りんきおうへん	臨機応変	状況の変化に応じて適切に対処する様子のこと。
ろ	ろんしめいかい	論旨明快	議論の主旨や要旨の筋道が通っていて、わかりやすいこと。
わ	わようせっちゅう	和洋折衷	建築や生活様式などで、日本風と西洋風を適度に取り合わせること。

本書記載の情報は制作時点のものです。受検をお考えの方は、必ずご自身で下記の公益財団法人 日本漢字能力検定協会の発表する最新情報をご確認ください。

公益財団法人 日本漢字能力検定協会

【ホームページ】 https://www.kanken.or.jp/
＜本部＞ 京都市東山区祇園町南側 551 番地
TEL：(075)757－8600　FAX：(075)532－1110

ホームページにある「よくある質問」を読んで該当する質問がみつからなければメールフォームでお問合せください。電話でのお問合せ窓口は 0120－509－315（無料）です。

◆「漢検」「漢字検定」は公益財団法人 日本漢字能力検定協会の登録商標です。

本書に関する正誤等の最新情報は、下記のアドレスでご確認ください。
https://www.seibidoshuppan.co.jp/info/kakikomi-kankenj2-2402

◉ 上記アドレスに掲載されていない箇所で、正誤についてお気づきの場合は、書名・質問事項・氏名・住所（または FAX 番号）を明記の上、**成美堂出版**まで**郵送**または **FAX** でお問い合わせください。**お電話でのお問い合わせはお受けできません。**
◉ 内容によってはご質問をいただいてから回答を発送するまでお時間をいただくこともございます。
◉ 本書の内容を超える質問等にはお答えできませんので、あらかじめご了承ください。

よくあるお問い合わせ

Q 持っている辞書に掲載されている部首と、本書に掲載されている部首が違いますが、どちらが正解でしょうか？

A 辞書によっては、部首としているものが異なることがあります。**漢検の採点基準では、「漢検要覧2～10級対応　改訂版」（日本漢字能力検定協会発行）で示しているものを正解としています**ので、本書もこの基準に従っています。そのためお持ちの辞書と部首が異なることがあります。

書き込み式 漢字検定準2級問題集

編　著　成美堂出版編集部
発行者　深見公子
発行所　成美堂出版
〒162-8445　東京都新宿区新小川町1-7
電話(03)5206-8151 FAX(03)5206-8159
印　刷　大盛印刷株式会社

ISBN978-4-415-23270-6
落丁·乱丁などの不良本はお取り替えします
定価はカバーに表示してあります

書き込み式 漢字検定準2級問題集

別冊

解答・解説

- 解答は、常用漢字および常用漢字音訓表の読みで答えてください。それ以外の漢字・読みで答えると、正答とは認められません。
- 部首は、辞書や参考書によって多少違いがあります。本書では『漢検要覧2～10級対応 改訂版』(日本漢字能力検定協会発行)によります。
- 解答が複数ある場合は、どれか1つを書けば正解になります。

矢印の方向に引くと別冊が外れます

成美堂出版

コピーして使える答案用紙

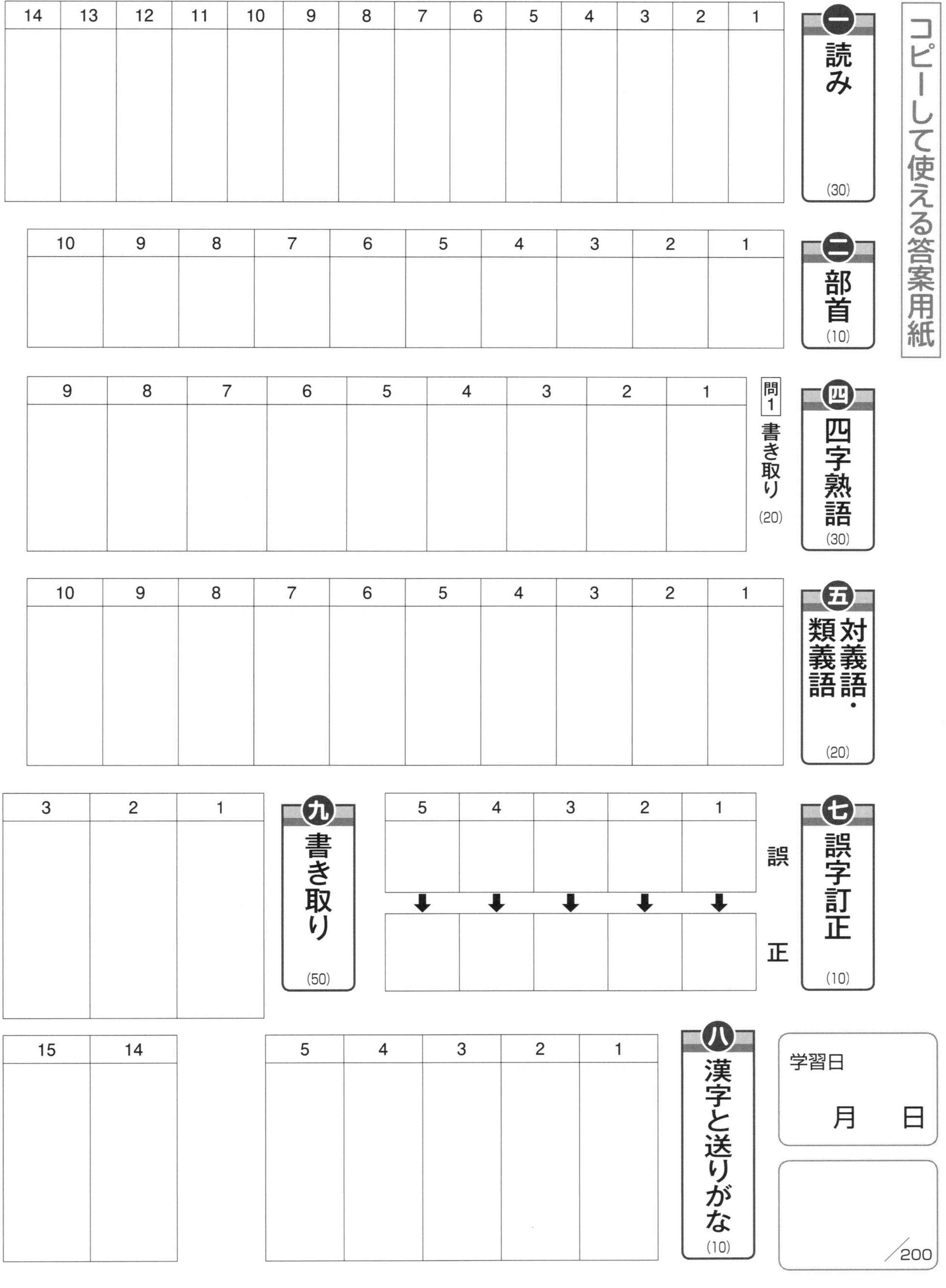

30	29	28	27	26	25	24	23	22	21	20	19	18	17	16	15

三 熟語の構成 (20)

10	9	8	7	6	5	4	3	2	1

10

問2 意味 (10)

15	14	13	12	11

六 同音・同訓異字 (20)

10	9	8	7	6	5	4	3	2	1

13	12	11	10	9	8	7	6	5	4

25	24	23	22	21	20	19	18	17	16

 第２章「本試験型テスト」の答案用紙です。くり返し学習したい人は、このページをコピーして使ってください。

学習ドリル 1 すぐにチェック!! 練習問題【解答・解説】

問題は本冊P10～12

練習問題 1 読み

グレーの部分は解答の補足です。

1 ありゅう
2 たいい
3 いつわ
4 いんぞく
5 よいん
6 うねおり
7 うらうら
8 けんえき
9 はいえつ
10 るいじんえん
11 おう凸(とつ)
12 がくおう
13 おそれ
14 うず
15 ぜっか
16 かわぐつ
17 かもく
18 かどう
19 か
20 ゆうかい
21 かいちゅう
22 がいそう
23 てんがい
24 かきね
25 かく
26 こうかくるい
27 いかく
28 やくびょうがみ
29 ほんかい

1「亜流(ありゅう)」は、学問などにおいて同じ派閥に属する人のこと。また、他人の模倣で独創性のないこと。
3「逸話(いつわ)」は、世間ではあまり知られていない興味深い話のこと。
15「舌禍(ぜっか)」は、自分の言論が他者を怒らせたり、道徳などに反していたりしたために受ける災いのこと。

練習問題 2 書き取り

グレーの部分は解答の補足です。

1 亜熱帯(あねったい)
2 一尉(いちい)
3 逸(いっ)した
4 韻文(いんぶん)
5 畝(うね)
6 浦(うら)
7 免疫(めんえき)
8 謁見(えっけん)
9 猿芝居(さるしばい)
10 凹面鏡(おうめんきょう)
11 虞(おそれ)
12 渦巻(うずま)き
13 禍根(かこん)
14 靴下(くつした)
15 多寡(たか)
16 稼(かせ)ぎ
17 蚊柱(かばしら)
18 拐帯(かいたい)
19 懐(ふところ)
20 生涯(しょうがい)
21 垣(がき)
22 核兵器(かくへいき)
23 貝殻(かいがら)
24 嚇怒(かくど)
25 婚姻(こんいん)
26 安逸(あんいつ)
27 老翁(ろうおう)
28 弾劾(だんがい)
29 寡聞(かぶん)

1「亜熱帯(あねったい)」は、気候帯の一つで、熱帯に次いで気温の高い地域のこと。
3「常軌を逸(いっ)した」は、常識では考えられないようなこと。
18「拐帯(かいたい)」は、他者から預かっているお金や物品を持ち逃げすること。

練習問題 3 同音・同訓異字

グレーの部分は解答の補足です。

1 婚姻(こんいん)
2 余韻(よいん)
3 疫病(えきびょう)
4 利益(りえき)
5 渦中(かちゅう)
6 禍根(かこん)
7 誘拐(ゆうかい)
8 本懐(ほんかい)
9 核心(かくしん)
10 威嚇(いかく)

練習問題 4 部首

1 二 に
2 音 おと
3 言 ごんべん
4 凵 うけばこ
5 羽 はね
6 革 かわへん
7 宀 うかんむり
8 忄 りっしんべん
9 力 ちから
10 殳 るまた ほこづくり
11 口 くちへん
12 虍 とらがしら とらかんむり

学習ドリル 2 すぐにチェック!! 練習問題【解答・解説】

問題は本冊P14~16

練習問題 ① 読み

グレーの部分は解答の補足です。

1 いっかつ
2 いっかつ
3 かっすい
4 かっしょく
5 かんかつ
6 かつ
7 かんきり
8 かんぼつ
9 かんじゃ
10 かんにん
11 せっかん
12 しゃっかん
13 かんさん
14 かんだい
15 いかん
16 かんげん
17 かんたい
18 がんこ
19 きが
20 べんぎ
21 ぎめい
22 ぎおん
23 ふんきゅう
24 こんきゅう
25 こばんだ
26 きょうじゅ
27 きょうげき
28 うやうやしい
29 きょうせい

3「渇水（かっすい）」は、雨が降らず、水がなくなること。
12「借款（しゃっかん）」は、国家間における借金のこと。
13「閑散（かんさん）」は、ひっそりと静まりかえっていること。
20「便宜（べんぎ）を図る」は、よい都合をつけること。
26「享受（きょうじゅ）」は、受け入れて自分のものとすること。

練習問題 ② 書き取り

グレーの部分は解答の補足です。

1 包括（ほうかつ）
2 恐喝（きょうかつ）
3 渇望（かつぼう）
4 暗褐色（あんかっしょく）
5 所轄（しょかつ）
6 且（か）つ
7 缶詰（かんづ）め
8 欠陥（けっかん）
9 患（わずら）って
10 堪（た）えない
11 棺（かん）おけ
12 約款（やっかん）
13 閑静（かんせい）
14 寛容（かんよう）
15 遺憾（いかん）
16 帰還（きかん）
17 艦長（かんちょう）
18 頑迷（がんめい）
19 飢（う）えて
20 適宜（てきぎ）
21 偽（いつわ）って
22 擬態（ぎたい）
23 糾弾（きゅうだん）
24 窮屈（きゅうくつ）
25 拒絶（きょぜつ）
26 享年（きょうねん）
27 挟（はさ）む
28 恭順（きょうじゅん）
29 矯（た）めて

1「包括（ほうかつ）」は、全てをひっくるめて一つにまとめること。
12「約款（やっかん）」は、契約や条約に定められている一つ一つの条項のこと。
18「頑迷（がんめい）」は、頑固で道理をわきまえないこと。自分の考えに固執して柔軟でないこと。
23「糾弾（きゅうだん）」は、責任を問いただして非難すること。

練習問題 ③ 同音・同訓異字

グレーの部分は解答の補足です。

1 一喝（いっかつ）
2 渇望（かつぼう）
3 缶詰（かんづ）め
4 陥落（かんらく）
5 堪忍（かんにん）
6 落款（らっかん）
7 適宜（てきぎ）
8 擬態（ぎたい）
9 享受（きょうじゅ）
10 矯正（きょうせい）

練習問題 ④ 部首

1 口 くちへん
2 車 くるまへん
3 阝 こざとへん
4 土 つちへん
5 欠 あくび かける
6 宀 うかんむり
7 亻 にんべん
8 扌 てへん
9 亠 なべぶた けいさんかんむり
10 穴 あなかんむり
11 ⺗ したごころ
12 矢 やへん

学習ドリル 3 すぐにチェック!! 練習問題【解答・解説】

問題は本冊P18~20

練習問題 1 読み

グレーの部分は解答の補足です。

1 ぎょうこう
2 さいきん
3 きんせん
4 きんが
5 えり
6 ぎんみ
7 いちぐう
8 くんしょう
9 くんとう
10 はぐき
11 けいこく
12 けいせつ
13 けい弔
14 けっさく
15 きげん
16 こんだて
17 けんきょ
18 けんし
19 けんちょ
20 けんめい
21 げんがく
22 ごえつ
23 ごいし
24 えど
25 こうてい
26 こう爵
27 こうずい
28 こうけん
29 はいすいこう

3「琴線(きんせん)に触れる」は、素晴らしい物事に触れて感銘を受けること。
7「千載一遇(せんざいいちぐう)」は、千回に一度のあるような非常によい機会のこと。
9「薫陶(くんとう)」は、優れた人格で人を良い方向へ導くこと。
22「呉越同舟(ごえつどうしゅう)」は、仲の悪い者同士が同じ場所にいること。

練習問題 2 書き取り

グレーの部分は解答の補足です。

1 暁(あかつき)
2 無菌(むきん)
3 琴(こと)
4 謹(つつし)んで
5 開襟(かいきん)
6 詩吟(しぎん)
7 片隅(かたすみ)
8 叙勲(じょくん)
9 薫(かお)る
10 地下茎(ちかけい)
11 雪渓(せっけい)
12 蛍(ほたる)
13 内弁慶(うちべんけい)
14 豪傑(ごうけつ)
15 嫌(きら)い
16 献身(けんしん)
17 謙譲(けんじょう)
18 繭(まゆ)
19 露顕(ろけん)　露見
20 命懸(いのちが)け
21 弦(つる)
22 呉服(ごふく)
23 囲碁(いご)
24 長江(ちょうこう)
25 首肯(しゅこう)
26 諸侯(しょこう)
27 洪水(こうずい)
28 貢(みつ)ぎ
29 溝(みぞ)

8「叙勲(じょくん)」は、功績のあった人物に勲章を授けること。
11「雪渓(せっけい)」は、夏になっても冬に降った雪がとけずに埋まったままでいる山の谷のこと。
13「内弁慶(うちべんけい)」は、家の中では強がっているが外では意気地がないこと。

練習問題 3 同音・同訓異字

グレーの部分は解答の補足です。

1 謹(きんしん)慎
2 開襟(かいきん)
3 勲(くんしょう)章
4 薫(くんとう)陶
5 蛍(けいこうとう)光灯
6 慶(けいじ)事
7 傑(けつぶつ)物
8 清潔(せいけつ)
9 顕(けんちょ)著
10 懸(けんめい)命

練習問題 4 部首

1 王 おう
2 言 ごんべん
3 阝 こざとへん
4 力 ちから
5 艹 くさかんむり
6 虫 むし
7 糸 いと
8 頁 おおがい
9 心 こころ
10 口 くち
11 肉 にく
12 貝 かい　こがい

学習ドリル 4 すぐにチェック!! 練習問題【解答・解説】

問題は本冊P22～24

練習問題 1 読み

グレーの部分は解答の補足です。

1 きんこう
2 こうばい
3 ごうもん
4 ごうたん
5 こくじ
6 こんちゅう
7 こんせつ
8 じさ しさ
9 さぎ
10 さいせき
11 さいしょう
12 さい培（ばい）
13 しょさい
14 さくいん
15 すぶた
16 さんばし
17 さんか
18 かし
19 しし
20 たまわる
21 こくじ
22 しっき
23 さえぎって
24 じゃばら
25 くんで
26 しゃくい
27 そそのかす
28 けっさい
29 かし

1「均衡（きんこう）」は、物事の釣り合いのこと。
4「剛胆（ごうたん）」は、恐れを知らず大胆な様子のこと。
8「示唆（しさ）」は、明言はせずそれとなく教えること。
17「傘下（さんか）」は、中心的な人物や勢力の影響下にあること。
19「嗣子（しし）」は、親の後継ぎの子のこと。

練習問題 2 書き取り

グレーの部分は解答の補足です。

1 平衡（へいこう）
2 購読（こうどく）
3 拷問（ごうもん）
4 剛健（ごうけん）
5 過酷（かこく）
6 昆布（こんぶ）
7 懇ろ（ねんごろ）
8 教唆（きょうさ）
9 詐称（さしょう）
10 砕けた（くだけた）
11 主宰（しゅさい）
12 盆栽（ぼんさい）
13 斎場（さいじょう）
14 検索（けんさく）
15 酢酸（さくさん）
16 桟道（さんどう）
17 傘（かさ）
18 選択肢（せんたくし）
19 継嗣（けいし）
20 賜杯（しはい）
21 御璽（ぎょじ）
22 漆塗り（うるしぬり）
23 遮断（しゃだん）
24 蛇行（だこう）
25 晩酌（ばんしゃく）
26 爵位（しゃくい）
27 懇親（こんしん）
28 砕身（さいしん）
29 宰相（さいしょう）

4「質実剛健（しつじつごうけん）」は、飾り気がなく心身ともにたくましい様子のこと。
11「主宰（しゅさい）」は、上に立って全体をまとめること。
16「桟道（さんどう）」は、山の崖（がけ）などに沿って棚のように張り出した道のこと。
19「継嗣（けいし）」は、家のあとつぎのこと。

練習問題 3 同音・同訓異字

グレーの部分は解答の補足です。

1 衡（均衡 きんこう）
2 購（購買 こうばい）
3 酷（酷評 こくひょう）
4 穀（雑穀 ざっこく）
5 唆（示唆 じさ しさ）
6 詐（詐称 さしょう）
7 宰（宰相 さいしょう）
8 栽（盆栽 ぼんさい）
9 肢（四肢 しし）
10 嗣（嗣子 しし）

練習問題 4 部首

1 扌 てへん
2 酉 とりへん
3 心 こころ
4 言 ごんべん
5 宀 うかんむり
6 木 き
7 人 ひとやね
8 口 くち
9 玉 たま
10 虫 むしへん
11 酉 とりへん
12 爫 つめかんむり つめがしら

すぐにチェック!! 練習問題【解答・解説】

問題は本冊P25～26

練習問題 1 送りがな

1 稼ぎ（かせ）
2 懐かしんで（なつ）
3 陥れる（おとしい）
4 患って（わずら）
5 偽り（いつわ）
6 窮まり（きわ）
7 恭しく（うやうや）
8 懇ろ（ねんご）
9 砕けた（くだ）
10 遮って（さえぎ）

練習問題 2 対義語・類義語

グレーの部分は解答の補足です。

1 豪傑（ごうけつ）
2 逸材（いつざい）
3 寡黙（かもく）
4 懐柔（かいじゅう）
5 寛容（かんよう）
6 閑散（かんさん）
7 陥没（かんぼつ）
8 頑固（がんこ）
9 飢餓（きが）
10 窮地（きゅうち）
11 拒絶（きょぜつ）
12 恭順（きょうじゅん）
13 勲功（くんこう）
14 慶賀（けいが）

練習問題 3 誤字訂正

グレーの部分は誤字・正字を含む熟語です。

	【誤】		【正】
1	禍中	→	渦中
2	拐中	→	懐中
3	喝望	→	渇望
4	関静	→	閑静
5	嫌虚	→	謙虚
6	海講	→	海溝

練習問題 4 四字熟語

グレーの部分は解答の補足です。

1 吉凶禍福（きっきょうかふく）　よいことと悪いこと。
2 沈黙寡言（ちんもくかげん）　落ち着いており言葉数が少ないこと。
3 天涯孤独（てんがいこどく）　身寄りが誰（だれ）もおらず、独りである様子のこと。
4 大喝一声（だいかついっせい）　大きな声でどなりつけたりしかりつけたりすること。
5 内憂外患（ないゆうがいかん）　国の内外に問題があり心配事が多いこと。
6 閑話休題（かんわきゅうだい）　それはさておき。
7 謹厳実直（きんげんじっちょく）　きわめて慎み深く、まじめで正直なさま。
8 呉越同舟（ごえつどうしゅう）　仲の悪い者同士や敵味方が、同じ場所や境遇にいること。
9 酷寒猛暑（こくかんもうしょ）　非常に厳しい寒さと暑さのこと。
10 暗中模索（あんちゅうもさく）　手がかりのないまま、あれこれとやってみること。
11 7
12 8
13 10

学習ドリル 5 すぐにチェック!! 練習問題【解答・解説】

問題は本冊P28～30

練習問題 1 読み

グレーの部分は解答の補足です。

1 しゅぎょく
2 じゅがく
3 しゅうじん
4 しゅうき
5 あいしゅう
6 ほうしゅう
7 みにくい
8 しるこ
9 じゅうじつ
10 じゅうたい
11 じゅうほう
12 おじ
13 しゅくじょ
14 しゅくせい
15 がくしゅうじゅく
16 しゅんそく
17 じゅんきょうじゅ
18 じゅんきょう
19 じゅんかん
20 しょみん
21 ゆいしょ
22 じょじゅつ
23 いっしょう
24 しょうろく
25 しょうぞうが
26 こうしょう
27 徹しょう
28 しょうじょう
29 ふしょうじ

1「珠玉」は、真珠や宝石のこと。また、宝石のように美しく貴いもの。
5「哀愁」は、もの悲しい感じのこと。
14「粛清」は、厳しく取り締まり不正をなくすこと。また、自らに反対する勢力などを厳しく取り締まること。

練習問題 2 書き取り

グレーの部分は解答の補足です。

1 真珠
2 儒教
3 死刑囚
4 臭い
5 愁える
6 応酬
7 醜態
8 果汁
9 充電
10 苦渋
11 銃口
12 伯叔
13 私淑
14 自粛
15 塾
16 俊敏
17 批准
18 殉職
19 循環器
20 庶務
21 内緒
22 叙景
23 升席
24 抄訳
25 不肖
26 尚早
27 宵
28 炎症
29 発祥

13「私淑」は、直接教えを受けないが密かに自分の師として模範とすること。
18「殉職」は、職務中に起こった出来事が原因で死亡すること。
22「叙景」は、自然の風景を文章にすること。
24「抄訳」は、原文の一部を抜き出して翻訳すること。

練習問題 3 同音・同訓異字

グレーの部分は解答の補足です。

1 哀愁
2 特集
3 応酬
4 醜態
5 墨汁
6 苦渋
7 批准
8 循環
9 抄訳
10 肖像

練習問題 4 部首

1 自 みずから
2 酉 とりへん
3 酉 とりへん
4 又 また
5 氵 さんずい
6 歹 かばねへん いちたへん がつへん
7 广 まだれ
8 又 また
9 肉 にく
10 ⺌ しょう
11 宀 うかんむり
12 ネ しめすへん

学習ドリル 6 すぐにチェック!! 練習問題【解答・解説】

問題は本冊P32～34

練習問題 1 読み

グレーの部分は解答の補足です。

1 こうしょう
2 そしょう
3 しょうせき
4 けしょう
5 しょうしょ
6 しょうれい
7 ひょうしょう
8 べんしょう
9 ざしょう
10 せんじょう
11 かじょう
12 どじょう
13 じょうぞう
14 つなみ
15 こうしん
16 妊しん
17 しんし
18 しんさつ
19 はさき
20 じんそく
21 じんだい
22 げんすい
23 いっすい
24 すうじく
25 すうはい
26 すえて
27 すぎなみき
28 せいしょう
29 せいきょ

5「詔書」は、天皇の命令を伝える文書のこと。
9「座礁」は、暗礁に船が乗り上げてしまうこと。
20「迅速」は、物事の進み具合が非常に速いこと。
21「甚大」は、非常に大きな。とても。
26「腰を据えて」は、落ち着いてことにあたること。

練習問題 2 書き取り

グレーの部分は解答の補足です。

1 渉外（しょうがい）
2 訴訟（そしょう）
3 硝煙（しょうえん）
4 化粧（けしょう）
5 詔（みことのり）
6 推奨（すいしょう）
7 顕彰（けんしょう）
8 償う（つぐな）
9 暗礁（あんしょう）
10 自浄（じじょう）
11 余剰（よじょう）
12 土壌（どじょう）
13 醸成（じょうせい）
14 津津々（しんしん）
15 唇（くちびる）
16 妊娠（にんしん）
17 紳士（しんし）
18 診て（み）
19 凶刃（きょうじん）
20 迅雷（じんらい）
21 甚だしい（はなは）
22 総帥（そうすい）
23 睡魔（すいま）
24 中枢（ちゅうすう）
25 崇敬（すうけい）
26 据わった（す）
27 杉（すぎ）
28 一斉（いっせい）
29 逝った（い）

1「渉外」は、外部と連絡や交渉を行うこと。
3「硝煙」は、火薬を燃やしたことで出る煙のこと。
20「疾風迅雷」は、風や雷のように素早く動くこと。
25「崇敬」は、あがめて敬うこと。

練習問題 3 同音・同訓異字

グレーの部分は解答の補足です。

1 干渉（かんしょう）
2 訴訟（そしょう）
3 硝石（しょうせき）
4 推奨（すいしょう）
5 浄財（じょうざい）
6 過剰（かじょう）
7 土壌（どじょう）
8 醸成（じょうせい）
9 迅速（じんそく）
10 甚大（じんだい）

練習問題 4 部首

1 石 いしへん
2 大 だい
3 石 いしへん
4 刂 りっとう
5 酉 とりへん
6 女 おんなへん
7 辶 しんにょう しんにゅう
8 甘 かん あまい
9 目 めへん
10 山 やま
11 木 きへん
12 斉 せい

学習ドリル 7 すぐにチェック!! 練習問題【解答・解説】

問題は本冊P36～38

練習問題 ① 読み

グレーの部分は解答の補足です。

1 せんせい
2 ぶんせき
3 こうせつ
4 せっとう
5 せんきょう
6 せんぬき
7 せんかい
8 じっせん
9 させん
10 すいせん
11 せんさい
12 ざぜん
13 ぜんしん
14 そぜい
15 そかい
16 そぞう
17 そうだい
18 べっそう
19 さがし
20 そうにゅう
21 じゅうそう
22 そうしつ
23 すいそう
24 しも
25 も
26 だとう
27 だらく
28 だみん
29 むだ

5「仙境(せんきょう)」は、仙人が住んでいる土地のこと。また、俗界を離れた静かな土地のこと。
8「実践(じっせん)」は、理論などを実際に行うこと。
13「漸進(ぜんしん)」は、だんだんと少しずつ進むこと。
16「塑像(そぞう)」は、粘土などを材料として造られた像のこと。

練習問題 ② 書き取り

グレーの部分は解答の補足です。

1 誓(ちか)った
2 透析(とうせき)
3 拙(つたな)い
4 窃取(せっしゅ)
5 仙人(せんにん)
6 耳栓(みみせん)
7 旋律(せんりつ)
8 実践(じっせん)
9 遷都(せんと)
10 薦(すす)め
11 繊維(せんい)
12 禅譲(ぜんじょう)
13 漸増(ぜんぞう)
14 租借地(そしゃくち)
15 疎(うと)い
16 彫塑(ちょうそ)
17 壮絶(そうぜつ)
18 山荘(さんそう)
19 捜査(そうさ)
20 挿(さ)し
21 法曹(ほうそう)
22 喪(も)
23 浴槽(よくそう)
24 霜柱(しもばしら)
25 海藻(かいそう)
26 妥協(だきょう)
27 堕(だ)する
28 怠惰(たいだ)
29 駄菓子(だがし)

12「禅譲(ぜんじょう)」は、帝王がその地位を血縁者でない徳のある人物に譲り渡すこと。
14「租借地(そしゃくち)」は、ある国が条約により一定期間他国に貸し与えた土地のこと。
26「妥協(だきょう)」は、互いの意志を尊重し少しずつ譲り合うこと。

練習問題 ③ 同音・同訓異字

グレーの部分は解答の補足です。

1 拙速(せっそく)
2 窃盗(せっとう)
3 変遷(へんせん)
4 推薦(すいせん)
5 禅宗(ぜんしゅう)
6 漸次(ぜんじ)
7 別荘(べっそう)
8 捜索(そうさく)
9 妥結(だけつ)
10 自堕落(じだらく)

練習問題 ④ 部首

1 言 げん
2 穴 あなかんむり
3 方 ほうへん かたへん
4 𧾷 あしへん
5 艹 くさかんむり
6 𤴔 ひきへん
7 土 つち
8 扌 てへん
9 曰 ひらび いわく
10 口 くち
11 艹 くさかんむり
12 女 おんな

学習ドリル **8**

すぐにチェック!! 練習問題【解答・解説】

問題は本冊P40～42

練習問題 1 読み

グレーの部分は解答の補足です。

1 たいぜん
2 せんたく
3 ただし
4 たなあげ
5 ちたい
6 ちくいち
7 ちつじょ
8 ちゃくし
9 せっちゅう
10 ちょうもん
11 ちょうせん
12 ちょうぼう
13 ちょうか
14 ちょうばつ
15 ちょくし
16 ちん
17 いちりづか
18 つけ物(もの)
19 ひとつぼ
20 ぞうてい
21 ほうてい
22 ていたく
23 ていしゅ
24 ていしゅく
25 ていぞう
26 ていさつ
27 ながめ
28 つり
29 こりない

1「泰然自若(たいぜんじじゃく)」は、どんなことにも動じない様子のこと。
5「痴態(ちたい)」は、ばかげた態度のこと。
9「折衷(せっちゅう)」は、いくつかの考えや案のよいところを抜き出し一つに合わせること。
15「勅旨(ちょくし)」は、天皇の意志のこと。
25「逓増(ていぞう)」は、だんだんと増えていること。

練習問題 2 書き取り

グレーの部分は解答の補足です。

1 安泰(あんたい)
2 洗濯(せんたく)
3 但(ただ)し
4 本棚(ほんだな)
5 愚痴(ぐち)
6 駆逐(くちく)
7 秩序(ちつじょ)
8 嫡男(ちゃくなん)
9 衷心(ちゅうしん)
10 弔(とむら)う
11 挑発(ちょうはつ)
12 眺(なが)める
13 釣(つ)り
14 懲役(ちょうえき)
15 勅使(ちょくし)
16 朕(ちん)
17 貝塚(かいづか)
18 漬(つ)ける
19 坪庭(つぼにわ)
20 露呈(ろてい)
21 朝廷(ちょうてい)
22 豪邸(ごうてい)
23 料亭(りょうてい)
24 貞節(ていせつ)
25 逓信(ていしん)
26 密偵(みってい)
27 泰斗(たいと)
28 挑(いど)む
29 懲(こ)らしめる

9「衷心(ちゅうしん)」は、心の奥底のこと。心の中。
15「勅使(ちょくし)」は、天皇などの使者のこと。
20「露呈(ろてい)」は、隠れていたものが表面に現れること。隠していたものをあからさまにすること。
25「逓信(ていしん)」は、順番に取り次いで音信を伝えること。

練習問題 3 同音・同訓異字

グレーの部分は解答の補足です。

1 弔問(ちょうもん)
2 挑戦(ちょうせん)
3 釣果(ちょうか)
4 懲戒(ちょうかい)
5 贈呈(ぞうてい)
6 出廷(しゅってい)
7 官邸(かんてい)
8 料亭(りょうてい)
9 逓増(ていぞう)
10 堤防(ていぼう)

練習問題 4 部首

1 氺 したみず
2 疒 やまいだれ
3 禾 のぎへん
4 女 おんなへん
5 弓 ゆみ
6 目 めへん
7 心 こころ
8 力 ちから
9 口 くち
10 阝 おおざと
11 貝 かい こがい
12 辶 しんにょう しんにゅう

まとめテスト 2 すぐにチェック!! 練習問題【解答・解説】

問題は本冊P43～44

練習問題 1 送りがな

1 醜(みにく)い
2 償(つぐな)う
3 醸(かも)した
4 甚(はなは)だ
5 拙(つたな)い
6 薦(すす)める
7 疎(うと)い
8 弔(とむら)う
9 眺(なが)める
10 懲(こ)らしめる

練習問題 2 対義語・類義語

グレーの部分は解答の補足です。

1 庶民(しょみん)
2 叙述(じょじゅつ)
3 高尚(こうしょう)
4 交渉(こうしょう)
5 浄化(じょうか)
6 迅速(じんそく)
7 甚大(じんだい)
8 午睡(ごすい)
9 逝去(せいきょ)
10 繊細(せんさい)
11 壮健(そうけん)
12 妥協(だきょう)
13 秩序(ちつじょ)
14 弔辞(ちょうじ)

練習問題 3 誤字訂正

グレーの部分は誤字・正字を含む熟語です。

	[誤]		[正]
1	報州	→	報酬
2	順環	→	循環
3	消像	→	肖像
4	代賞	→	代償
5	選都	→	遷都
6	兆発	→	挑発

練習問題 4 四字熟語

グレーの部分は解答の補足です。

1 一汁一菜(いちじゅういっさい)
2 春宵一刻(しゅんしょういっこく)
3 情状酌量(じょうじょうしゃくりょう)
4 紳士淑女(しんししゅくじょ)
5 減価償却(げんかしょうきゃく)
6 疾風迅雷(しっぷうじんらい)
7 遮二無二(しゃにむに)
8 大言壮語(たいげんそうご)
9 泰山北斗(たいざんほくと)
10 眺望絶佳(ちょうぼうぜっか)
11 6
12 9
13 7

1 一品のおかずと一品の汁物で構成された質素な食事のこと。
2 春の夜は何よりも風情がありその一刻は非常に大きな価値があるということ。
3 犯罪の事情を考慮して刑罰を軽くすること。
4 教養と品格があり、礼儀正しい男女のこと。
5 会計上の手続きの一つ。
6 素早く激しいさま。
7 一つのことをがむしゃらにすること。
8 実力がともなわないのに口では大きなことを言うこと。
9 その道で大家として仰ぎ尊ばれる人。
10 目の前の風景が素晴らしい様子のこと。

9 すぐにチェック!! 練習問題【解答・解説】

問題は本冊P46～48

練習問題 1 読み

グレーの部分は解答の補足です。

1 せんてい
2 どろ臭い
3 こうてつ
4 かんてつ
5 てっきょ
6 ついとう
7 とうじょう
8 びょうとう
9 つつぬけ
10 とうほん
11 きゅうとう
12 ほらあな
13 かんとく
14 おうとつ
15 ちゅうとん
16 じゅうなん
17 にそう
18 にんしん
19 にんじゃ
20 ていねい
21 はあく
22 は
23 はいしゃ
24 つちかう
25 ばいしょう
26 しょくばい
27 おでい
28 むねあげ
29 やわらかい

9「筒抜け」は、秘密の話がすぐに他に漏れること。また、通り抜けること。
11「急騰」は、物価や株の相場など値段が急激に上昇すること。
25「触媒」は、それ自身は変化しないが化学反応の速度に影響する働きをする物質のこと。

練習問題 2 書き取り

グレーの部分は解答の補足です。

1 競艇
2 泥沼
3 更迭
4 徹底
5 撤退
6 悼辞
7 搭載
8 棟木
9 水筒
10 謄写
11 沸騰
12 洞察
13 督促
14 凸
15 駐屯
16 軟着陸
17 尼寺
18 妊婦
19 忍耐
20 安寧
21 大雑把
22 覇権
23 廃業
24 培養
25 媒介
26 賠償
27 悼む
28 忍ぶ
29 廃れた

6「悼辞」は、人の死を悲しむ言葉のこと。
21「大雑把」は、細かいところまで注意せず雑な様子のこと。
22「覇権」は、特定の人物や集団が他者におびやかされない不動の地位や権力を得ること。
25「媒介」は、両方の間に立ち仲立ちすること。

練習問題 3 同音・同訓異字

グレーの部分は解答の補足です。

1 偵（偵察）
2 艇（船艇）
3 徹（冷徹）
4 哲（哲学）
5 悼（追悼）
6 謄（謄本）
7 把（把握）
8 覇（覇業）
9 培（培養）
10 媒（媒介）

練習問題 4 部首

1 亻 ぎょうにんべん
2 扌 てへん
3 忄 りっしんべん
4 ⺮ たけかんむり
5 言 げん
6 凵 うけばこ
7 屮 てつ
8 車 くるまへん
9 尸 かばね しかばね
10 宀 うかんむり
11 襾 おおいかんむり
12 女 おんなへん

学習ドリル 10 すぐにチェック!! 練習問題【解答・解説】

問題は本冊P50～52

練習問題 ① 読み

グレーの部分は解答の補足です。

1 がはく
2 はくらい
3 さばく
4 はだ
5 うえきばち
6 ざいばつ
7 はんざつ
8 はんぷ
9 おうひ
10 ひろう
11 もんぴ
12 ひめん
13 あいびょうか
14 こくひん
15 ひんぱつ
16 びん
17 ふよう
18 ふぞく
19 ふだい
20 ぶじょく
21 わかして
22 ふんいき
23 いきどおる
24 こうおつへい
25 へいがん
26 へい
27 とびら
28 ねこ
29 あわせて

2「船来品（はくらいひん）」は、外国から来た製品のこと。
7「煩雑（はんざつ）」は、非常に込み入っていてわずらわしい様子のこと。
8「頒布（はんぷ）」は、不特定の相手に広く配ること。
19「譜代（ふだい）」は、代々特定の家に仕える こと。

練習問題 ② 書き取り

グレーの部分は解答の補足です。

1 伯父（おじ）
2 船舶（せんぱく）
3 漠然（ばくぜん）
4 鳥肌（とりはだ）
5 火鉢（ひばち）
6 学閥（がくばつ）
7 煩（わずら）わしい
8 頒価（はんか）
9 妃殿下（ひでんか）
10 披見（ひけん）
11 開扉（かいひ）
12 罷業（ひぎょう）
13 猫背（ねこぜ）
14 来賓（らいひん）
15 頻繁（ひんぱん）
16 瓶詰（びんづ）め
17 扶助（ふじょ）
18 寄付（きふ）・寄附
19 譜面（ふめん）
20 侮（あなど）る
21 沸（わ）いた
22 雰囲気（ふんいき）
23 憤慨（ふんがい）
24 丙種（へいしゅ）
25 合併（がっぺい）
26 板塀（いたべい）
27 鉢巻（はちま）き
28 沸騰（ふっとう）
29 義憤（ぎふん）

10「披見（ひけん）」は、手紙や文書などを開いて見ること。
12「同盟罷業（どうめいひぎょう）」は、労働者が団結して仕事を行うことで雇用者に抗議すること。ストライキ。
29「義憤（ぎふん）」は、道義に外れたことに対するいきどおりのこと。

練習問題 ③ 同音・同訓異字

グレーの部分は解答の補足です。

1 伯（はくちゅう）仲
2 舶（はくらい）来
3 財閥（ざいばつ）
4 厳罰（げんばつ）
5 披（ひろう）露
6 罷（ひめん）免
7 愛猫（あいびょう）
8 描（びょうしゃ）写
9 頻（ひんぱつ）発
10 極貧（ごくひん）

練習問題 ④ 部首

1 氵 さんずい
2 月 にくづき
3 門 もんがまえ
4 頁 おおがい
5 戸 とだれ　とかんむり
6 貝 かい　こがい
7 頁 おおがい
8 瓦 かわら
9 言 ごんべん
10 氵 さんずい
11 忄 りっしんべん
12 一 いち

学習ドリル 11 すぐにチェック!! 練習問題【解答・解説】

問題は本冊P54〜56

練習問題 1 読み

グレーの部分は解答の補足です。

1 ぞうへい
2 へいがい
3 へんれき
4 へんれき
5 きほう
6 ねんぽう
7 ほうび
8 かいぼう
9 ぼうせき
10 そぼく
11 こうぼく
12 すもう
13 ぼり
14 ほんぽう
15 あさ
16 まてんろう
17 けんま
18 まっちゃ
19 みさき
20 めい
21 もうそう
22 もうてん
23 しょうもう
24 やっかい
25 ゆかい
26 きょうゆ
27 かたよった
28 ますい
29 みがいて

2「弊害(へいがい)」は、他のものに悪い影響を与える物事。
14「奔放(ほんぽう)」は、常識などにとらわれず思うようにふるまうこと。
16「摩天楼(まてんろう)」は、天に達するほど高い建物のこと。
23「消耗(しょうもう)」は、使って減ること、減らすこと。また、力を使い果たすこと。

練習問題 2 書き取り

グレーの部分は解答の補足です。

1 貨幣(かへい)
2 悪弊(あくへい)
3 偏重(へんちょう)
4 遍路(へんろ)
5 一泡(ひとあわ)
6 俸給(ほうきゅう)
7 褒め(ほ)
8 解剖(かいぼう)
9 紡ぐ(つむ)
10 純朴(じゅんぼく)
11 僕(ぼく)
12 撲滅(ぼくめつ)
13 外堀(そとぼり)
14 奔走(ほんそう)
15 麻薬(まやく)
16 磨耗(まもう)・摩耗(まもう)
17 抹殺(まっさつ)
18 岬(みさき)
19 銘菓(めいか)
20 妄言(もうげん)
21 盲学校(もうがっこう)
22 消耗(しょうもう)
23 厄日(やくび)
24 愉悦(ゆえつ)
25 諭旨(ゆし)
26 偏り(かたよ)
27 発泡酒(はっぽうしゅ)
28 錬磨(れんま)
29 耗弱(こうじゃく)

4「お遍路(へんろ)」は、弘法(こうぼう)大師にゆかりのある八十八か所の霊場を巡って参拝すること。
6「俸給(ほうきゅう)」は、国家公務員に対して支払われる給料のこと。
14「奔走(ほんそう)」は、あちこち駆けまわり物事が上手くいくよう努力すること。

練習問題 3 同音・同訓異字

グレーの部分は解答の補足です。

1 遍歴(へんれき)
2 偏在(へんざい)
3 水泡(すいほう)
4 褒美(ほうび)
5 奔走(ほんそう)
6 翻意(ほんい)
7 感銘(かんめい)
8 同盟(どうめい)
9 盲点(もうてん)
10 消耗(しょうもう)

練習問題 4 部首

1 巾 はば
2 廾 こまぬき にじゅうあし
3 衣 ころも
4 刂 りっとう
5 木 きへん
6 大 だい
7 手 て
8 石 いし
9 山 やまへん
10 女 おんな
11 耒 すきへん らいすき
12 厂 がんだれ

学習ドリル 12 すぐにチェック!! 練習問題【解答・解説】

問題は本冊P58～60

練習問題 1 読み

グレーの部分は解答の補足です。

1 いやす
2 ゆいいつ
3 ゆうきゅう
4 ゆうよ
5 よゆう
6 ゆうかい
7 そようちょう
8 ようぎょう
9 もうら
10 らくのう
11 げり
12 りれき
13 やなぎ
14 りゅうぐう
15 りゅうさん
16 りょしゅう
17 せいりょう
18 どうりょう
19 りょうぼ
20 りんり
21 るいせき
22 いちるい
23 へんれい（金）
24 ふうりん
25 しゅうわい
26 わくぐみ
27 ゆうちょう
28 いおう
29 すずしく

3「悠久（ゆうきゅう）」は、非常に長い間変化せず続いていること。
4「猶予（ゆうよ）」は、実行の日時を先送りにすること。
10「酪農（らくのう）」は、牛などを飼育しその乳や乳製品を生産する農家のこと。
16「虜囚（りょしゅう）」は、ほりょのこと。敵に捕らわれた人のこと。
21「累積（るいせき）」は、物事が次々と重なって積もること。

練習問題 2 書き取り

グレーの部分は解答の補足です。

1 平癒（へいゆ）
2 唯唯（いい）／唯々
3 悠悠（ゆうゆう）／悠々
4 猶予（ゆうよ）
5 裕福（ゆうふく）
6 金融（きんゆう）
7 凡庸（ぼんよう）
8 窯元（かまもと）
9 羅針盤（らしんばん）
10 酪農（らくのう）
11 赤痢（せきり）
12 履いて（は）
13 川柳（せんりゅう）
14 竜神（りゅうじん）
15 硫黄（いおう）
16 捕虜（ほりょ）
17 涼み（すず）
18 官僚（かんりょう）
19 寮（りょう）
20 人倫（じんりん）
21 係累（けいるい）
22 土塁（どるい）
23 戻す（もど）
24 予鈴（よれい）
25 鈴虫（すずむし）
26 賄う（まかな）
27 大枠（おおわく）
28 癒えた（い）
29 竜巻（たつまき）

1「平癒（へいゆ）」は、病気が治ること。
2「唯唯諾諾（いいだくだく）」は、物事の善悪などを考えずに他者の言いなりになること。
3「悠悠（ゆうゆう）」は、ゆったりと落ちついた様子のこと。また、はるかに遠いさま。
21「係累（けいるい）」は、面倒を見なければならない家族のこと。

練習問題 3 同音・同訓異字

グレーの部分は解答の補足です。

1 教諭（きょうゆ）
2 癒着（ゆちゃく）
3 猶予（ゆうよ）
4 富裕層（ふゆうそう）
5 凡庸（ぼんよう）
6 擁護（ようご）
7 隆盛（りゅうせい）
8 竜神（りゅうじん）
9 涼風（りょうふう）
10 閣僚（かくりょう）

練習問題 4 部首

1 疒 やまいだれ
2 心 こころ
3 犭 けものへん
4 穴 あなかんむり
5 酉 とりへん
6 竜 りゅう
7 虍 とらがしら とらかんむり
8 亻 にんべん
9 糸 いと
10 土 つち
11 金 かねへん
12 貝 かいへん

まとめテスト 3 すぐにチェック!! 練習問題【解答・解説】

問題は本冊P61～62

練習問題 1 送りがな

1 悼(いた)む
2 軟(やわ)らかく
3 忍(しの)ばせる
4 廃(すた)れて
5 培(つちか)う
6 煩(わずら)わしい
7 侮(あなど)って
8 併(あわ)せて
9 偏(かたよ)り
10 涼(すず)しく

練習問題 2 対義語・類義語

グレーの部分は解答の補足です。

1 撤回(てっかい)
2 高騰(こうとう)
3 軟弱(なんじゃく)
4 忍耐(にんたい)
5 覇気(はき)
6 廃棄(はいき)
7 罷免(ひめん)
8 頻発(ひんぱつ)
9 軽侮(けいぶ)
10 憤慨(ふんがい)
11 撲滅(ぼくめつ)
12 快癒(かいゆ)
13 融解(ゆうかい)
14 倫理(りんり)

練習問題 3 誤字訂正

グレーの部分は誤字・正字を含む熟語です。

	[誤]		[正]
1	徹回	↓	撤回
2	急騰	↓	急騰
3	培体	↓	媒体
4	普面	↓	譜面
5	偏路	↓	遍路
6	僕滅	↓	撲滅

練習問題 4 四字熟語

グレーの部分は解答の補足です。

1 堅忍不抜(けんにんふばつ)
2 勢力伯仲(せいりょくはくちゅう)
3 相互扶助(そうごふじょ)
4 不偏不党(ふへんふとう)
5 読書百遍(どくしょひゃっぺん)
6 自由奔放(じゆうほんぽう)
7 正真正銘(しょうしんしょうめい)
8 唯一無二(ゆいいつむに)
9 悠悠自適(ゆうゆうじてき)
10 森羅万象(しんらばんしょう)
11 2
12 5
13 一

1 どんなことがあっても心を動かさず、じっと我慢して堪え忍ぶこと。
2 互いの力が釣り合っていて、優劣がつけにくいこと。
3 社会や組織の構成員が互いに助け合うこと。
4 偏ることなく公正で中立の立場に立つこと。
5 難解な文章でも繰り返し読めば、意味が自然と分かってくるということ。
6 常識などにとらわれず自分の思うままに行動すること。
7 うそや偽りが全くないこと。
8 この世でただ一つしかなく、他に並ぶものがないこと。
9 のんびりと心静かに自分の思うままの生活を送ること。
10 この世界に存在する全ての物事や現象のこと。

MEMO

一 読み

各1点／計30点

グレーの部分は解答の補足です。

1 らくのう
2 けしょう
3 にるいだ
4 しゅうわい
5 きんゆう
6 ふってん
7 かびん
8 かいぼう
9 まさつ
10 しょうもう
11 よゆう
12 べっそう
13 せっとう
14 めいずる
15 ちつじょ
16 こんだて
17 そうにゅう
18 あかんたい
19 けんじょう
20 かいそう
21 もどし
22 やなぎ
23 わく
24 こよみ
25 かみなり
26 つぼ
27 そえて
28 つたない
29 すずしい
30 もぐれない

4「収賄（しゅうわい）」は、職務上の地位を悪用して金品を受け取り、その代わりとして便宜を図ること。
8「解剖（かいぼう）」は、生物の体を切り開いてその内部構造を観察したり、病変や死因などを調べること。
9「経済摩擦（けいざいまさつ）」は、国家間の収支の不均衡により生じる経済問題のこと。
14「肝（きも）に銘（めい）ずる」は、心に深く刻みつけ、忘れないようにすること。

二 部首

各1点／計10点

グレーの部分は部首の名前です。

1 糸 いと
2 言 げん
3 忄 りっしんべん
4 女 おんなへん
5 氵 さんずい
6 亻 にんべん
7 馬 うまへん
8 衣 ころも
9 日 ひ
10 音 おと

三 熟語の構成

各2点／計20点

1 オ
2 イ
3 オ
4 エ
5 ア
6 ウ
7 エ
8 ア
9 ウ
10 イ

不満（ふまん） 不（否定）＋満（足）。「満足していない」
陰陽（いんよう） 陰（かげ）⇔陽（ひなた）
非礼（ひれい） 非（否定）＋礼（儀）。「礼儀にそむく」
登山（とざん） 登（る）←山（に）
素朴（そぼく） どちらも「自然なまま」の意。
逓増（ていぞう） 逓（だんだんと）→増（える）
遷都（せんと） 遷（移動する）←都（を）
優秀（ゆうしゅう） どちらも「すぐれている」の意。
年貢（ねんぐ） 年（ごとの）→貢（ぎ物）
愛憎（あいぞう） 愛（する）⇔憎（む）

四 四字熟語

問1 各2点／計20点

グレーの部分は解答の補足です。

1 普遍妥当（ふへんだとう） どんな場合にも真理として承認されること。
2 不即不離（ふそくふり） つかず離れずの関係を保つこと。
3 終始一貫（しゅうしいっかん） 始めから終わりまで態度や行動が変わらず、同じであること。
4 当意即妙（とういそくみょう） その場にふさわしいタイミングで即座の機転をきかすこと。
5 縦横無尽（じゅうおうむじん） この上なく自由自在で、思う存分にふるまうこと。
6 臨機応変（りんきおうへん） 状況の変化に応じて適切に対処する様子のこと。
7 好機到来（こうきとうらい） ちょうどよい機会がくること。絶好の機会に恵まれること。
8 笑止千万（しょうしせんばん） ばかばかしいほどおかしいこと。
9 一罰百戒（いちばつひゃっかい） 一人の罪を罰することで他の人が同じ過ちを犯さないようにすること。
10 不老長寿（ふろうちょうじゅ） いつまでも年をとらずに長生きすること。

問2 各2点／計10点

11 コ
12 ク
13 キ
14 イ
15 ア

五 対義語・類義語

グレーの部分は問題の熟語です。

各2点 計20点

1 購入—売却
2 恒例—臨時
3 削除—添加
4 直面—回避
5 受理—却下
6 調停—仲裁
7 猶予—延期
8 奇抜—突飛
9 一生—生涯
10 輸送—運搬

2「恒例」は、決まって行われる行事や儀式などのこと。
7「猶予」は、実行する時期を先送りし、余裕を与えること。

六 同音・同訓異字

グレーの部分は解答の補足です。

各2点 計20点

1 乾燥
2 還暦
3 裁断
4 盆栽
5 猛毒
6 盲導犬
7 商店街
8 外観
9 悼む
10 痛む

七 誤字訂正

グレーの部分は誤字・正字を含む熟語です。

各2点 計10点

	［誤］		［正］
1	紳経	→	神経
2	恵観	→	景観
3	象眺	→	象徴
4	兆躍	→	跳躍
5	多際	→	多彩

八 漢字と送りがな

各2点／計10点

1 頼もしい
2 遮る
3 腐っ
4 恋しい
5 惑わす

九 書き取り

グレーの部分は解答の補足です。

各2点 計50点

1 激震
2 沈黙
3 寝台
4 思慮
5 漫画
6 帽子
7 砲台
8 沢山
9 零下
10 猟銃
11 紡績
12 天涯
13 奔走
14 促進
15 極まって
16 恥ずかし
17 飾って
18 斜め
19 載った
20 隣
21 獣
22 朗らか
23 結って
24 災い
25 猫

3「寝台列車」は、夜行列車のうち、寝ることができるようベッドが備え付けられた寝台車を主体とした車両のこと。
4「思慮深い」は、物事を注意深く十分に考えること。
11「紡績」は、綿や蚕の繭など原料となる線維から糸にするまでの工程のこと。
12「天涯孤独」は、親類・縁者などの身寄りが一人もなく、まったく独りぼっちであること。また、「天涯」は、空のはてのこと。故郷から遠く離れた場所のこと。

一 読み

各1点 計30点

グレーの部分は解答の補足です。

1 こんいん
2 おうとつ
3 いご
4 こうけん
5 かこく
6 しさ
7 せんたくし
8 しゅくじょ
9 じょうか
10 にんしん
11 そうすい
12 せんさい
13 ぜんげん
14 すいそう
15 だきょう
16 せんたくき
17 ていねい
18 らいひん
19 ゆかい
20 どくしんりょう
21 いえる
22 くだく
23 うえた
24 かかって
25 おちいる
26 つつしんで
27 ほたる
28 かせぐ
29 すわった
30 いつわらない

6「示唆（しさ）」は、それとなく気づかせること。ほのめかすこと。
13「漸減（ぜんげん）」は、だんだんと減っていくこと。
15「妥協（だきょう）」は、主張が対立している場合に互いの主張を譲歩しあって結論を出すこと。
18「来賓（らいひん）」は、式や会などに客として来た人物のこと。
29「肝（きも）の据（す）わった」は、多少のことでは動じない精神をもっている人物のこと。

二 部首

各1点 計10点

グレーの部分は部首の名前です。

1 寸 すん
2 羽 はね
3 缶 ほとぎ
4 王 おう
5 肉 にく
6 欠 あくび かける
7 力 ちから
8 艹 くさかんむり
9 玉 たま
10 聿 ふでづくり

三 熟語の構成

各2点 計20点

1 オ　非凡（ひぼん）　非（否定）＋凡（庸）。「凡庸でない」
2 ア　迅速（じんそく）　どちらも「はやい」の意。
3 エ　退寮（たいりょう）　退（く）←寮（を）
4 エ　出塁（しゅつるい）　出（る）←塁（に）
5 ウ　涼風（りょうふう）　涼（しい）→風
6 イ　美醜（びしゅう）　美（しい）⇔醜（い）
7 オ　不偏（ふへん）　不（否定）＋偏（り）。「偏りがない」
8 ア　災厄（さいやく）　どちらも「わざわい」の意。
9 ウ　環礁（かんしょう）　環（状の）→礁（さんご礁）
10 イ　是非（ぜひ）　是（良いこと）⇔非（悪いこと）

四 四字熟語

問1 各2点／計20点

グレーの部分は解答の補足です。

1 天涯孤独（てんがいこどく）　この世に身寄りが一人もいないこと。
2 同床異夢（どうしょういむ）　状況や行動を共にしていても、目標や考え方が異なっているさま。
3 夜郎自大（やろうじだい）　凡俗の中にいていばっている世間知らず。身のほど知らず。
4 徹頭徹尾（てっとうてつび）　始めから終わりまで。一から十まで。
5 馬耳東風（ばじとうふう）　人に意見や批判をされても聞く耳を持たないさま。
6 臨機応変（りんきおうへん）　状況の変化に応じて適切に対処するさま。
7 怒髪衝天（どはつしょうてん）　髪の毛が逆立つくらい怒ること。また、その形相。
8 新陳代謝（しんちんたいしゃ）　古いものと新しいものが入れ替わること。
9 専売特許（せんばいとっきょ）　ある人物だけが得意とする技のこと。
10 主権在民（しゅけんざいみん）　国家の主権が人民にあるということ。

問2 各2点／計10点

11 カ
12 ケ
13 オ
14 エ
15 ウ

五 対義語・類義語

各2点 計20点

グレーの部分は問題の熟語です。

1 遵法―違法
2 凡人―傑物
3 農閑―農繁
4 貧困―裕福
5 既知―未知
6 反対―異議
7 奔走―尽力
8 永眠―他界
9 素性―経歴
10 刷新―改善

5「既知」は、すでに知っていること。もしくはすでに知られていること。
6「異議」は、ある考えとは異なる考えのこと。反対意見。

六 同音・同訓異字

各2点 計20点

グレーの部分は解答の補足です。

1 詳（細）
2 召（集）
3 近隣
4 倫（理）
5 影（響）
6 鋭（利）
7 環（境）
8 観（劇）
9 渇（く）
10 乾（いた）

七 誤字訂正

各2点 計10点

グレーの部分は誤字・正字を含む熟語です。

［誤］ → ［正］
1 供（え） → 備（え）
2 尋（ねる） → 訪（ねる）
3 般（入） → 搬（入）
4 （西）歴 → （西）暦
5 （功）責 → （功）績

八 漢字と送りがな

各2点／計10点

1 迎え
2 恵まれ
3 溶かし
4 踊り
5 沸かす

九 書き取り

各2点 計50点

グレーの部分は解答の補足です。

1 恋愛
2 情報網
3 落涙
4 支援
5 枚挙
6 湯治
7 焼却
8 冠水
9 免疫
10 陥没
11 遺憾
12 悪心
13 狭量
14 類似
15 転嫁
16 和（やか）
17 調（える）
18 抱（き）
19 透（けて）
20 倒（され）
21 贈（る）
22 扱（い）
23 傷（み）
24 穏（やか）
25 専（ら）

5「枚挙にいとまがない」は、数え上げるときりがないということ。「枚挙」は、一つ一つ数え上げること。
6「湯治」は、疾病の治療のために長期間温泉に入ること。
8「冠水」は、大雨や台風などにより田畑が水びたしになること。
9「免疫」は、体外から入ってくる病気のもととなる菌やウイルスに対して抵抗を行う働きのこと。
15「責任転嫁」は、自分の責任を他の人になすりつけること。

準2級 本試験型テスト 第3回 解答・解説

問題は本冊P76～81

一 読み

各1点／計30点

グレーの部分は解答の補足です。

1 しょみん
2 きょうねん
3 じゅく
4 かんこどり
5 ひょうしょう
6 がんめい
7 てつや
8 けいこく
9 せんぱく
10 さんばし
11 こうずい
12 かへい
13 ごうもん
14 しさ じさ
15 せきり
16 ちょうせん
17 しゅざん
18 きん
19 せん
20 すいみん
21 すすめ
22 こりない
23 ちゅうせき
24 つけ
25 かきね
26 つつ
27 さる
28 やわらかい
29 とびら
30 よい

2「享年（きょうねん）」は、天から授かった寿命のこと。死んだ時の年齢のこと。
4「閑古鳥（かんこどり）」は、人が訪れず、静まりかえっている様子。お客が来ず商売がはやらないさま。「閑古鳥」はカッコウの別名。
6「頑迷（がんめい）」は、頑固で道理をわきまえないこと。自分の考えに固執して柔軟でないこと。
15「赤痢（せきり）」は、赤痢菌が腸に感染することで起こる感染症のこと。

二 部首

各1点／計10点

グレーの部分は部首の名前です。

1 ⺌ しょう
2 十 じゅう
3 宀 うかんむり
4 𤴓 ひきへん
5 口 くち
6 口 くち
7 大 だい
8 尸 しかばね かばね
9 殳 るまた ほこづくり
10 山 やま

三 熟語の構成

各2点／計20点

1 オ
2 ア
3 ウ
4 ウ
5 イ
6 エ
7 オ
8 ア
9 イ
10 エ

非才（ひさい） 非（否定）＋才（能）。「才能がない」
建設（けんせつ） どちらも「もうける」の意。
永住（えいじゅう） 永（遠に）→住（む）
重罪（じゅうざい） 重（い）→罪
有無（うむ） 有（る）⇔無（い）
献金（けんきん） 献（上する）←金（お金を）
無臭（むしゅう） 無（否定）＋臭（う）。「におわない」
合併（がっぺい） どちらも「あわせる」の意。
細大（さいだい） 細（事）⇔大（事）
就職（しゅうしょく） 就（つく）←職（に）

四 四字熟語

問1 各2点／計20点

グレーの部分は解答の補足です。

1 東奔西走（とうほんせいそう） あっちこっち忙しく走り回って尽力すること。
2 雲散霧消（うんさんむしょう） 物事が一時に消えてなくなること。あとかたもなくなること。
3 呉越同舟（ごえつどうしゅう） 仲の悪い者同士が同じ境遇や場所にいること。
4 流言飛語（りゅうげんひご） 世の中で言いふらされる根拠もないうわさのこと。
5 意味深長（いみしんちょう） 言葉などの意味が奥深いさま。そこに別の意味が込められているさま。
6 一日千秋（いちじつせんしゅう） 一日が千年にも思えるほど待ちどおしい気持ち。
7 有名無実（ゆうめいむじつ） 名前ばかりが立派で実態がそれに伴っていないこと。
8 内憂外患（ないゆうがいかん） 内部にも外部にも問題が多く、心配事が多いこと。
9 一知半解（いっちはんかい） 知識や理解が不十分であること。
10 沈思黙考（ちんしもっこう） 静かにじっとして、深く考え込むこと。

問2 各2点／計10点

11 オ
12 カ
13 ア
14 コ
15 イ

五 対義語・類義語

各2点 計20点

グレーの部分は問題の熟語です。

1 左遷—栄転
2 保存—廃棄
3 逆境—順境
4 舶来—国産
5 冷静—熱烈
6 最期—臨終
7 決壊—崩壊
8 思案—考慮
9 不快—嫌悪
10 専念—没頭

1「左遷」は、より低い役職や地位に転任させられること。
10「没頭」は、他のことを気にかけず一つのことに熱中すること。

六 同音・同訓異字

各2点 計20点

グレーの部分は解答の補足です。

1 抱負
2 邦人
3 擁護
4 掲揚
5 貴社
6 机上
7 妄信
8 猛獣
9 掃く
10 履く

七 誤字訂正

各2点 計10点

グレーの部分は誤字・正字を含む熟語です。

[誤] → [正]

1 講議 → 講義
2 墳水 → 噴水
3 招介 → 紹介
4 観誘 → 勧誘
5 換気線 → 換気扇

八 漢字と送りがな

各2点／計10点

1 朗らか
2 隠れる
3 甘やかし
4 涼しい
5 被る

九 書き取り

各2点 計50点

グレーの部分は解答の補足です。

1 大抵
2 縁側
3 皆勤
4 奮発
5 縮小
6 完熟
7 渋滞
8 衣装
9 勇敢
10 吟味
11 遮光
12 男爵
13 陳謝
14 妨害
15 免許
16 名残
17 及ばない
18 臨む
19 頂
20 背き
21 鋼
22 蒸し
23 遅れる
24 要る
25 閉ざして

2「縁側」は、家の座敷の外側にある細長い板で作られた通路のこと。
10「吟味」は、物事を詳しく調べること。また、詳しく調べて選ぶこと。
16「名残惜しい」は、心残りがあって別れがつらいこと。「名残」は、物事が過ぎ去った後にまだその気配が残っていること。
20「破門」は、師弟関係を解消し流派から追放すること。また、宗教においておきてを犯した信者を追放すること。

準2級 本試験型テスト 第4回 解答・解説

問題は本冊P82～87

一 読み

各1点 計30点

グレーの部分は解答の補足です。

1 だらく
2 どじょう
3 がくふ
4 ふんがい
5 いっかつ
6 ゆうよ
7 はんか
8 しょうぞう
9 ていしん
10 ぞうり
11 じょうぞう
12 そぼく
13 せんかい
14 ぶじょく
15 いちまつ
16 せんにん
17 ばいようど
18 かいゆ
19 はじ
20 どうりょう
21 すみ
22 たえられる
23 たな
24 うず
25 しのんで
26 はさまれた
27 おそじも
28 くつ
29 わずらわしい
30 すぎ

1「堕落(だらく)」は、身を持ち崩すこと。健全さを失い品行がいやしくなること。
4「憤慨(ふんがい)」は、とても腹を立てること。
7「頒価(はんか)」は、頒布(品物などを広く行き渡らせること)するときの価格。
15「一抹(いちまつ)」は、ほんのわずかに。かすかに。
27「遅霜(おそじも)」は、暖かくなってから降りる霜のこと。

二 部首

各1点 計10点

グレーの部分は部首の名前です。

1 凵 うけばこ
2 頁 おおがい
3 力 ちから
4 土 つち
5 穴 あなかんむり
6 一 いち
7 田 た
8 雨 あめかんむり
9 曰 ひらび いわく
10 心 こころ

三 熟語の構成

各2点 計20点

1 ウ
2 エ
3 オ
4 イ
5 ア
6 ア
7 イ
8 ウ
9 エ
10 オ

脳波(のうは) 脳(の出す)↓波
延期(えんき) 延(ばす)↑期(日を)
無我(むが) 無(否定)＋我(自分)。「我欲がない」
経緯(けいい) 経(たて)⇕緯(よこ)
新鮮(しんせん) どちらも「あたらしい」の意。
帰還(きかん) どちらも「かえる」の意。
主従(しゅじゅう) 主(人)⇕従(者)
早熟(そうじゅく) 早(く)↓熟(する)
耐震(たいしん) 耐(える)↑震(地震に)
無銘(むめい) 無(否定)＋銘(製作者の名)。「作者名がない」

四 四字熟語

問1 各2点／計20点

グレーの部分は解答の補足です。

1 千変万化(せんぺんばんか)
2 酒池肉林(しゅちにくりん)
3 平身低頭(へいしんていとう)
4 竜頭蛇尾(りゅうとうだび)
5 玉石混交(ぎょくせきこんこう)
6 比翼連理(ひよくれんり)
7 付和雷同(ふわらいどう)
8 驚天動地(きょうてんどうち)
9 百鬼夜行(ひゃっきやこう)
10 我田引水(がでんいんすい)

問2 各2点／計10点

11 キ
12 カ
13 エ
14 オ
15 コ

状況などがさまざまに変わること。
きわめてぜいたくな酒宴のこと。豪遊の限りを尽くすこと。
ひたすら恐縮しへりくだること。また、ひたすら謝ること。
初めは勢いが盛んだが、終わりは振るわないこと。
良いものと悪いものが入り混じっている様子のこと。
夫婦の愛情の深いこと。
確固とした考えを持たず、他人の説や判断に軽々しく同調すること。
世間を大いに驚かすこと。
悪人たちが自分勝手なふるまいをすること。「夜行」は「やぎょう」とも読む。
自分の都合のよいように言ったり、したりすること。

五 対義語・類義語

各2点／計20点

グレーの部分は問題の熟語です。

1 公海（こうかい）―領海（りょうかい）
2 付加（ふか）―削除（さくじょ）
3 実践（じっせん）―理論（りろん）
4 狭量（きょうりょう）―寛大（かんだい）
5 専業（せんぎょう）―兼業（けんぎょう）
6 親友（しんゆう）―知己（ちき）
7 習慣（しゅうかん）―風習（ふうしゅう）
8 親族（しんぞく）―一門（いちもん）
9 物故（ぶっこ）―他界（たかい）
10 無精（ぶしょう）―横着（おうちゃく）

9「物故（ぶっこ）」は、人が亡くなること。
10「無精（ぶしょう）」は、行動することを面倒くさがること。また、その様子。

六 同音・同訓異字

各2点／計20点

グレーの部分は解答の補足です。

1 需（じゅ）要（よう）
2 儒（じゅ）教（きょう）
3 雑（ぞう）炊（すい）
4 贈（ぞう）答（とう）
5 零（れい）点（てん）
6 奴（ど）隷（れい）
7 休（きゅう）暇（か）
8 禍（か）根（こん）
9 継（つ）いだ
10 接（つ）ぎ

七 誤字訂正

各2点／計10点

グレーの部分は誤字・正字を含む熟語です。

	［誤］		［正］
1	料（治料）	→	療（治療）
2	勧（勧戦）	→	観（観戦）
3	船（停船）	→	泊（停泊）
4	攻（即攻）	→	効（即効）
5	夢（夢我）	→	無（無我）

八 漢字と送りがな

各2点／計10点

1 握（にぎ）り
2 傾（かたむ）ける
3 込（こ）める
4 枯（か）らし
5 煮（に）える

九 書き取り

各2点／計50点

グレーの部分は解答の補足です。

1 破天荒（はてんこう）
2 凶弾（きょうだん）
3 発掘（はっくつ）
4 歓迎（かんげい）
5 堤防（ていぼう）
6 曇天（どんてん）
7 長髪（ちょうはつ）
8 海浜（かいひん）
9 描写（びょうしゃ）
10 税務署（ぜいむしょ）
11 虚栄心（きょえいしん）
12 特殊（とくしゅ）
13 桟橋（さんばし）
14 由緒（ゆいしょ）
15 甚大（じんだい）
16 芋（いも）
17 推（お）し
18 射（い）た
19 壊（こわ）して
20 鬼（おに）
21 雷（かみなり）
22 挑（いど）む
23 覆（くつがえ）す
24 兆（きざ）し
25 左利（ひだりき）き

1「破天荒（はてんこう）」は、今まで誰（だれ）もやったことがないようなことをすること。
11「虚栄心（きょえいしん）」は、見栄を張りたがる心のこと。
13「桟橋（さんばし）」は、船から荷物の上げ下ろしや人の乗り降りがしやすいように、船が横付けできるよう水中に突き出た設備のこと。
15「甚大（じんだい）」は、程度が非常に大きい様子のこと。
24「兆（きざ）し」は、これから物事が起こりそうな気配。兆候。

問題は本冊P88〜93

一 読み

各1点 計30点

グレーの部分は解答の補足です。

1 かんじゃ
2 ふよう
3 さいしょう
4 ちゅうしん
5 いっして
6 ていたく
7 あいしゅう
8 じょけつ
9 そうしつ
10 えっけん
11 じゅん
12 はっしょう
13 かく
14 かじょう
15 せっしょう
16 だぼく
17 べんぎ
18 いっせい
19 じょうげん
20 やく
21 あわだてて
22 あまでら
23 さとす
24 たまわり
25 かま
26 しる
27 はだ
28 すずむし
29 みがき
30 すずむ

2「扶養(ふよう)」は、生活できるよう助け養うこと。
4「衷心(ちゅうしん)」は、心の奥底のこと。
8「女傑(じょけつ)」は、知勇に優れて素晴らしい働きをする女性のこと。
12「発祥(はっしょう)」は、初めて起こること。
17「便宜(べんぎ)」は、状況に応じた特別なはからい。また、好都合なこと。
20「厄(やく)ばらい」は、災難を避けるため神仏に祈願すること。

二 部首

各1点 計10点

グレーの部分は部首の名前です。

1 又 また
2 頁 おおがい
3 刂 りっとう
4 弓 ゆみ
5 虍 とらがしら とらかんむり
6 𧾷 あしへん
7 口 くち
8 斉 せい
9 凵 うけばこ
10 罒 あみめ よこめ

三 熟語の構成

各2点 計20点

1 ウ 銀幕(ぎんまく) 銀(色の)→幕
2 オ 未完(みかん) 未(否定)+完(成)。「完成していない」
3 ア 基礎(きそ) どちらも「もと」の意味。
4 ウ 稚魚(ちぎょ) 稚(幼い)→魚
5 イ 硬軟(こうなん) 硬(い)⇔軟(らかい)
6 オ 不潔(ふけつ) 不(否定)+潔(清らか)。「清らかでない」
7 ウ 廉価(れんか) 廉(安い)→価(値段)
8 イ 難易(なんい) 難(しい)⇔易(しい)
9 ア 悲哀(ひあい) どちらも「かなしい」の意。
10 エ 遅刻(ちこく) 遅(れる)↑刻(決められた時間に)

四 四字熟語

問1 各2点/計20点

グレーの部分は解答の補足です。

1 八方美人(はっぽうびじん) 誰(だれ)からもよく思われるようにうまく付き合っていく人のこと。
2 無念無想(むねんむそう) 無我の境地に入り何も考えないこと。
3 豊年満作(ほうねんまんさく) 農作物がよく実り収穫が多いこと。
4 針小棒大(しんしょうぼうだい) 針のように小さなことを、棒ほどもあったように大きくいうこと。
5 三位一体(さんみいったい) 三つのものが緊密に結びついて、あたかも一つのようになること。
6 新進気鋭(しんしんきえい) 新たに参加したてで非常に意気込み、勢いが盛んなこと。
7 夫唱婦随(ふしょうふずい) 夫の意見に妻が従うこと。夫婦の仲がとてもよいこと。
8 勧善懲悪(かんぜんちょうあく) 善行を勧め励まし、悪事を懲らしめること。
9 一騎当千(いっきとうせん) 一人の騎兵が千人の敵を相手に戦うほど、強い力を持っていること。
10 明鏡止水(めいきょうしすい) 心にくもりがなく静かに落ち着いているさま。

問2 各2点/計10点

11 エ
12 ク
13 カ
14 ケ
15 ア

五 対義語・類義語

各2点 計20点

グレーの部分は問題の熟語です。

1 加害（かがい）―被害（ひがい）
2 上昇（じょうしょう）―下降（かこう）
3 太陽（たいよう）―太陰（たいいん）
4 閉鎖（へいさ）―開放（かいほう）
5 自然（しぜん）―人工（じんこう）
6 物故（ぶっこ）―死去（しきょ）
7 怠慢（たいまん）―横着（おうちゃく）
8 賛成（さんせい）―同意（どうい）
9 突然（とつぜん）―不意（ふい）
10 無口（むくち）―寡黙（かもく）

7「横着（おうちゃく）」は、できるだけ楽をして済まそうとすること。また、わがままでずうずうしいこと。
9「不意（ふい）」は、思いがけないこと。突然であること。

六 同音・同訓異字

各2点 計20点

グレーの部分は解答の補足です。

1 演（えん）技（ぎ）
2 沿（えん）革（かく）
3 建築（けんちく）
4 家畜（かちく）
5 皮膚（ひふ）
6 腐敗（ふはい）
7 寝坊（ねぼう）
8 繁忙（はんぼう）
9 請（う）け
10 浮（う）かぶ

七 誤字訂正

各2点 計10点

グレーの部分は誤字・正字を含む熟語です。

［誤］ → ［正］

1 還 境 → 環 境
2 激 裂 → 激 烈
3 保 険 → 保 健
4 反 坑 → 反 抗
5 不 滞 転 → 不 退 転

八 漢字と送りがな

各2点／計10点

1 互（たが）い
2 結（ゆ）わえる
3 輝（かがや）く
4 詰（つ）める
5 鋭（するど）い

九 書き取り

各2点 計50点

グレーの部分は解答の補足です。

1 範囲（はんい）
2 爆発（ばくはつ）
3 捕獲（ほかく）
4 英雄（えいゆう）
5 脱帽（だつぼう）
6 卵白（らんぱく）
7 占星（せんせい）
8 閉鎖（へいさ）
9 欄外（らんがい）
10 境内（けいだい）
11 掌握（しょうあく）
12 別荘（べっそう）
13 昆虫（こんちゅう）
14 索引（さくいん）
15 一夕（いっせき）
16 閉（と）ざす
17 影（かげ）
18 最寄（もよ）り
19 迷子（まいご）
20 災（わざわ）い
21 鋭（するど）い
22 程（ほど）
23 焦（あせ）り
24 酸（す）っぱい
25 戯（たわむ）れる

7「占星術（せんせいじゅつ）」は、星の位置や動きなどから人間の運命や将来を占う術のこと。
10「境内（けいだい）」は、神社やお寺の敷地のこと。
14「索引（さくいん）」は、ある書物の中の項目や語句などを簡単に探せるよう抜き出して一定の法則に沿って並べ替えたもののこと。
15「一朝一夕（いっちょういっせき）」は、とてもわずかな時間のたとえ。「一夕」は一晩のこと。

一 読み

各1点 計30点

グレーの部分は解答の補足です。

1 めんえきりょく
2 ざしょう
3 ひろうえん
4 ゆうかい
5 ひへい
6 きょうせい
7 そうさく
8 かっしょく
9 しゅっかん
10 しゅうぶん
11 ぎたい
12 きゅうせい
13 どじょう
14 ちゃくなん
15 ごふく
16 ていしゅ
17 こんしんかい
18 こうてつ
19 じょじし
20 りゅうぐう
21 しぶい
22 ただし
23 か
24 きらい
25 せんと
26 こばんだ
27 みて
28 す
29 まゆ
30 うらしま

6「矯正（きょうせい）」は、欠点を修正し正常な状態に戻すこと。
10「醜聞（しゅうぶん）」は、その人の行動などについての、よくない評判。
11「擬態（ぎたい）」は、他のものの様子や姿に似せること。
19「叙事詩（じょじし）」は、民族や社会集団の歴史に現れる神や英雄などのことをありのままにつづった詩のこと。

二 部首

各1点 計10点

グレーの部分は部首の名前です。

1 行 ぎょうがまえ ゆきがまえ
2 革 かわへん
3 爫 つめかんむり つめがしら
4 舟 ふねへん
5 甘 かん あまい
6 人 ひとやね
7 ⺌ しょう
8 口 くちへん
9 疒 やまいだれ
10 目 め

三 熟語の構成

各2点 計20点

1 オ
2 イ
3 ウ
4 ア
5 ウ
6 イ
7 ア
8 エ
9 イ
10 エ

無償（むしょう） 無（否定）＋償（対価）。「対価が必要ない」
動静（どうせい） 動（く）⇔静（か）
血管（けっかん） 血（の）→管（くだ）
清浄（せいじょう） どちらも「きよらか」の意。
楽勝（らくしょう） 楽（に）→勝（つ）
禍福（かふく） 禍（わざわい）⇔福（しあわせ）
凡庸（ぼんよう） どちらも「なみ」の意。
懸命（けんめい） 懸（ける）←命（を）
往還（おうかん） 往（いく）⇔還（かえる）
赴任（ふにん） 赴（おもむく）←任（役目に）

四 四字熟語

問1 各2点／計20点

グレーの部分は解答の補足です。

1 付和雷同（ふわらいどう）
2 頭寒足熱（ずかんそくねつ）
3 注意散漫（ちゅういさんまん）
4 表裏一体（ひょうりいったい）
5 前途有望（ぜんとゆうぼう）
6 文武両道（ぶんぶりょうどう）
7 臨機応変（りんきおうへん）
8 夏炉冬扇（かろとうせん）
9 一念発起（いちねんほっき）
10 不即不離（ふそくふり）

確固とした考えを持たず、他人の説や判断に軽々しく同調すること。
頭を冷やして足を温めること。健康によいとされる。
あれこれと気が散っており集中を欠いている様子のこと。
一つのものの表と裏を切り離せないように、密接な関係にあること。
将来に大いに見込みがあること。
学問と武芸のこと。また、その両方に優れていること。
状況の変化に応じて適切に対処するさま。
夏の火ばちと冬の扇の意味で、時節に合わず、役に立たないもの。
あることを成し遂げようと心に決めること。
つかず離れずの関係を保つこと。

問2 各2点／計10点

11 ク
12 カ
13 エ
14 イ
15 ケ

五 対義語・類義語

各2点 計20点

グレーの部分は問題の熟語です。

1 煩雑(はんざつ)—簡略(かんりゃく)
2 概要(がいよう)—詳細(しょうさい)
3 独立(どくりつ)—従属(じゅうぞく)
4 冗漫(じょうまん)—簡潔(かんけつ)
5 設置(せっち)—撤去(てっきょ)
6 歳月(さいげつ)—光陰(こういん)
7 縁者(えんじゃ)—親類(しんるい)
8 罷免(ひめん)—解任(かいにん)
9 周辺(しゅうへん)—近隣(きんりん)
10 激励(げきれい)—鼓舞(こぶ)

6「光陰(こういん)」は、月日や年月のこと。
10「鼓舞(こぶ)」は、味方を励まして気持ちを奮い立たせること。

六 同音・同訓異字

各2点 計20点

グレーの部分は解答の補足です。

1 怪談(かいだん)
2 皆勤(かいきん)
3 廊下(ろうか)
4 明朗(めいろう)
5 磁石(じしゃく)
6 滋養(じよう)
7 体裁(ていさい)
8 色彩(しきさい)
9 薦(すす)める
10 進(すす)める

七 誤字訂正

各2点 計10点

グレーの部分は誤字・正字を含む熟語です。

［誤］ → ［正］

1 着奪 → 着脱
2 代体 → 代替
3 列火 → 烈火
4 舞謡 → 舞踊
5 多坊 → 多忙

八 漢字と送りがな

各2点／計10点

1 驚(おどろ)き
2 反(そ)らす
3 省(はぶ)く
4 企(くわだ)て
5 珍(めずら)しい

九 書き取り

各2点 計50点

グレーの部分は解答の補足です。

1 倒産(とうさん)
2 乾杯(かんぱい)
3 相違(そうい)
4 隠居(いんきょ)
5 老朽(ろうきゅう)
6 印鑑(いんかん)
7 忘却(ぼうきゃく)
8 連絡(れんらく)
9 択一(たくいつ)
10 駐在(ちゅうざい)
11 謙虚(けんきょ)
12 宰相(さいしょう)
13 漂白(ひょうはく)
14 哲学(てつがく)
15 喫茶(きっさ)
16 気遣(きづか)い
17 誇(ほこ)り
18 断(ことわ)った
19 承(うけたまわ)って
20 専(もっぱ)ら
21 飾(かざ)る
22 跳(は)ね
23 涙(なみだ)
24 緩(ゆる)やか
25 既(すで)に

3「相違(そうい)」は、物事の間に違いがあること。一致しないこと。
4「隠居(いんきょ)」は、仕事や活動などの第一線を退き、ゆったりと暮らすこと。また、その人。
7「忘却(ぼうきゃく)」は、忘れ去ること。すっかり忘れてしまうこと。
10「駐在(ちゅうざい)」は、派遣された人物が一定の場所に一定の期間とどまっていること。商社の社員などが任地にとどまること。
12「宰相(さいしょう)」は、首相のこと。
20「専(もっぱ)ら」は、あることに集中する様子。あることだけをする様子。

一 読み
各1点 計30点

グレーの部分は解答の補足です。

1 かんだい
2 だみん
3 きゅうとう
4 しっき
5 かふく
6 せっそく
7 けい
8 がはく
9 こうしゃく
10 ていさつ
11 かんかい
12 こうしょう
13 ひそう
14 しょうさん
15 あんたい
16 させん
17 さぎ
18 くちく
19 しゅうじん
20 じゅんしょく
21 から
22 ほり
23 えど
24 どろ
25 はもの
26 かつ
27 ながめる
28 えり
29 あわせて
30 ろけん

3「急騰(きゅうとう)」は、相場や物価が急に上がること。
11「感懐(かんかい)」は、ある物事に対し心に抱く思いのこと。
20「殉職(じゅんしょく)」は、職務中に起こった出来事が原因で死亡すること。
28「襟(えり)を正(ただ)す」は、服装を整えること。また、気持ちを引き締めてそれまでの態度を改めること。

二 部首
各1点 計10点

グレーの部分は部首の名前です。

1 心 こころ
2 貝 こがい
3 巾 はば
4 貝 こがい
5 車 くるまへん
6 月 つきへん
7 頁 おおがい
8 酉 とりへん
9 屮 てつ
10 力 ちから

三 熟語の構成
各2点 計20点

1 エ　閉廷(へいてい)　閉(じる)←廷(法廷を)
2 イ　昇降(しょうこう)　昇(る)⇔降(りる)
3 オ　不沈(ふちん)　不(否定)＋沈(む)。「沈まない」
4 ア　貧乏(びんぼう)　どちらも「まずしい」の意。
5 ウ　仙境(せんきょう)　仙(人が住んでいる)→境(場所)
6 イ　集配(しゅうはい)　集(める)⇔配(る)
7 エ　合掌(がっしょう)　合(わせる)←掌(を)
8 ウ　晩成(ばんせい)　晩(遅くに)→成(出来上がる)
9 ア　運搬(うんぱん)　どちらも「はこぶ」の意。
10 オ　無恥(むち)　無(否定)＋恥。「恥知らず」

四 四字熟語

問1 各2点／計20点

グレーの部分は解答の補足です。

1 容姿端麗(ようしたんれい)　姿、形がきちんと整っていて美しいこと。
2 緩急自在(かんきゅうじざい)　状況に応じて早くしたり遅くしたりして、思うように操ること。
3 玉石混交(ぎょくせきこんこう)　良いものと悪いものが入り混じっている様子のこと。
4 一喜一憂(いっきいちゆう)　状況の変化などによって、そのたびに喜んだり不安になったりすること。
5 完全無欠(かんぜんむけつ)　完全であり、欠点や不足がないこと。
6 悪口雑言(あっこうぞうごん)　口汚くあれこれとののしること。また、その言葉。
7 人跡未踏(じんせきみとう)　いまだかつて、人が足を踏み入れたことのないこと。
8 有言実行(ゆうげんじっこう)　口にしたことは何があっても成し遂げるということ。
9 隠忍自重(いんにんじちょう)　じっと我慢して軽々しい言動を慎むこと。
10 以心伝心(いしんでんしん)　言葉を使わなくても互いに意思疎通ができること。

問2 各2点／計10点

11 ク
12 キ
13 エ
14 ア
15 コ

五 対義語・類義語

各2点 計20点

グレーの部分は問題の熟語です。

1 謙虚（けんきょ）―高慢（こうまん）
2 忘却（ぼうきゃく）―記憶（きおく）
3 秩序（ちつじょ）―混乱（こんらん）
4 寡黙（かもく）―多弁（たべん）
5 遺失（いしつ）―拾得（しゅうとく）
6 周到（しゅうとう）―入念（にゅうねん）
7 適切（てきせつ）―妥当（だとう）
8 基地（きち）―拠点（きょてん）
9 勲功（くんこう）―手柄（てがら）
10 欠陥（けっかん）―難点（なんてん）

1「高慢（こうまん）」は、自分は優れていると思い上がって人を見下すこと。
9「勲功（くんこう）」は、国や君主に尽くした功績、手柄のこと。

六 同音・同訓異字

各2点 計20点

グレーの部分は解答の補足です。

1 廃藩（はいはん）
2 模範（もはん）
3 突端（とったん）
4 嘆息（たんそく）
5 内蔵（ないぞう）
6 内臓（ないぞう）
7 推薦（すいせん）
8 扇状（せんじょう）
9 攻（せ）める
10 責（せ）める

七 誤字訂正

各2点 計10点

グレーの部分は誤字・正字を含む熟語です。

	【誤】		【正】
1	専択	→	選択
2	縮少	→	縮小
3	納特	→	納得
4	行威	→	行為
5	初期	→	所期

八 漢字と送りがな

各2点／計10点

1 操（あやつ）っ
2 伺（うかが）い
3 傾（かたむ）け
4 荒（あ）れる
5 刺（さ）さっ

九 書き取り

各2点 計50点

グレーの部分は解答の補足です。

1 雅楽（ががく）
2 暴露（ばくろ）
3 腕白（わんぱく）
4 罰則（ばっそく）
5 鈍化（どんか）
6 消防署（しょうぼうしょ）
7 投与（とうよ）
8 繁茂（はんも）
9 冒険（ぼうけん）
10 簿記（ぼき）
11 後円墳（こうえんふん）
12 陸曹（りくそう）
13 斉唱（せいしょう）
14 無駄（むだ）
15 山岳（さんがく）
16 枯（か）れた
17 被（こうむ）る
18 率（ひき）いて
19 預（あず）ける
20 割（さ）いて
21 越（こ）える
22 衰（おとろ）え
23 鎮（しず）める
24 滅（ほろ）びる
25 架（か）ける

1「雅楽（ががく）」は、日本古来の音楽と、中国から伝来した音楽の総称。
3「腕白（わんぱく）」は、大人の言うことを聞かずに暴れたりいたずらしたりする子供のこと。
8「繁茂（はんも）」は、草や木などが一面に生い茂っていること。
11「前方後円墳（ぜんぽうこうえんふん）」は、古代の有力者の墓である古墳の一種。
13「斉唱（せいしょう）」は、大勢が声を合わせて同じ旋律を歌うこと。
15「山岳警備隊（さんがくけいびたい）」は、遭難者の救助や入山届けの管理などを行う警察組織のこと。

一 読み

各1点／計30点

グレーの部分は解答の補足です。

1 ばんしゃく
2 じんそく
3 ぼうせき
4 じゅうげき
5 はき
6 じゅんかん
7 けいるい
8 ほうてい
9 ますい
10 ふぞく
11 しょうしょ
12 いたべい
13 ざぜん
14 じんりん
15 りょしゅう
16 びょうとう
17 ゆいいつ
18 にんぷ
19 いかん
20 ぼんさい
21 かわいた
22 くちびる
23 さえぎって
24 ちかった
25 かおる
26 も
27 みぞ
28 ますせき
29 あかつき
30 いちりづか

2「迅速」は、進行や行動が非常にはやいこと。
5「覇気」は、物事に対し積極的に取り組もうとする意気込みのこと。
7「係累」は、親や妻子など面倒を見なければならない家族のこと。
19「遺憾」は、思いどおりの結果が得られず、心残りであること。

二 部首

各1点／計10点

グレーの部分は部首の名前です。

1 大 だい
2 土 つち
3 刂 りっとう
4 彡 さんづくり
5 斉 せい
6 口 くちへん
7 艹 くさかんむり
8 女 おんな
9 戸 とだれ とかんむり
10 一 いち

三 熟語の構成

各2点／計20点

1 オ　不肖　不(否定)＋肖(似ている)。「似ていない」
2 ア　尋問　どちらも「たずねる」の意。
3 エ　断念　断(つ)↑念(思いを)
4 ア　扶助　どちらも「助ける」の意。
5 エ　背信　背(く)↑信(頼に)
6 エ　惜別　惜(しむ)↑別(れを)
7 イ　伸縮　伸(びる)⇔縮(む)
8 ア　枢要　どちらも「かなめ」の意。
9 イ　巧拙　巧(み)⇔拙(い)
10 ウ　奔流　奔(勢いのよい)→流(れ)

四 四字熟語

問1 各2点／計20点

グレーの部分は解答の補足です。

1 有為転変
2 快刀乱麻
3 不偏不党
4 無味乾燥
5 百家争鳴
6 単刀直入
7 闘志満満
8 南船北馬
9 朝令暮改
10 公私混同

1 この世の中は激しく移り変わり、しばらくも一定の状態にないこと。
2 解決の糸口を見失った物事をてきぱきと手ぎわよく処理すること。
3 どちらにも味方せずに中立を保つこと。
4 おもしろみも味わいもない様子のこと。
5 多くの学者が自由に論争すること。
6 前置きをせず、いきなり話の本題に入ること。
7 戦おうとする気持ちが満ちあふれていること。
8 南は船で、北は馬で絶えずあちこちに旅行すること。
9 法令や通達がすぐに変更され、定まらないこと。
10 公的なことと私的なことを区別しないで扱い行動すること。

問2 各2点／計10点

11 オ
12 カ
13 ケ
14 ア
15 イ

五 対義語・類義語

各2点 計20点

グレーの部分は問題の熟語です。

1 逸材（いつざい）— 凡才（ぼんさい）
2 四肢（しし）— 胴体（どうたい）
3 逃走（とうそう）— 追跡（ついせき）
4 冒頭（ぼうとう）— 末尾（まつび）
5 売却（ばいきゃく）— 購入（こうにゅう）
6 変革（へんかく）— 刷新（さっしん）
7 粗末（そまつ）— 拙劣（せつれつ）
8 貢献（こうけん）— 寄与（きよ）
9 酌量（しゃくりょう）— 考慮（こうりょ）
10 憶測（おくそく）— 推量（すいりょう）

1「逸材（いつざい）」は、優れた才能を持つ人のこと。
6「刷新（さっしん）」は、悪いところを取り除いて全く新しいものにすること。
7「拙劣（せつれつ）」は、まずいこと。下手であること。

六 同音・同訓異字

各2点 計20点

グレーの部分は解答の補足です。

1 快（かい）活（かつ）
2 解（かい）説（せつ）
3 秀（しゅう）才（さい）
4 拾（しゅう）得物（とくぶつ）
5 玄（げん）関（かん）
6 減（げん）量（りょう）
7 視（し）力（りょく）
8 要（よう）旨（し）
9 雄（お）しべ
10 鼻緒（はなお）

七 誤字訂正

各2点 計10点

グレーの部分は誤字・正字を含む熟語です。

	【誤】		【正】
1	維（然）	→	依（然）
2	混（布）	→	昆（布）
3	点（加）	→	添（加）
4	（共）斉	→	（共）済
5	（実）祉	→	（実）施

八 漢字と送りがな

各2点／計10点

1 自（みずか）ら
2 費（つい）やす
3 騒（さわ）がせる
4 究（きわ）める
5 濁（にご）っ

九 書き取り

各2点 計50点

グレーの部分は解答の補足です。

1 薪炭（しんたん）
2 頑丈（がんじょう）
3 征服（せいふく）
4 離婚（りこん）
5 即決（そっけつ）
6 物騒（ぶっそう）
7 入梅（にゅうばい）
8 素敵（すてき）
9 無謀（むぼう）
10 陳列（ちんれつ）
11 本棚（ほんだな）
12 逐次（ちくじ）
13 漸次（ぜんじ）
14 如実（にょじつ）
15 恐慌（きょうこう）
16 遅（おく）れて
17 嘆（なげ）かわしい
18 抱（かか）えて
19 眠（ねむ）い
20 壊（こわ）れた
21 握（にぎ）り
22 報（むく）いる
23 煩（わずら）わしい
24 詠（よ）む
25 横殴（よこなぐ）り

1「薪炭（しんたん）」は、たきぎとすみのこと。
9「無謀（むぼう）」は、よく考えずに行動すること。
12「逐次（ちくじ）」は、ある順序に従って。次々に。順次。
13「漸次（ぜんじ）」は、次第に。だんだん。
14「如実（にょじつ）」は、事実のままであること。現実の通りであること。
15「恐慌（きょうこう）」は、おそれ慌てること。資本主義経済における混乱状態のこと。

一 読み

各1点 計30点

グレーの部分は解答の補足です。

1 よいん
2 おう
3 そぞう
4 へんかん
5 ふへん
6 しゅんびん
7 てっしゅう
8 こうどく
9 ばいかい
10 ちょうだ
11 ぶんせき
12 ひでんか
13 しゅこう
14 こうぼく
15 じゅがく
16 もうしゅう
17 そしょう
18 じんりん
19 ぎんゆう
20 てんがい
21 こと
22 つり
23 うね
24 つぐなう
25 いどむ
26 かさ
27 さす
28 ねこ
29 みにくい
30 すたれた

5「普遍(ふへん)」は、すべてのものに当てはまること。全体に行き渡ること。
9「媒介(ばいかい)」は、両者の間に立って仲立ちすること。
13「首肯(しゅこう)」は、その通りであると認めてうなずくこと。
16「妄執(もうしゅう)」は、心に迷いが生じてある特定の考えにとらわれてしまうこと。

二 部首

各1点 計10点

グレーの部分は部首の名前です。

1 氵 さんずい
2 卩 ふしづくり
3 飠 しょくへん
4 糸 いとへん
5 虫 むし
6 亻 にんべん
7 口 くち
8 口 くちへん
9 辶 しんにょう しんにゅう
10 儿 ひとあし にんにょう

三 熟語の構成

各2点 計20点

1 エ 慰霊(いれい) 慰(める)↑霊(魂を)
2 オ 無礼(ぶれい) 無(否定)＋礼(儀)。「礼儀がなっていない」
3 イ 慶弔(けいちょう) 慶(めでたく思う)⇔弔(う)
4 ア 舞踊(ぶよう) どちらも「おどり」の意。
5 ウ 肝炎(かんえん) 肝(臓の)↓炎(症)
6 イ 雌雄(しゆう) 雌(おす)⇔雄(めす)
7 ウ 既存(きぞん) 既(に)↓存(ある)
8 エ 献金(けんきん) 献(上する)↑金(お金を)
9 オ 不粋(ぶすい) 不(否定)＋粋(いき)。「粋でない」
10 ア 優秀(ゆうしゅう) どちらも「すぐれている」意。

四 四字熟語

問1 各2点／計20点

グレーの部分は解答の補足です。

1 広大無**辺**(こうだいむへん) 果てしなく広く大きい様子のこと。限りなく広いこと。
2 **美**辞麗句(びじれいく) 飾った巧みな言葉。主にお世辞を言うための言葉や言いまわしのこと。
3 百鬼**夜**行(ひゃっきやこう) 悪人たちが自分勝手なふるまいをすること。
4 **一刀**両断(いっとうりょうだん) 思い切りよくすみやかに決断すること。
5 油断大**敵**(ゆだんたいてき) 注意を怠れば必ず失敗を招くから警戒せよという戒めのこと。
6 生殺**与**奪(せいさつよだつ) 生かすも殺すも、奪うも与えるも、思いのままであること。
7 離合集**散**(りごうしゅうさん) 離れたり集まったりすること。また、そのくりかえし。
8 **取**捨選択(しゅしゃせんたく) 必要なものを取り、不必要なものを捨てて選び取ること。
9 絶**体**絶命(ぜったいぜつめい) せっぱ詰まって逃げ場のない状態のこと。
10 **妙**計奇策(みょうけいきさく) 人の意表をついた奇抜で優れたはかりごと。

問2 各2点／計10点

11 キ
12 カ
13 ア
14 ウ
15 コ

五 対義語・類義語

各2点 計20点

グレーの部分は問題の熟語です。

1 苦手（にがて）―得意（とくい）
2 惜敗（せきはい）―辛勝（しんしょう）
3 期待（きたい）―失望（しつぼう）
4 拙速（せっそく）―巧遅（こうち）
5 付加（ふか）―削除（さくじょ）
6 自棄（じき）―自暴（じぼう）
7 専念（せんねん）―没頭（ぼっとう）
8 我慢（がまん）―忍耐（にんたい）
9 壮観（そうかん）―眺望（ちょうぼう）
10 悪戦（あくせん）―苦闘（くとう）

4「拙速（せっそく）」は、出来はよくないが、仕上がりが早いこと。
4「巧遅（こうち）」は、出来ばえはよいが、完成に時間がかかること。

六 同音・同訓異字

各2点 計20点

グレーの部分は解答の補足です。

1 発汗（はっかん）
2 換気扇（かんきせん）
3 窮乏（きゅうぼう）
4 持久力（じきゅうりょく）
5 葬儀（そうぎ）
6 浴槽（よくそう）
7 煙幕（えんまく）
8 縁側（えんがわ）
9 励（はげ）まされた
10 激（はげ）しい

七 誤字訂正

各2点 計10点

グレーの部分は誤字・正字を含む熟語です。

［誤］ ［正］
1 枝（体） → 肢（体）
2 （臨）症 → （臨）床
3 体（度） → 態（度）
4 待（応） → 対（応）
5 （知）織 → （知）識

八 漢字と送りがな

各2点／計10点

1 黙（だま）っ
2 捕（つか）まっ
3 浮（う）かん
4 悩（なや）む
5 驚（おどろ）かす

九 書き取り

各2点 計50点

グレーの部分は解答の補足です。

1 路傍（ろぼう）
2 霧中（むちゅう）
3 躍動（やくどう）
4 合併（がっぺい）
5 皮膚（ひふ）
6 抱負（ほうふ）
7 被害（ひがい）
8 三杯（さんばい）
9 決裂（けつれつ）
10 嫡流（ちゃくりゅう）
11 伯仲（はくちゅう）
12 国賓（こくひん）
13 表彰（ひょうしょう）
14 過疎（かそ）
15 忌避（きひ）
16 匹（ひき）
17 盗（ぬす）まれた
18 濃（こ）い
19 薫（かお）る
20 堅（かた）い
21 納（おさ）める
22 任（まか）せ
23 雨漏（あまも）り
24 下請（したう）け
25 寝癖（ねぐせ）

1「路傍（ろぼう）」は、道端のこと。
2「五里霧中（ごりむちゅう）」は、霧が深く方向がつかめないこと。現状がつかめず方針を立てる手がかりがない状態。
11「伯仲（はくちゅう）」は、実力が釣り合っていて優劣がないこと。
14「過疎（かそ）」は、極端にまばらであること。特に、ある地域の人口が都会へ流出して少ない状態のこと。
20「口が堅（かた）い」は、秘密などを軽々しく他人に漏らさないこと。

一 読み

各1点 計30点

グレーの部分は解答の補足です。

1 いっかつ
2 はばつ
3 じっせん
4 とくそく
5 けいちょう
6 そえん
7 かん
8 ほうそう
9 こんちゅう
10 ついとう
11 ていかん
12 きおうしょう
13 おんち
14 きんしん
15 ひんぱん
16 しんし
17 おうしゅう
18 のうりょう
19 じょ ちょ
20 しゅくしゅく
21 ほめて
22 かたよった
23 くき
24 あさ
25 さがして
26 どうけつ ほらあな
27 せんたく
28 はなはだしい
29 はき
30 わいた

6「疎遠(そえん)」は、連絡を取らなくなり親密さが薄れること。
11「定款(ていかん)」は、社団法人の業務や組織、活動などをまとめた基本規則。
14「謹慎(きんしん)」は、言動を控えめにすること。
19「緒(ちょ)につく」は、物事に着手すること。また、着手した物事が軌道に乗ること。

二 部首

各1点 計10点

グレーの部分は部首の名前です。

1 扌 てへん
2 矢 やへん
3 貝 かいへん
4 口 くにがまえ
5 二 に
6 石 いしへん
7 刀 かたな
8 心 こころ
9 阝 おおざと
10 舟 ふねへん

三 熟語の構成

各2点 計20点

1 イ 動静(どうせい) 動(く)⇔静(か)
2 エ 漏電(ろうでん) 漏(れる)←電(気が)
3 ア 愉快(ゆかい) どちらも「心が晴れている」の意。
4 オ 不況(ふきょう) 不(否定)＋況(ありさま)。「よくないありさま」
5 ウ 鶏卵(けいらん) 鶏(の)→卵
6 ア 空虚(くうきょ) どちらも「うつろ」の意。
7 ウ 物価(ぶっか) 物(の)→価(格)
8 オ 無粋(ぶすい) 無(否定)＋粋(いき)。「粋でない」
9 イ 精粗(せいそ) 精(細かい)⇔粗(い)
10 ウ 溶岩(ようがん) 溶(けた)→岩

四 四字熟語

問1 各2点／計20点

グレーの部分は解答の補足です。

1 流言飛語(りゅうげんひご)　世の中で言いふらされる根拠もないうわさのこと。
2 沈思黙考(ちんしもっこう)　静かにじっとして、深く考え込むこと。
3 四苦八苦(しくはっく)　さんざん苦労をすること。非常な苦しみ。
4 一刻千金(いっこくせんきん)　わずかな時間でも貴重であること。
5 勧善懲悪(かんぜんちょうあく)　善行を勧め励まし、悪事を懲らしめること。
6 浅学非才(せんがくひさい)　学問や知識が十分ではなく、才能に乏しいこと。
7 博学多才(はくがくたさい)　多くの分野で豊富な知識を持っていること。
8 一網打尽(いちもうだじん)　一度に悪党の一味や敵対する者すべてをとらえつくすこと。
9 片言隻句(へんげんせきく)　わずかな言葉。ちょっとした短い言葉のこと。
10 前後不覚(ぜんごふかく)　前後がわからないほど正常な意識を失うこと。

問2 各2点／計10点

11 ア
12 エ
13 コ
14 カ
15 キ

五 対義語・類義語

各2点 計20点

グレーの部分は問題の熟語です。

1 威圧（いあつ）―懐柔（かいじゅう）
2 必然（ひつぜん）―偶然（ぐうぜん）
3 例外（れいがい）―原則（げんそく）
4 違法（いほう）―合法（ごうほう）
5 開放（かいほう）―閉鎖（へいさ）
6 向上（こうじょう）―進歩（しんぽ）
7 使命（しめい）―任務（にんむ）
8 布教（ふきょう）―伝道（でんどう）
9 納得（なっとく）―了解（りょうかい）
10 一生（いっしょう）―終生（しゅうせい）

1「懐柔（かいじゅう）」は、うまく取り扱って、自分の思い通りに従わせること。
8「布教（ふきょう）」は、宗教を一般に広めること。
8「伝道（でんどう）」は、神の教えなどを伝えて導くこと。

六 同音・同訓異字

各2点 計20点

グレーの部分は解答の補足です。

1 大往（だいおうじょう）生
2 応（おうえんだん）援団
3 扶（ふよう）養
4 富（ふゆうそう）裕層
5 甲乙丙（こうおつへいてい）丁
6 塀（へい）
7 欠乏（けつぼうしょう）症
8 某（ぼうしょ）所
9 裂（さ）かれた
10 割（さ）いた

七 誤字訂正

各2点 計10点

グレーの部分は誤字・正字を含む熟語です。

	【誤】		【正】
1	粉争	→	紛争
2	認意	→	任意
3	脅緯	→	脅威
4	大地振	→	大地震
5	畜積	→	蓄積

八 漢字と送りがな

各2点／計10点

1 易（やさ）しい
2 優（すぐ）れ
3 隠（かく）す
4 乾（かわ）く
5 恋（こい）し

九 書き取り

各2点 計50点

グレーの部分は解答の補足です。

1 甘味（かんみ）
2 及第（きゅうだい）
3 送迎（そうげい）
4 圏（けん）
5 絶叫（ぜっきょう）
6 原稿（げんこう）
7 素粒子（そりゅうし）
8 没頭（ぼっとう）
9 幽閉（ゆうへい）
10 憤慨（ふんがい）
11 覇権（はけん）
12 繁雑（はんざつ）
13 上昇（じょうしょう）
14 惜敗（せきはい）
15 猶予（ゆうよ）
16 互角（ごかく）
17 雷（かみなり）
18 汚（きたな）い
19 訪（おとず）れて
20 紅（くれない）
21 縮（ちぢ）んだ
22 推（お）して
23 就（つ）けた
24 繕（つくろ）って
25 雪崩（なだれ）

2「及第（きゅうだい）」は、試験などに合格すること。
4「首都圏（しゅとけん）」は、国の首都及び、その周辺の地域を含んだ広域のこと。
10「憤慨（ふんがい）」は、とても腹を立てること。道理に外れていることに対して嘆き憤（いきどお）ること。
14「惜敗（せきはい）」は、試合などで少しの差で負けること。
25「雪崩（なだれ）」は、山の斜面に積もった雪が何らかの原因で大量に崩れ落ちること。

準2級 本試験型テスト 第11回 解答・解説

問題は本冊P124〜129

一 読み
各1点 計30点

グレーの部分は解答の補足です。

1 ちゅうい
2 きんこう
3 ちょうばつ
4 すうはい
5 いかく
6 さいじょう
7 だだ
8 ぐんかん
9 かじょう
10 きょうじゅん
11 とうさい
12 けんびきょう
13 とうほん
14 じゅうじつ
15 こうかくるい
16 ばくぜん
17 そっこう
18 はんざつ
19 しょうそう
20 けんえん
21 まかない
22 もどし
23 みさき
24 はなお
25 つつうらうら
26 うるし
27 たつまき
28 へび
29 わく
30 もちゅう

6「斎場（さいじょう）」は、儀式が行われる場所のこと。また、特に葬式が行われる場所のこと。
10「恭順（きょうじゅん）」は、つつしんで命令や支配に従うこと。
13「謄本（とうほん）」は、原本をそのまま全て写し取って作成した文書のこと。
19「時期尚早（じきしょうそう）」は、あることを行うには時期が早すぎること。

二 部首
各1点 計10点

グレーの部分は部首の名前です。

1 欠 あくび かける
2 氵 さんずい
3 宀 うかんむり
4 手 て
5 門 もんがまえ
6 臣 しん
7 卩 わりふ ふしづくり
8 夊 のぶん ぼくづくり
9 土 つち
10 尸 かばね しかばね

三 熟語の構成
各2点 計20点

1 ウ 腕力（わんりょく） 腕（の）→力
2 エ 徹夜（てつや） 徹（する）←夜（を）
3 イ 経緯（けいい） 経（よこ）⇔緯（たて）
4 ア 滅亡（めつぼう） どちらも「ほろびる」の意。
5 オ 無謀（むぼう） 無（否定）＋謀（手段を考える）。「考えなし」
6 オ 不純（ふじゅん） 不（否定）＋純（粋）。「純粋ではない」
7 ア 汚濁（おだく） どちらも「けがれる」の意。
8 エ 遅刻（ちこく） 遅（れる）←刻（約束の時間に）
9 ウ 賢人（けんじん） 賢（い）→人
10 イ 縦横（じゅうおう） 縦（たて）⇔横（よこ）

四 四字熟語

問1 各2点／計20点

グレーの部分は解答の補足です。

1 暗中模索（あんちゅうもさく） 手がかりがないまま、あてもなくさぐり求めること。
2 唯一無二（ゆいいつむに） あれこれと他のことは考えず、そのことだけをがむしゃらにすること。
3 秋霜烈日（しゅうそうれつじつ） 刑罰や権威などが非常に厳しいことのたとえ。
4 重厚長大（じゅうこうちょうだい） どっしりとしていて大きい様子のこと。
5 軽薄短小（けいはくたんしょう） 内容などが薄っぺらで、中身のないさま。
6 愛別離苦（あいべつりく） 自分が愛している人との別れのつらさ、苦しみ。
7 温故知新（おんこちしん） 昔のことを調べ直すことでそこから新しい知識を得ること。
8 怪力乱神（かいりきらんしん） 理屈で説明のつかない不思議な現象のこと。
9 換骨奪胎（かんこつだったい） 先人の発想を取り入れ、自分なりの語句で表現し独自の作品を作ること。
10 群雄割拠（ぐんゆうかっきょ） 多くの英雄が各地で勢力をふるい、対立すること。

問2 各2点／計10点

11 ク
12 カ
13 ア
14 ケ
15 コ

五 対義語・類義語

各2点 計20点

グレーの部分は問題の熟語です。

1 吉報―凶報
2 拒否―受諾
3 俗界―仙境
4 新鋭―古豪
5 斉唱―独唱
6 克明―丹念
7 青天―白日
8 経歴―来歴
9 次第―順序
10 絶無―皆無

4「古豪」は、経験が豊かで力のひいでた人物などのこと。
6「克明」は、細かいところまで念入りなこと。まじめで正直なこと。

六 同音・同訓異字

各2点 計20点

グレーの部分は解答の補足です。

1 注射
2 遮光性
3 推薦
4 懸垂
5 粗相
6 過疎
7 墨汁
8 打撲
9 帆
10 穂

七 誤字訂正

各2点 計10点

グレーの部分は誤字・正字を含む熟語です。

	【誤】		【正】
1	収集	→	収拾
2	抵坑	→	抵抗
3	休科	→	休暇
4	諭司	→	諭旨
5	地肖	→	地消

八 漢字と送りがな

各2点／計10点

1 眠く
2 黙り
3 鈍い
4 渡る
5 替わる

九 書き取り

各2点 計50点

グレーの部分は解答の補足です。

1 祈念
2 監視
3 含有
4 贈答
5 耐震
6 貯蓄
7 郎党
8 劣等
9 珍味
10 撃墜
11 鐘楼
12 罷免
13 雰囲気
14 消耗
15 締結
16 涙
17 腰
18 抜けた
19 桃
20 弾いて
21 著しく
22 怠らない
23 湿り
24 揺さぶり
25 慰める

7「郎党」は、武家の家臣のうち、主君と血縁関係にないもののこと。
11「鐘楼」は、お寺において鐘をつるして時刻を告げるための施設のこと。
12「罷免」は、その人の意思にかかわらず職を辞めさせること。
15「締結」は、条約や協定などを結ぶこと。
17「話の腰を折る」は、人が話している最中に口をはさみ、途中で話をさえぎること。

一 読み

各1点 計30点

グレーの部分は解答の補足です。

1 すうこう
2 ちょくゆ
3 へい
4 ちょうもん
5 ほんそう
6 すいとう
7 げんぽう
8 せんせい
9 ひめん
10 もめん
11 とんでんへい
12 ていそう
13 もうどうけん
14 ちゅうすう
15 はち
16 きゅうけい
17 そようちょう
18 きょうてい
19 ばいしょう
20 かりゅうかい
21 たえる
22 たな
23 うえ
24 どろ
25 かきね
26 やわはだ
27 はさまれる
28 かける
29 すず
30 いえた

1「崇高（すうこう）」は、気高く尊い様子のこと。
8「宣誓（せんせい）」は、大勢の人の前で誓いの言葉を述べること。
11「屯田兵（とんでんへい）」は、明治時代に、北海道へ送られ、警備と開拓にあたった兵士のこと。
25「垣根（かきね）」は、家の周囲や庭を区切るために設ける囲いのこと。

二 部首

各1点 計10点

グレーの部分は部首の名前です。

1 鳥 とり
2 卩 わりふ ふしづくり
3 木 き
4 欠 あくび かける
5 力 ちから
6 犭 けものへん
7 亻 にんべん
8 貝 かい こがい
9 虫 むし
10 亠 なべぶた けいさんかんむり

三 熟語の構成

各2点 計20点

1 ウ 重罪（じゅうざい） 重（い）→罪
2 イ 断続（だんぞく） 断（切りはなす）⇔続（く）
3 ア 広漠（こうばく） どちらも「ひろい」の意。
4 エ 執務（しつむ） 執（る）←務（事務を）
5 オ 無為（むい） 無（否定）＋為（行う）。「なにもしない」
6 イ 伸縮（しんしゅく） 伸（びる）⇔縮（む）
7 エ 護身（ごしん） 護（る）←身（を）
8 オ 非凡（ひぼん） 非（否定）＋凡（なみ）。「なみでない」
9 ウ 老翁（ろうおう） 老（いた）→翁（男の老人）
10 ア 頑健（がんけん） どちらも「じょうぶ」の意。

四 四字熟語

問1 各2点／計20点

グレーの部分は解答の補足です。

1 大同小異（だいどうしょうい） 大体は同じだが、細かいところに違いがあること。
2 終始一貫（しゅうしいっかん） 始めから終わりまで態度や行動が変わらず同じであること。
3 晴耕雨読（せいこううどく） しがらみを離れた悠悠自適の生活をすること。
4 牛飲馬食（ぎゅういんばしょく） 牛のようにたくさん飲み、馬のようにたくさん食べる様子のこと。
5 我田引水（がでんいんすい） 自分の都合のよいように言ったり、したりすること。
6 前途洋洋（ぜんとようよう） 将来が開けていて、希望や可能性に満ちていること。
7 質実剛健（しつじつごうけん） 飾り気がなく、まじめで、心身ともに強くしっかりしていること。
8 気炎万丈（きえんばんじょう） 燃え盛る炎のように、意気込みが強く激しいさま。
9 白砂青松（はくしゃせいしょう／はくさせいしょう） 白い砂と松の緑。海岸の美しい風景。
10 誇大妄想（こだいもうそう） 自分の能力や状態などを、実際より過大なものと思い込むさま。

問2 各2点／計10点

11 カ
12 ア
13 ク
14 ウ
15 イ

五 対義語・類義語

各2点 計20点

グレーの部分は問題の熟語です。

1 否認(ひにん) ― 是認(ぜにん)
2 暫時(ざんじ) ― 恒久(こうきゅう)
3 遺失(いしつ) ― 拾得(しゅうとく)
4 特殊(とくしゅ) ― 一般(いっぱん)
5 拘禁(こうきん) ― 釈放(しゃくほう)
6 永遠(えいえん) ― 不滅(ふめつ)
7 方策(ほうさく) ― 計略(けいりゃく)
8 異論(いろん) ― 異存(いぞん)
9 麗句(れいく) ― 美辞(びじ)
10 敏速(びんそく) ― 俊敏(しゅんびん)

1「是認(ぜにん)」は、人の考えや行いを認めること。
6「不滅(ふめつ)」は、滅びないこと。なくならないこと。
10「俊敏(しゅんびん)」は、才知に優れ、行動がすばやいこと。

六 同音・同訓異字

各2点 計20点

グレーの部分は解答の補足です。

1 違(い)反(はん)
2 遺(い)産(さん)
3 引(いん)責(せき)
4 婚(こん)姻(いん)
5 脅(きょう)迫(はく)
6 狂(きょう)気(き)
7 胎(たい)児(じ)
8 泰(たい)然(ぜん)
9 断(た)つ
10 建(た)つ

七 誤字訂正

各2点 計10点

グレーの部分は誤字・正字を含む熟語です。

【誤】 → 【正】
1 超(追超金) → 徴(追徴金)
2 接(接衝) → 折(折衝)
3 役(活役) → 躍(活躍)
4 輝(発輝) → 揮(発揮)
5 映(映え抜き) → 生(生え抜き)

八 漢字と送りがな

各2点/計10点

1 供(そな)える
2 陰(かげ)っ
3 熟(う)れる
4 疲(つか)れ
5 離(はな)れ

九 書き取り

各2点 計50点

グレーの部分は解答の補足です。

1 権威(けんい)
2 近影(きんえい)
3 幅員(ふくいん)
4 軒(けん)
5 基幹(きかん)
6 模様(もよう)
7 誇大(こだい)
8 提出(ていしゅつ)
9 衝突(しょうとつ)
10 雪辱(せつじょく)
11 捕虜(ほりょ)
12 独身寮(どくしんりょう)
13 楽譜(がくふ)
14 財布(さいふ)
15 連絡(れんらく)
16 病(や)む
17 巡(めぐ)った
18 勧(すす)め
19 腕(うで)
20 曇(くも)った
21 競(きそ)い
22 試(ため)す
23 泊(と)めて
24 被(こうむ)った
25 肌(はだ)

1「権威(けんい)」は、他者を従わせる威力のこと。また、ある分野において優れていると認められた人物のこと。
3「幅員(ふくいん)」は、船や道、橋などの横の長さのこと。はば。
7「誇大(こだい)」は、実際よりも大げさに言うこと。
10「雪辱(せつじょく)」は、過去に試合や勝負などで負けた相手に勝つことによって、恥をそそ(すす)ぐこと。
20「顔が曇(くも)る」は、気落ちした暗い表情になること。

矢印の方向に引くと別冊が外れます